湛庐 CHEERS

与最聪明的人共同进化

HERE COMES EVERYBODY

解码商业模式

曾小军 著

Decoding Business Models

中国财经出版传媒集团
中国财政经济出版社
北京

测一测

你是否了解商业模式的底层逻辑?

扫码加入书架
领取阅读激励

扫码获取全部测试题
及答案，
一起看看你是否了解
商业模式的底层逻辑

- 商业模式等同于盈利模式吗？（ ）

  A. 等同于

  B. 不等同于

- 洞察商业模式的底层结构需要具备哪种思维？（ ）

  A. 系统思维

  B. 线性思维

- 一种好的商业组合创新可以代表一种好的商业模式创新吗？（ ）

  A. 可以

  B. 不可以

扫描左侧二维码查看本书更多测试题

身处不确定性越来越强、内卷越来越严重的环境中，商界中人如何找到真正的规律以作为指南针？如何透过扑朔迷离的表象把握商业的底层逻辑？这本书以商业模式为切入点，提供了系统化、结构化的认知框架和解决方案，是一部有思想深度和现实指导性的力作。

秦朔

《第一财经日报》创始人、中国商业文明研究中心联席主任

对商业模式的探讨，坊间不乏从技术和方法层面解读的畅销书。这本《解码商业模式》相比之下要深刻得多。书中既有对商业运行“第一推动力”的探索，又有对企业终极驱动力的剖析，更有为应对“乌卡时代”的大变局提出的一个颇具价值的框架体系，并在这一框架体系中纳入了进化论和系统思维，有助于我们在纷繁复杂的商业世界中辨清方向。

吴晨

《经济学人·商论》总编辑

我写了一本书叫《心力》，小军的这本书是以系统动力学为基石来构建商业模式体系的。在某种意义上，两者有点不谋而合，都是对动力学在不同层面的应用。这本书以一个新的视角来拆解商业模式的底层逻辑，它不是简单地分析商业模式创新案例，而是从原动力的角度拆解商业模式形成的过程以及运行机制，非常有启发性，我向你强烈推荐。

吴世春

梅花创投创始合伙人

在同一个领域的创业者，执行力的差别可以从 1 到 9 来分等级，而不同的商业模式就会导致数量级的差别。9 分的创业者执行一般的商业模式，结果是 90 分。8 分的创业者执行优异的商业模式，结果就是 800 分。我推荐大家深度阅读这本书，全面思考商业模式的多个维度。

麦刚

创业工场创始人、中国青年天使会会长

我每年都有一场“新物种爆炸·吴声商业方法发布”演讲，讲述新物种背后更本质的创新力量，这个力量就是原动力。这恰恰也是小军这本书所要描述的核心思想：什么是推动商业模式创新的原动力。书中以系统动力学为基石来构建商业模式的体系，形成了一套严谨的方法论，并且勇于探索不同理论思想在商业模式中的应用。我向你强烈推荐。

吴声

场景实验室创始人

我们为什么会迷茫？原因主要是有两个“不确定”：第一，发展方向的不确定；第二，发展路径的不确定。换句话说就是，不知道做什么和不知道怎么做。一个是选择问题，另一个是能力问题。小军的这本书就是为解决这两个问题而写的。要从根上解决选择问题，就要升级你的认知，书中以系统论的视角重新定义商业模式，非常有启发性。能力问题归根结底是方法论的问题，书中用各种模型帮你搭建能力结构，让你掌握底层方法和工具，学会举一反三。如果你正处于迷茫状态，那么我向你强烈推荐这本书。

傅盛

猎豹移动董事长兼 CEO、猎户星空董事长

彼得·德鲁克说，企业竞争的本质并非产品本身，而是商业模式。而商业模式的本质，其实就是如何赚钱，回溯到一家企业存在的意义，如果不赚钱，那是公益，而不是生意。

从这本书中，你能找到理解商业模式的很多有意思的视角，还能接触到一种新的商业逻辑：系统动力学。

毛大庆

优客工场创始人、共享际创始人

这本书最大的亮点是从系统论视角来建构商业模式体系，非常有启发性。小军把商业模式作为一个大系统，以价值系统和动力系统作为两大基石，深入解构商业模式的形成和运行机制，从而构建出四大结构系统和四大动力系统，体系完整，逻辑清晰，案例通俗易懂。

回想我在华为的经历，以及现在做风险投资的经历和认知，我对“系统”这个概念深有感触。对于商业模式的认知，相信这本书将给你带来一次“系统升级”。我向你强烈推荐这本书。

张俊

中欧资本董事长、华为前副总裁

做好商业，要把战略和战术进行结合。战术决定了当下的速度，战略决定了未来的高度。小军对商业模式的解析，以价值为主旨，以“第一推动力”为特点，形成了完整的模型闭环。值得每一位做投资和创业的伙伴认真学习。

徐勇

天使成长营创始人、AC 加速器创始人、中关村天使投资联盟联合发起人

商业思想改变商业世界！用不同的世界观去运作商业世界和企业组织，就会产生截然不同的结果。大多数企业家把企业组织视为可预测和可控制的机器，把管理建立在对未来进行“预测——控制”的模式上，并为了增长而追逐增长，医学中称之为“癌症”。我们为了“要更多”，而忘了商业要交付给人们的美好和原初价值。

如果能把商业世界和组织视为一个生命系统，会产生哪些本质的不同？小军在这本书中，用追究商业第一推动力的“真问题”的视角，把企业家作为“商业模式设计师”而非“控制一切的舵手”，进而构建价值循环系统，开启了一场独特价值的追问和启发性解答的美好之旅。

伊光旭

飞博共创创始人兼 CEO

在全球经济面临挑战的今天，小军的这本书恰逢其时。我相信，不管是企业经营者还是相关政府部门的决策者，都可以从这本书中产生很大的启发和更多的思考。我向你强烈推荐这本书。

秦小梅

中国知名外交官、中国外交家协会前会长

创始人和首席执行官的首要任务是制定出一个正确的战略和建设好一支能打胜仗的团队，更是为企业设计好一个能创造长期价值的商业模式。商业模式是新创企业跨越从 0 到 1 的生死符，创新的商业模式并非企业的终极命运。每当革命者行动的时候，碰到的总是些毫无准备的对手，这也是革命者努力不断发展壮大的原因。当充满创业精神的创始人、董事长、首席执行官在寻求产业的新变革，在伟大事业的道路上疾驰时，成功和荣耀就消失在他们身后所扬起的灰尘里。落伍的或错误的商业模式往往让企业陷入残酷内卷、寸步难行甚至速生速死的绝望之谷。

这不是又一本商业模式的教科书，作者小军先生穿透黑暗，充分释放了他多年咨询、创业和投资的功底，深刻洞察商业的本质，揭示隐藏在成功企业背后的商业模式的底层逻辑和密码。对刚刚上路的创业者或深陷第一曲线增长瓶颈的产业"老炮"，以及每年总会与一两个好项目擦肩而过或心有遗憾的投资人来说，如果想改变认知，刷新成长轨迹和突破价值极限，那么这本书是一盏明灯。

颜艳春

盛景嘉成母基金合伙人、《第三次零售革命》作者

我深知一个好的商业模式对创业的重要性。《解码商业模式》将成为每一位创业者的必读指南，因为它以系统化的方法论全面剖析了商业模式的运行逻辑，从价值、能力、盈利到组织的协同等多个维度，阐释了构建优秀商业模式的方式。作者从投资人、咨询顾问和创业者等多重视角，解读了商业模式的内在逻辑，令人深受启发。

我强烈推荐每一位创业者通读此书，相信它一定会对你设计商业模式大有启发。抓住这个宝典，创造独一无二的商业模式。

姚锦程

英诺天使管理合伙人

作为投资人，商业模式可以说是最重要的思考元素。不懂商业模式，忙死就是赔死。构建好的商业模式，要看护城河的长期坚固性，长期毛利率的合理性，对长期的净现金流的满意程度。好的商业模式，可以实现“失控涌现”的自我进化。小军的这本书言简意赅、逻辑严谨，拨云见日、娓娓道来。我强烈推荐这本书，希望它能为更多的创业者和投资人带来帮助。

吴幽

镜湖资本董事长

《解码商业模式》一书为我们在创业及商业领域提供了实用而富有智慧的指导。曾小军先生曾经在麦肯锡担任战略咨询顾问，拥有多年的商业创新和投资经验。他的这本书抛开传统的商业模式定义，通过阐述“价值循环系统”指南针，用系统论的视角带我们领略商业模式的底层结构，了解如何善用商业策略和市场趋势来实现企业的成功。对于那些渴望在商业帝国中寻找方向并取得一席之地的人来说，这本书无疑是一本必不可少的宝典，也是一部激励人心的力作。

朱彤

华映资本董事合伙人

小军老师是我所认识的在商业投资和创业领域有着丰富的理论和实战经验的资深专家。特别是在商业模式的研究方面，他更是有着十几年的咨询、创业和投资的丰富实战经验。创业的成功在于两个核心要素：做对的事，找对的人。商业模式，解决的就是如何做对的事的问题。“选择比努力重要”这句话的背后，更是昭示了设计正确的商业模式的重要性。商业模式的设计，可以说是决定一个项目成败的最关键要素。当然，不同类型的企业和个体，设计商业模式的方法也不是千篇一律的，而是各有其核心侧重。如何在纷繁的观点中去伪存真，相信读者可以从这本书中拨云见日，找到答案。

刘翌

微信国际版前负责人、

加推联合创始人兼首席战略官、《私域流量池》作者

小军是我认识的对商业模式理解最深刻的投资人之一。在之前与他共事的过程中，我对他看项目的独到见解和对商业模式的深刻理解感到非常敬佩。当他告诉我，他把多年的咨询经验和投资经验整理成书，准备出版时，我由衷地高兴。相信你可以从小军的书中，快速高效地吸取他多年商业思维的精华。

在企业的整个生命周期里，商业模式的构建是至关重要的。如何发现并满足市场需求，以及如何持续地为客户创造价值，都和企业的商业模式息息相关。如果只靠自己摸索，就会需要比较长的时间。我建议你一定要看看小军的书，这一定会让你少走弯路。

刘欣曼

盛银资本合伙人、帆书（原樊登读书）前首席财务官

如果曾老师是一名 IT 从业者，那他一定是一位世界级的“架构师”。写一本商业模式主题的书就好比程序员完成一个产品需求，不同企业的商业模式不一样，这个“产品需求”并不好完成。我特别好奇曾老师如何去完成这个“产品需求”。他高超的地方就在于，把商业模式抽象成四个子系统：价值系统、能力系统、盈利系统和增长系统。他使用通俗易懂的表达和丰富的企业实战案例来讲解商业模式的结构和内在运行逻辑，抽象商业模式的本质内核，从而让大家都能感受到商业模式有章可循。曾老师不愧是一位顶级的商业模式架构师。

孙玄

58 集团技术委员会前主席、转转公司技术委员会前主席

曼彻斯特大学校友曾小军先生的新书付梓，我感到非常高兴和骄傲。讲商业模式的人不少，但是敢写商业模式这个主题的人真不多。这本书创造性地将系统论和商业模式打通，是一大亮点。在经济面临挑战的今天，创业者不仅要思考如何穿越周期，更重要的是沉下心来打造穿越周期的能力，这本书的出版恰逢其时。书中以系统论的视角拆解了商业模式从 0 到 1 的形成过程，从动力学的角度拆解了商业模式的运行和进化机制，可以看出作者深厚的理论功底和丰富的实践经验。我强烈推荐此书，相信对创业者会有所启发。

傅潇霄

曼彻斯特大学中国中心主任

小军在麦肯锡工作多年，之后转型成为投资人，其间阅公司无数。他用多年的经验和洞察打造了一个探索商业世界的指南针。他尝试从系统论的视角帮助读者洞悉商业模式的底层结构，理解商业模式的原动力。同时，他还尝试破除企业经营者对增长的执念，聚焦企业永续经营的关键：提高运行效率、培养对抗风险和不确定性的能力。通过阅读这本书，企业的经营者、观察者可以完善思考框架，更从容地应对充满挑战和不确定性的商业世界。

汪旭

华尔街见闻副总裁

在过往近千个创业项目的风险投资和融资从业经历中，我感受较深的是，大多数创业者在创业之初都鲜少重视对商业模式的深度思考，尤其是技术背景出身的创业者从最开始就容易忽视商业模式，这导致大量创业项目在使用完种子轮、天使轮的启动资金后，产品推向市场却迟迟不见数据的增长，且难以拿到后续的投资。在今天的市场环境下，短期的竞争优势很容易被模仿和超越，创业者唯有对商业本质有着长期、终局的清晰布局，才能行稳致远，进而有为。

小军是我的老同事和多年好友，他在从事咨询、投资与亲身创业的过程中积累了大量的经验，此书正是其职业生涯集大成之作，相信可以为广大创业者打开一些新的思路，帮助他们在企业经营战略上攀向新的高峰。

付昊

北拓资本副总裁

小军老师在全球顶尖的咨询公司从事过商业顾问，同时又有多次创业经验，也曾作为专业投资人与大量的创业者深度交流，见证了企业的创立、成长和发展。这些丰富的复合经历，使得小军老师更能深刻感触到创业者对商业底层规律认知方面的欠缺和需求，特别是核心的商业模式相关知识。

《解码商业模式》一书，从商业行为的本质出发，参照运用系统动力学的研究方法，阐述了商业模式的核心要素。它既是一本商业通识读物，能帮助读者了解商业模式的基础知识，也是解决具体商业问题的工具书，能指导创业者构建和优化商业模式。书中后半部分提供了更为进阶的思维认知内容。常读常新，受益匪浅。无论你是初学者还是经验丰富的专业人士，这本书都是必读之选。

王超

安朴资本合伙人

读完小军发给我的书稿，惊叹于小军对企业经营核心底层逻辑的洞察，这绝不是一本教条化的书。如果企业是一艘船，创业者就是这艘船的设计师，商业模式是这艘船的整体结构，组织能力则是这艘船的发动机。小军知识渊博、鞭辟入里，因此这实在是一本能引导创业者在激烈的商战硝烟中冷静思考企业生存本质逻辑、核心能力的好书。

苗晖

白云山科技创始合伙人

这是难得的一本针对创业者的书，无论你是创业新兵还是创业老兵，你都会感到很受益。它与其他关于教你机械地理解创业的课程或图书有很大不同，它并不是要教你如何写份商业计划书这种“术”层面的内容，而是要教会你理解创业的核心是什么，以及这些核心是如何让创业者从一开始拥有一个想法到形成拥有核心价值的商业模式的。这些核心内容的提炼和总结，只有作为创业者经历多次失败后，才能够领悟。

这本书将从“道”的层面帮助你在创业上获得成功，真正引发你深层次的思考。这是一本宝藏级的书，因此我向大家推荐。

张逸中

上海 STEM 云中心创始人、中国 STEM 教育协作联盟副主席

在全球顶级管理咨询公司当过战略顾问，担任高校兼职教授，做过投资人，又创过业，这些经历叠加，让曾老师视野、思想、理论与实践兼具。

书里每个理论与案例都经过精心打磨、反复验证；商业的本质被成系统地拆解呈现，这能帮助我们理解其底层逻辑；案例解析帮助我们知其然并知其所以然。这本书对创业者有莫大的帮助，我向你隆重推荐。

杨振华

熊猫不走创始人

我十分推荐小军老师的书，他是一位非常睿智的创业者。他本人理智而又温柔，有才情且谦逊，他讲的商业思维让人醍醐灌顶、如沐春风，直击本质。商业运行的第一推动力是什么；企业如何在封闭性和开放性中保持动态平衡；第一、第二、第三曲线是共生关系还是消长关系；此刻企业应该竞争还是竞合；保持开放的同时如何拎着警觉；是奋力反熵还是构建耗散结构；企业的宿命是增长还是生存；应对复杂性有没有终极算法。对于这些问题，你肯定都能找到答案。我强烈推荐你阅读这本书！

叶安然

新东方前校长、曼彻斯特英中协会中国代表

末卡从创立至今，取得了不俗的成绩。我深感商业模式对企业的重要性。对于末卡，我们的核心壁垒正在于通过“集体想象”产生的“符号化设计”所建立的品牌信仰和价值体系。通过这种价值体系，我们为消费者提供了来自志趣相投的同伴的强烈归属感，从而进一步传递出更高层次的忠诚度，最终达到颇具传播性和话题度的行业“爆款制造机”地位。各位读者朋友，如果你在寻求如何搭建品牌价值体系的方法，并在探索商业模式的更多可能性，相信在这本书里，你可以找到属于自己的答案。

唐纳德·康（Donald Kng)

末卡创始人、华创资本合伙人

每年有海量的项目和努力并未真正有效创造价值，让创业创新者们成为主动探索者和行动者的性格优势，却也容易使其陷入一种认知盲区和执念之中。这时候，我们需要一面镜子，需要一名导师，作为我们的智库与教练，作为我们的思维的“私董会成员”，来让我们少走弯路，看清正确的道路，刷新看清和走出弯路的能力。而这，就是我推荐这本书和这位作者的原因。

再强的人，也容易身陷其中，未必看得清真正的价值、深层的灵魂、近在咫尺的路径，思维和认知迭代显然已不足够。我们都想创建的是一种如同跑车引擎一样真正高效的系统，然而，系统思考——引擎式思考的能力，远非正反馈、负反馈这么简单。超越商业思维来看看手上的大小项目，把它们当成一个系统，当成一个生命体，就能了解它们的系统性、生命力是怎样被看见的，又是怎样一点点显形的。跟他来看见，与显形之。

一本好书，可以是数十年的良师益友，伴你左右。但如有可能，我更推荐你认识作者这个人。关于“手艺”的力量和手感，关于文字背后的那个思想和灵魂，关于深邃的探索、表达与构建，丢向强者以碰撞弹回来的自己，才更能真正地成长不是？

丁布

书声创始人、首届混沌学园全国思维模型大赛冠军组成员

进入 21 世纪的第三个十年，不管是创业者还是梦想创业的年轻人，都需要更严肃地面对一个词——“不确定性”。要大胆拥抱不确定性带来的机会和阶层跃迁，但同时也要正视随之而来的风险和损失，一腔孤勇的激情不再足够。“百年未遇之大变局”之下，要求这一代的创业者必须具备“更理性”的思维结构和方法论来武装自己。

如果有一本书，能足够敏锐地发现很多很有意思的案例及其背后超出行业的认知；能推崇本质，找到商业模式真正的价值，以及这价值的变现方式；能给予系统性思考，让所有不可控的变量在可控的范围中运行，那么对所有带有“创业者”标签的伙伴来说，它就是一把趁手的武器。小军的这本书恰恰就是这把武器。

叶峰

虎扑前联合创始人、牛牛成长创始人

“现代管理学之父”彼得·德鲁克说，企业间的竞争，不是产品的竞争，而是商业模式之间的竞争。我与小军相识数年，他曾就职于麦肯锡，也是连续创业者和投资人，具有丰富的咨询、创业和投资经验，在商业模式领域造诣颇深，独树一帜。这本书对创业者和企业管理者有极大的借鉴意义，值得一读再读，常读常新。

李书朋

码点资本创始合伙人

笔记侠是一个拥有数百万粉丝的专业商业知识分享平台，作为其创始人，我深知商业模式的重要性。

商业世界最大的风险，就是在错误的方向上用尽全力。这本书并没有讲商业成功的表象，而是以系统论的视角解析了商业模式的底层逻辑。这会让你看透商业模式的本质，知其然，并知其所以然。

我强烈推荐这本书给你，它可以帮助你系统地建立商业模式体系，更好地洞察未来的商业发展趋势，抓住大变局环境下的商业机会。

柯洲

笔记侠创始人

这本书通过重新定义商业系统的本质，展示了一个全新的商业逻辑架构。当企业被视为一个生命系统而非可预测和可控制的机器时，我们看待商业的“世界观”就会不一样。生命系统是如何运作的？系统内部如何协同？在系统之外，如何快速适应外部环境的变化？当我们不断追求企业增长时，我们到底在追求什么？

你什么时候看过一本商业模式类图书在探讨这类话题？这本书的亮点在于，它揭示了商业的本质与规律，提供了一个看待商业模式的全新视角，当无数的学者都在绞尽脑汁地对商业模式进行定义时，这本书却提出“商业模式是什么不重要，重要的是用来做什么”。如果企业是一艘船，创业者就是这艘船的设计师，你想把船设计成什么样，完全取决于这艘船的目的和用途。毕竟，再好的舵手也无法驾驶一艘游艇去打仗。这本书中提出的理论框架就像是一个指南针，我们要时常拿出来看一下，才不至于迷失方向，最终驶向成功的彼岸。

俞文辉

雷雨资本创始合伙人

为什么在同一个行业中，不同的创业者创造出的经营成绩可能差距 10 倍、100 倍，甚至 1 000 倍以上？如果你希望运用系统思考来解码商业模式，那你一定不要错过小军的这本《解码商业模式》。

通过小军的引导，你将学会从一个整体、全面的角度来审视商业模式，了解其背后的驱动力和因果关系。无论你是创业者、企业高管还是正要打造个人 IP 的个体，都能从这本书中获得一些实用的知识和方法，从而构建真正具有竞争力且能够持续成长的商业模式。

林恒毅

知名企业经营顾问、“林恒毅同学会”创业社群发起人

无论你是想创业还是已经开始创业了，也无论你是产品经理还是企业高管，都值得花时间读读这本书。作为小军的同事，在与他共事的过程中，我深刻感受到了他对商业模式的独特理解和专业性。我第一次读到这本书的初稿时，非常欣喜。他用多年的积累沉淀构建了一个原创的商业模式体系，非常有启发性。读他的书，在字里行间都能体会到他的努力、认真、责任感，以及超越他年龄的深度思考和智慧！快去读读吧！

樊优先

老鹰基金管理合伙人、渠乐投资创始合伙人

未来商业模式的变与不变

刘小鹰
老鹰基金创始人

ChatGPT 和大模型的诞生让整个世界陷入迷茫之中，我们正式进入真正的人工智能（AI）时代，所有人都觉得，这个世界变化太快了。

作为一位投资人，在过去的 20 年，我有幸参与了近千个项目的投资，亲身见证了全球商业的发展，好像看起来这个世界的发展是由科技推动的，但是作为投资人，我深知商业模式在其中的决定性影响。

很多人会把创新分为技术创新和模型创新，对此我是不认同的，它们其实是相辅相成、互相推动的，新的技术会催生出新的商业模式，而新的商业模式又会进一步推动技术的发展，这就是小军在书中所提到的：以系统思维来看待系统内的组成要素，以及要素之间的关系。

在多年的投资经验中，我发现商业模式是一家企业的核心动力和长期竞争优势的源泉，但是对于这个主题的研究，除了商学院的教授和学者之外，几乎没人敢碰。这样一来，我们在市面上所能看到的关于商业模式的书籍就存在一个普遍性的问题：学术性太强，缺乏实战经验，让人看完之后总会有一种“说得都对，但是你不懂我”的感觉。

因此，当我听说小军花多年心血写了一本关于商业模式的书时，我立刻心生好奇，并急切地想要了解其中的内容。为什么他敢触碰这样一个庞大的主题呢？凭什么？

小军早期在麦肯锡做战略咨询顾问，受过比较系统化的商业训练，服务过很多《财富》500强企业。离开麦肯锡之后，小军连续创业过两次，并且他的创业公司均被成功收购。这些经历让他完整地经历了企业从0到1是如何做的，又见识过从1到100的样子。

当创业有了一定成绩之后，小军开始成为一个职业投资人，每年看几百个项目，用投资人的话叫拥有了“上帝视角”。但是这些经历都偏实战经验，缺乏学术背景。为此，小军又受聘成为多家大学的特聘教授，讲授商业模式课程，对商业模式的底层逻辑进行系统性的学术研究，其课程深受学生好评。

小军现在也是老鹰基金的投资合伙人。他对商业模式的研究，经过了在多年的投资经验中不断总结提炼和迭代，最终形成了这本书。

通过这些经历，你现在可以相信他完全有这个实力去写这样一本书。经过仔细阅读和深入思考，我有信心为这本书写下推荐序，并向广大读者推荐它。

这本书的主要内容分为两部分。第一部分聚焦于商业模式的基础，以系统论作为底层逻辑，揭示了商业模式运行的“第一推动力”，即原动力。这部分的最大亮点在于，它以系统论的视角，通过分析和解读商业模式中的各个要素及其相互关系，帮助读者深入理解商业模式的内在机制。这本书不像其他的商业模式书籍一样，会告诉你商业模式有 6 大要素或 8 大要素，它会告诉你重要的不是有几个要素，而是要真正理解各个要素之间的关系是什么。理解了这些原理和运行机制，你就不必拘泥于这些要素，你甚至可以构建自己的商业模式要素，这才是“真的懂了”。

当其他学者都在对商业模式是什么进行定义的时候，这本书中指出这些定义都没错，但都是盲人摸象。这本书并不急于多给出一个新的定义，而是从系统论的视角提出，商业模式是什么不重要，用来做什么才重要。这种独特的视角让我们有了全新的启发和思考，使我们更加全面地理解商业模式的价值和运作机制。

书中的第二部分进一步探讨了商业模式的进阶思维，也就是一个商业模式如何才能高效运行。很多人都说，企业的一切行为都是为了“增长”，而这本书却提出一个观点：增长是手段，不是目的。增长是为了更好地“活着”，所以企业的一切行为都是为了生存。

商业模式不仅仅是一个静态的框架，它需要随着市场环境和竞争态势的变化而不断演进和调整。在这部分，书中引入了进化、协同、耗散结构、免疫系统等方面的理论，与商业模式的运行机制和发展相结合。这种理论基础令人惊叹，提供了全新的视角和指导原则，帮助我们理解商业模式的演化过程以及各要素之间的协同关系。尤其值得一提的是，书中以通俗易懂的语言阐述了这些深奥理论的要点，使它们更加易于理解和应用。

商业模式的重要性不言而喻。它对商业世界的发展产生了深远的影响，决定了企业的竞争力和生存能力。在激烈的市场竞争中，一个高效的商业模式能够为企业创造持续的竞争优势，使企业能够适应变化、创新发展。

作为一位投资人，我深知商业模式对项目成功的至关重要性。这本书以其系统性的理论基础、实用的工具和丰富的案例，为我们提供了宝贵的知识和洞见。它不仅能够帮助我们更加敏锐地识别商业机会，准确评估项目的潜力和价值，还能指导我们在激烈的商业竞争中提升成功的概率。

因此，我强烈推荐《解码商业模式》这本书，相信它将成为投资人、企业家和商业决策者的必读之作。无论你是希望建立强大的商业模式，还是想要深入了解商业模式的运作机制和发展原理，这本书都将成为你不可或缺的指南和参考。

低头拉车的同时更要抬头看路

黄若
阿里巴巴集团原副总裁、天猫创始总经理

但凡创业过，或者从事管理经营的人都知道，企业运作需要两种必备特质：低头拉车，抬头看路。

低头拉车，指的是深入运营的每个细节，比如哪种产品有待优化、哪个环节的用户体验需要提升或哪个领域的成本结构尚未改善……

抬头看路，指的是对企业发展方向的判断，比如大到对宏观经济形势、小到对周围竞争环境的了解。这就好比一场野外长途拉练，你仅仅比对手行进速度更快是远远不够的，更重要的是保证不走冤枉路，否则就是事倍功半。

遗憾的是，企业经营者们大多数长于拉车，短于看路。尤其有一种误解，就是时常把看路轻视为浪费时间，或者以为那只是一些空谈。小军的这本新著《解码商业模式》，恰恰在很大程度上帮助企业经营者弥补了这项短板。这在很大程度上得益于他早年在麦肯锡的经历和现在风险投资人的身份，小军的历练使得他具备对商业模式的分析、判断和梳理能力。

解码商业模式，从纷繁的线条中理出清晰的商业发展路径，并不仅仅是观念上重视与否的问题，只有运用恰当的方法论才能获得解题的答案。小军在这本书里毫无保留地分享了他的经验与心得， 例如：如何创造价值，构建从需求管理到价值转化的价值系统；如何构建竞争态势下企业的反脆弱能力；如何实现组织进化、协同共生效应；等等。这些都是非常实用的描述。

我对商业模式领先有着深刻的体会和发言权，当年在阿里巴巴任职时，由我提出创意并提出开创平台式 B2C 线上零售模式这一建议的时候，上上下下几乎全是反对的声音。毕竟当时电商以 C2C 模式独大，轻易另起炉灶意味着给自身企业带来不确定性，更何况当时国内或者海外都没有这样的模式存在。我之所以坚持己见，很大程度上是我多年养成的抬头看路的习惯和锻炼使然，我很清楚地知道 C2C 无非是实体自由市场的翻版，一时间市场很热闹，但它终究难以成为持续性的主流商业模式。正因这份预判和坚持，新的电商格局才奠定。同样的道理，今天的企业形态随着用户行为的演变和商业环境的更迭，正在浮现出尚未开发的新型模式。机会均等，就看谁具备先人一步的能力和勇气。

购书大概是现今最合算的开销了，一两杯咖啡的小钱，就能让你从作者辛苦笔耕的作品中吸取养分，何乐不为？

商业模式是什么不重要，用来做什么很重要

成晓华
万物为创投创始合伙人、朗科科技创始人

我是小军的投资人，从某种意义上讲，我已经用真金白银选择了他并向你推荐了他。

在过去十几年里，我投资了 200 多家创业公司。资本圈中有一句话——“投资就是投人”，但是很少有人继续深入思考：投什么样的人？或者投人的什么呢？其实答案就是投一个人的认知能力。这就像是有一座冰山，大部分人看到的都是冰山的表象，少部分人可以看到冰山下的结构，而只有极少数的人知道冰山是如何形成的。

这就是认知能力的区别，这也反映了本书最大的魅力所在。它想告诉你的不是“什么是商业模式”或者“商业模式有几大要素”这样的填空式答案，而是告诉你“商业模式是如何形成的”“商业模式是如何运行的”这样的底层认知。

当小军第一次告诉我，他要写一本商业模式的书时，我的第一感觉就是他

胆子太大了，商业模式类的书可不好写。

我有两次实体创业经历，一家公司已经上市，一家公司正在上市中，第三次创业就做创业投资了。哪怕我有创业和投资的经验，说实话，我也不敢写一本关于商业模式的书。

当我仔细了解小军的经历后，包括他在麦肯锡的工作经历，创业以及投资的经历，还有作为大学兼职教授给商学院学生讲课的经历，我开始对他有信心了。当我通读了这本书的初稿之后，真是眼前一亮。

首先，所有的商业模式相关书籍都会对商业模式进行定义，而本书给了一个完全不同的视角。当我们对一个事物进行定义的时候，其实无论如何定义都是盲人摸象，好像都对，但是都无法做到全面。所以，本书抛开传统意义上的定义，以系统论的视角来解读商业模式的定义：商业模式是什么不重要，用来做什么很重要。为什么需要商业模式？商业模式是如何形成的？换句话说，当我们创业的时候，是为了解决一个社会问题，但是解决问题真正的本质不在于解决方法，而在于需要洞察问题的根源：这个问题是如何形成的？

其次，所有的商业模式相关书籍都会告诉你商业模式有几大核心要素，而本书却告诉你，不要去做这类“填空题”。比如经典的商业模式画布有9大核心要素，本书却抛开这些具体要素，引导你进一步思考，为什么是9大要素，而不是7个要素或者5个要素呢？这些要素之间是什么关系？更重要的是，这些要素难道是在创业之初就需要具备的吗？如果你不理解这背后的逻辑，最后学会的就只是如何做“填空题”而已。

最后，这本书的第二部分进行了非常大胆的探索。这部分用生态学和进化论的视角解构企业增长的困境和路径；用协同论和耗散结构论的思维来解构组织协同和组织活力的本质；用免疫理论、生物学思维来解构企业的抗风险和反脆弱能力。可以说，这将是一场让你酣畅淋漓的思想试验。

我对商业模式的最初理解来自自己的创业经历，即 U 盘（USB 闪存盘）的发明，这其中隐藏了一个看起来是理所当然的商业模式。

在 U 盘出现以前，其实已经存在闪存卡读卡器了，它可以通过连接线连到电脑的并行接口或 USB 口，这样闪存卡插进去以后，电脑同样可以读取数据。从表面上看，U 盘就是一个非常简单的硬件，它仅仅是把读卡器与闪存卡合二为一了，但实际上它呈现了一种多样化的商业模式：

- 根据不同的 U 盘闪存容量，可以制定不同的价格；
- U 盘可以有不同颜色和图案、不同形状的外观（丰富多彩）；
- U 盘可以有多个逻辑盘（包括加密盘和非加密盘等），并且都存在于一个物理盘上；
- U 盘可以模拟光盘等；
- U 盘没有像闪存卡那样往读卡器里插拔的过程，因此它不仅更简捷而且大大提高了可靠性。

可见，表面上看 U 盘仅仅只是进行了简单的二合一，但其市场空间一下就打开了。最热闹的时候，深圳有几百家 U 盘生产厂，我还跟朋友开玩笑说，苹果和 U 盘的商业模式是相似的，因为在苹果推出智能手机之前，其他品牌的手机都有一个插口是可以外接闪存卡来升级容量的，但是苹果智能手机的闪存容量是固定的，不能升级，用户在购买时就只能选择好合适的闪存容量。固定的闪存容量还有一个好处，就是防止插拔次数多了使手机损坏。

当然，仅仅通过这个案例来解释商业模式是不够全面的。很多人把商业模式简单理解为盈利模式，这是一个严重的误区。其实，盈利模式只是商业模式的一部分。上面的案例只是简单罗列了与商业模式有关的几点内容，事实上，它还包含商业模式的很多组成部分，比如：如何创造独特价值，如何构建核心竞争力，如何构建盈利模式，如何打造可持续性，等等。令人高兴的是，这本书将这些内容逐一解码，为我们做了非常体系化的解构。

巴菲特有一句名言：投资一家公司，其实就是投资一家公司的商业模式。但是在多年的投资生涯中，我发现部分创业者对商业模式的理解都是错误的，这不就是开篇所说的“认知能力”问题吗？这也许就是小军写这本书的动机：这本书叫《解码商业模式》，但是开篇就不讲任何和商业模式相关的专业内容，而是讲系统思维，因为作者想尝试先打通你的任督二脉，然后再带你进入主题。

最后，我想再次向你推荐这本书，相信你一定能获得启发。

如何从一个想法到一个商业模式

我曾经在美国麦肯锡公司担任战略顾问，负责给企业做咨询。每家企业的创始人或高管来咨询时，都会迫不及待地跟我说企业目前遇到的各种问题：这次可能是产品不行或团队不行，下次其他人又会说运营不行、销售不行、盈利模式不行……其实，这些问题都只见树木不见森林，都不是本质问题。什么是本质问题呢？

如果你觉得盈利模式不行，那可能是因为你的产品和服务模式导致盈利模式过于单一；如果你觉得产品不行，那可能是因为没有找到真正的用户需求或没有解决用户的行动能力问题；如果你觉得销售不行，那可能不是因为你的销售团队或销售渠道不行，而是因为你理解错了“什么是有效的市场”，你没有找对市场。

我们所看到的问题往往是现象，而不是真正的原因，而且每一个问题都是一个系统问题，会牵一发而动全身。我们常说要透过问题看本质，但很少有人可以真正做到。

作为投资人和商业顾问，在众多行业和项目当中，我们如何判断出哪个项目值得投资，或者如何能为不同行业的企业提供咨询服务呢？很负责任地说，这并不是因为我们什么行业都懂，而是因为我们掌握了某些商业的规律和思考方法，能够洞察商业的底层结构——商业模式体系的构架。

那么，商业的底层结构是什么？有哪些一以贯之的逻辑及隐秘的规律？它们如何帮助你找到商业模式的“真问题”？针对这些问题，我将自己过去十几年的咨询和投资经验凝练、总结到本书中，与你一起探讨。希望你也可以像那些投资人和顶级商业顾问一样，掌握这些最重要的商业思维和方法，从而在职场或创业过程中少走弯路。

在复杂的商业世界找到不变的规律

我想先问一个问题：如果把企业比喻成一艘船，那么创业者在这艘船上扮演的应该是什么角色？有人说是船长，有人说是舵手，有人说是发动机，等等。管理学大师彼得·圣吉（Peter M. Senge）曾说：“创业者首先是这艘船的设计师。”作为“设计师”，创业者要明确设计一艘船的目的是什么。目的不同，决定了这艘船的整体结构也不同。如果你的目的是打仗，却将船设计成了游艇，那么再好的船长和舵手也无法驾驶它去完成任务。

如果企业是一艘船，那么这艘船的整体结构就是企业的商业模式。设计这艘船的目的决定了它的结构、所处的环境，以及它即将迎来的风险和挑战。说到商业模式，很多人会直接把它等同于盈利模式。其实，这是一个严重的误区，盈利模式并不等同于商业模式，它只是商业模式的一环。

如果你上过一些商业类的课程，那么你可能听过大名鼎鼎的“商业模式画布”，它应该是目前市面上最受欢迎的商业模式辅助工具之一。工具虽好，却容易给人以误导：好像只要在这个“画布”里把“空填好”，商业模式就形成了。这就好比用一个万能磨具来打造一艘独特的船，可能吗？在我的咨询和投资生涯里，我看过太多这样的“填空题”了。

市面上大多数商业模式的书籍和课程都会告诉你，一个商业模式应该包含9大要素或者6大要素等，为什么不是5大要素或者8大要素呢？如果你不理解商业模式的内在系统逻辑，那么你最终学会的还是做“填空题”。

当你一直找不到创业突破点，或者企业经营几年之后遭遇增长困境时，你可能以为症结在于客户问题、市场问题或者组织问题等，但这其实都是只见树木不见森林的假象。你现在遭遇的所有困境都是之前的问题没有解决所导致的，对吗？也就是说，问题的种子在一开始就埋下了。然而，你却不知道问题出在哪儿，所以才会头痛医头、脚痛医脚。那么，我们该怎么做呢？

《孙子兵法》强调，我们要追求做赢家，不要追求做英雄。真正的赢家是赢在大概率事件而不是小概率事件上的人，他们追求的是持续地赢。在小概率事件上成功，可以让一个人成为英雄。

孙子说：“夫未战而庙算胜者，得算多也；未战而庙算不胜者，得算少也。多算胜，少算不胜，而况于无算乎！”大意是：未战之前就能预料到取胜的结果，是因为筹划周密、条件充分；未开战而预料到取胜的机会小，是因为具备的取胜条件少。条件充分则取胜概率大，条件不充分就会失败。

在大数据时代，有一种观点叫“小步快跑，快速迭代”。这当然没有错，问题是大部分人在刚开始的一小步就错了，连跑起来的机会都没有，还谈何快速迭代呢？做产品为什么要做最小化可行产品（Minimum Viable Product，MVP）原型？这背后的前提假设是这件事的不确定性大，所以需要做MVP原型进行测试。如果你所做的事情确定性很大，那还需要测试吗？

这个问题的答案体现的就是《孙子兵法》说的“胜而求战”，而不是战而求胜。首先，创业者资源有限，只有一颗子弹时要打向哪里？正确的路只有一条，但是错误的路有无数条，只有先设计出一个大概率正确的方案，才能去测试，否则一开始就失算了。其次，是测试 5 分钟的效果、一天的效果，还是测试一年的效果？有时候坚持下去可以活，有时候坚持下去还是死，真的撞到南墙才回头就是赌运气。

巴菲特把“概率论”作为自己的投资哲学。为了解释这种哲学，他喜欢用棒球来打比方，尤其推崇著名棒球运动员泰德·威廉斯（Ted Williams）的做法。虽然我本人根本不懂棒球，但我特别受启发。威廉斯是过去 70 年来唯一一位单个赛季打出 0.4 打击率的棒球运动员。在《击打的科学》（*The Science of Hitting*）一书中，他阐述了自己的技巧：把击打区划分为 77 个棒球那么大的格子，即使有可能三振出局，他也只在球落到自己的“最佳”格子时才挥棒，因为挥棒去打那些“最差”格子会大大降低成功率。

巴菲特说，作为投资者，你可以一直观察各种企业的股票价格，把它们当成一些格子。在大多数时候，你什么也不用做，只要看着就好了。每隔一段时间，你将会发现一个速度很慢、线路又直，而且正好落在你最爱的格子中间的“好球”。这时你就全力出击。只要如此，无论天分如何，你都有极大的可能提高上垒率。许多投资者的共同问题是他们“挥棒”太过频繁了。

《孙子兵法》教导我们：做任何事情，不求胜，但求不败。要想不败，就要做大概率的事情。**在商业世界里，如何提升不败的概率？我们需要在复杂变化的商业世界里找到不变的规律，洞察商业的底层逻辑，真正掌握看本质的能力，这就是本书想带给你的收获。**

用系统论的视角解码商业模式

有一个朋友看完本书初稿后向我提出了一个问题：如果将这本书浓缩成一场时长 18 分钟的 TED 演讲，用一两句话来表达这场演讲值得传播的观点，那么你会怎么表达？我思考了一下，写下了两句话：

- 商业运行的第一推动力是什么？
- 企业的一切行为不是为了增长，而是为了活着。

这两句话便形成了本书的两个核心部分。在第一部分，我将帮助你打通思维上的“任督二脉”。哪怕你没有任何商业基础，我也会帮助你明确商业模式的底层逻辑和运行机制。我将这种逻辑和运行机制称为“商业运行的第一推动力”，也就是商业模式的原动力。

我会抛开传统的商业模式定义，从系统论的视角带你领略商业模式的底层结构，发现系统背后的第一推动力。这个推动力是商业的“指南针”，我们需要紧紧围绕它来构建商业模式的底层结构和方法论，我给这个“指南针”取名为“价值循环系统”。

价值循环系统包含 3 个环节：创造价值、交付价值和获取价值。围绕 3 个环节的实施过程，我构建了具体的方法论，进而形成商业模式的 4 个子系统：价值系统、能力系统、盈利系统和增长系统。这 4 个子系统环环相扣，缺一不可，它们将帮助你构建商业模式体系的地基。

如果你是一位经验丰富的创业者或企业高管，那么本书的第二部分就是为你准备的。有人说企业的一切行为都是为了增长，我对此不敢苟同。我认为增长是手段，那么增长的目的是什么？是为了活着。所以，在第二部分，我们要解决的问题就是，当我们建造了“一艘船”（商业模式）之后，如何确保它在高效运行的同时拥有对抗风险和不确定性的能力，从而持续地活着。在这部分，我将为你介绍 4 大动力系统：进化系统、协同系统、耗散系统和免疫系统。它们之间环环相扣，缺一不可，是支撑商业模式在面对风险和不确定性时实现持续进化的重要动力系统。

构建属于自己的思考框架

本书是不是只适合创业者？当然不是。

如果你正准备打造个人 IP，那么本书可以帮助你从个人品牌的定位，到产品的设计、销售体系的建立，再到价值的变现，构建完整的个人 IP 商业模式系统闭环。

如果你是企业的中层领导或高管，分管公司的一部分业务，那么本书可以帮助你站在顶层设计者的视角去思考你所分管的业务，它们也是一个个子系统。

如果你是产品经理，那么看完本书，你一定会有一个新的视角，实现从产品体系到商业体系的认知升维。

如果你正准备创业或者已经在创业的路上，那么相信本书可以帮助你少走弯路，从一开始就找对目标，走对方向。我会带你从思维、理论到方法和工具逐步建立商业模式体系，帮助你拥有真正的商业洞察力。

你可能经常学习各种经营方法，这就好比你的电脑里装了很多应用程序，但操作系统还处于低级模式，因此再高级的应用程序也无法运行，甚至无法安装。本书不仅要帮助你学会“应用程序”的操作方法，而且更重要的是，将为你安装一套新的“操作系统”。

本书和其他同类图书最大的不同之处在于：别人为你提供的是一幅“地

解码商业模式

高效运行必备的4大动力系统

- **进化系统** 跨越复杂性，像生命一样进化
- **协同系统** 让协同更高效
- **耗散系统** 通过耗散获得新生
- **免疫系统** 构建应对不确定性的容错机制

底层思维与视角

- **系统动力学**
- **复杂科学**
- **系统论**

本质/目的/功能

商业模式是一个价值循环系统

价值循环系统

底层结构与运行机制

- **价值系统** 从需求到价值转化
- **能力系统** 打造“非我莫属”的能力
- **盈利系统** 让盈利可持续
- **增长系统** 构建应对突变环境的增长路径

湛庐CHEERS 特别制作

图”，我为你提供的是一个“指南针”。指南针与地图都能指引我们到达目的地，但有所不同的是，指南针可以帮助我们辨别方向、明确自身定位，从而让我们根据自身定位不断思考前往目的地的路径。在这个过程中，我们提升了内在的能力。而地图可以展示全景图，我们可以根据它的指示找到最佳路径，快速抵达终点。从表面上看，这个工具更加高效，但长此以往，我们会形成路径依赖和思维定式。一旦地图更新不及时或者没有地图参考，我们不具备识别方向能力的弱点将暴露无遗。

本书的主题是商业模式，但其中没有当今世界五花八门的商业模式。因为你不需要学习那些模式！我想给你的是一个指南针，本书的目的是帮助你建立思考框架，洞察商业模式的底层逻辑。在你阅读本书的过程中，我有两个建议。

第一个建议，希望你能记住自己是本书案例的当事人。希望你可以置身于案例之中，站在当事人的立场上思考问题及提出解决方案。请你问自己几个问题：如果是我，我会如何做？为什么要这么做？我是如何得出这个结论的？希望你可以和同事、朋友一起就案例展开讨论。“如果我是XXX，我会怎么做？”，这句话可以成为你们头脑风暴的语境。通过这样的换位思考，相信你将获得更多的视角和无数新的可能性。这样做的目的并不仅仅是要找到企业面临的问题和解决方案，更重要的是，要通过这样的思想试验和训练，跳出思维定式，从不同经营者的视角得出自己的结论。如此训练，日积月累，你就能提高制订解决方案的能力。

第二个建议，本书的每个章节既环环相扣，又自成体系，你无须从头到尾逐字阅读，可以像拆盲盒一样来阅读。更重要的是，请你不要把它读“完”，也就是不要让它闲置在书架上，请让它保持“随时可读”的状态。在遇到企业经营问题时，你可以把它当成一本工具书，随时查阅。请你把它放在而不是供在书架上。毕竟，指南针的作用是随时帮助你纠正方向。

接下来，让我们即刻启程，开始通往商业本质的探寻之旅。

目 录

引言 系统思维与商业模式

作为投资人，我每年要看近千份商业计划书，见上百个创业者，但他们之中最终能够获得融资的只有 1% 左右。我和很多投资人聊过这个问题，发现这一比例具有普遍性。失败的项目是否存在共性的问题呢？

高瓴资本创始人张磊[①]经常说：“投资就是投人。”这句话在整个资本圈已经成为一个共识。那么，“投人”是指投什么样的人，还是指投人的什么呢？其实它指的就是投一个人的认知能力。这意味着创业项目之所以失败，大部分原因是创业者的认知存在局限。原字节跳动创始人张一鸣在一次采访中讲道：“我越来越觉得，对事情的认知是最关键的，你对一件事情的理解，决定了你在这件事情上的竞争力，创业公司在早期差距其实不大，可能（比别人）多了几十人，或者账上比别人多了几千万（元），但是认知不同，这个差距会越来越大。”

然而，“认知”这个词涵盖的范围太广，以至于连定义它都难，“如何做”更是让人无能为力。在引言部分，我将从“认知”这个角度帮助你洞察“失败”的逻辑，寻求认知的进化路径。

---

① 张磊在《价值》一书中第一次系统阐述了他对投资的全方位思考，第一次全面剖析了高瓴资本的投资体系和创新框架。这本书的中文简体字版已由湛庐引进、浙江教育出版社于 2020 年出版。——编者注

鱼缸如果长时间不换水，里面的水一定会发臭，鱼也养不活。水发臭了，你会赶紧换水，清理发臭的垃圾，换上新的沙子和水草，可是用不了多久，水又会发臭。该怎么办呢？

我们在生活中经常会遇到类似的问题，一个问题出现了，我们会马上想着去解决它。然而，就像清理发臭的鱼缸一样，我们以为换上新的水、清理了垃圾就好了，可事实上这并没有真正解决问题。

解决问题的前提是找到“真问题”。大多数人会把问题简单归因，他们看到的都是表象，没有发现问题的本质。之所以会这样，是因为我们生活在一个复杂系统里。在这个系统里，任何现象都不是简单的线性因果关系，而是有很多错综复杂、相互影响的变量影响着结果。

鱼缸也是一个复杂系统，里面有水草、小鱼、各种微生物和有机物等要素。想要解决鱼缸发臭的问题就必须了解清楚原因。如果鱼缸中的水太深，就会导致水底缺氧，使水体发臭的厌氧微生物就会大量繁殖，从而导致整个鱼缸系统被污染。如何解决这个问题呢？很简单，只需要安装一个水泵，让水底充满氧气即可。

在一个复杂系统里，各种要素相互影响、彼此关联。如果我们的思维方式还停留在处理简单问题的水平上，没有深度思考的能力，那么当我们试图用惯性思维和习以为常的逻辑去解决复杂问题时，往往会头痛医头、脚痛医脚，治标不治本，失败的种子就此埋下。事情会按照失败的逻辑不断发展，最终导致问题无法解决。

打破思维定式，学会深度思考

到底是什么阻碍了深度思考？我们先来看一则故事。

美国著名科幻小说家艾萨克·阿西莫夫（Isaac Asimov）属于“天赋极高”的那类人。他年轻时做过很多次智商测试，等级均在160左右。

有一天，阿西莫夫遇到一位熟人。这位熟人对他说：“博士，你的智商很高，我想请你做道题，看你能不能答得出来。”阿西莫夫点头同意。“题目是这样的：有一位聋哑人想买几根钉子，他来到五金店，对着售货员比手势，左手食指放在柜台上，右手握拳敲击，于是售货员递给他一把锤子。但聋哑人摇了摇头，于是售货员明白了，这位顾客想买的是钉子。聋哑人买好钉子，高兴地离开了五金店。接着又来了一位盲人，他想要一把剪刀，请问：盲人会怎么做？”

“盲人肯定会这样……”阿西莫夫边回答边伸出食指和中指，做出剪刀的形状。这位熟人开心地笑起来：“哈哈，答错了！盲人想要买剪刀，他只需要开口对老板说‘我要买剪刀’就行了，干吗要比手势呢？”

智商160的阿西莫夫这时不得不承认自己确实是个“笨蛋”。那位熟人开玩笑地说：“在出题之前，我就料定你一定会答错，因为你所受的教育太多了，不可能很‘聪明’。”

实际上，这位老熟人所说的“受教育太多”与“不可能很聪明”没有因果关系。人并不会因为学了很多知识而变笨，但会因为知识和经验的增多而在头脑中形成思维定式。思维定式会束缚人的思维，使思维按照固有的路径展开。

什么是思维定式？通俗地讲，思维定式也称惯性思维。就像物体运动有惯性一样，人们往往习惯性地遵循以前的思路和经验思考问题，这便是思维定式。在图0–1中，我从点、线、面、体4个维度对思维方式进行了分类，分别是点状思维、线性思维、框架思维和整体思维。这4个维度也是一个人思考能力的体现，它们决定着一个人的思维高度。这就是我们要寻求的认知进化路径。

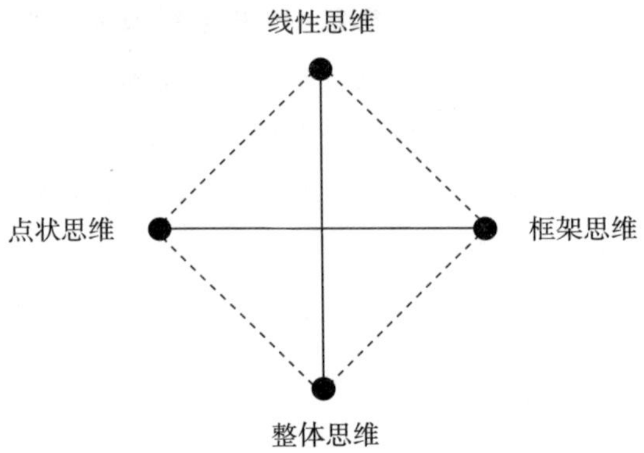

图 0–1　思维方式的 4 个维度

点状思维。有这种思维特点的人通常具有"简单归因""因果倒置"的思维定式，满足于浅层的理解。比如，当一个男生太较真的时候，有人就会脱口而出"因为他是理科生"，这就是简单归因。再比如，每年都会有人说"今年经济不好，生意真难做"，将生意难做的直接原因归于经济不好，以撇清自己的关系。

具备点状思维的人除了会简单归因，也缺乏逻辑思维能力，容易陷入因果倒置的思维定式。比如，当一个产品卖得不好时，老板会要求员工赶紧想办法卖掉。老板犯的错误就是把产品卖得不好当成因了。如果把卖得不好看成结果，那么导致产品卖得不好的问题才是真正的因。这里的"因"，可能是质量原因，也可能是价格原因，还可能是消费群体不精准等原因。

其实绝大多数人都会犯类似的错误，比如没钱了要赶紧去赚钱。如果把没钱看成是结果，那么一个人赚不到钱的原因可能是能力有问题，需要努力学习以提升能力，而不是埋头苦干或者到处寻找赚钱机会。

线性思维。具备这种思维的人大都陷入了"经验主义"的思维定式。经常有人说，"我走过的桥比你走过的路还多""我吃过的盐比你吃过的米还多"。经验固然重要，但过去的经验是否适用于当前环境还需要考量。

框架思维，也就是最近几年非常流行的思维模型。具备框架思维的人已经具备一定的思考能力，在思考问题的时候不会只简单归因，也不会被经验绑架。他们具备结构化的思维方式，经常使用一些商业分析模型，如SWOT分析模型、PEST分析模型、波士顿矩阵、波特五力模型[①]等。借助模型的好处在于可以强制自己拓宽思考域，从多个角度去思考问题。但是在日常工作中，很多人并没有真正学会如何用框架思考问题，反而依赖框架模型、套用模型，好像只要套用了模型，就可以得出正确答案似的，这就有点削足适履了。

整体思维。一套严格的概念框架无疑有助于厘清问题，但也经常让人错把问题当成答案。人们总是渴望发现一套放之四海而皆准的方法和规律，但框架只是辅助思考的工具，而不是可以自动导出答案的机器。我们需要理解框架模型背后的逻辑，比如，波特五力模型为什么是“五力”而不是“六力”？这“五力”之间的逻辑和关系是什么？这才是真正的思考能力，需要具备整体思维，也就是系统思维。真正具备思考能力的人，一定是具有系统思维的人。

建立系统思维，学会洞察本质

2014年5月6日，腾讯宣布成立微信事业群，并任命张小龙为事业群总裁。当天，张小龙给内部团队发了一封邮件，其中有一条内容着重强调了系统思维的理念：“记住我们的愿景：连接人，连接企业，连接物体。让它们组成有机的自运转的系统，而不是构建分割的局部的商业模式。我们专注于基于连接能力的平台，并将平台开放给第三方接入，和第三方一起建造基于微信的人和服务的生态系统。系统思维也会帮助我们建造透明公正的商业体系，让系统在规则下运转，避免人为的干预。”

---

① 波特五力模型是“竞争战略之父”、哈佛商学院教授迈克尔·波特（Michael Porter）于20世纪80年代初提出的概念。他认为行业中存在着决定竞争规模和程度的5种力量，这5种力量综合起来影响着产业的吸引力和现有企业的竞争战略决策。

他还说过："一个没有系统思维的人，在认知上是不完备的。"那么，什么是系统思维？在回答这个问题之前，我们先来认识下什么是"系统"。

请你先想象一个场景：有一辆自行车从你身边经过。它为什么会行驶？我经常在不同的场合提出这个问题。各种回答都有，有人说因为轮子是圆的，有人说因为有人在踩踏，为自行车提供了动力，等等。如果是这样，那么请你看看图 0–2。

图 0–2　自行车解构示意图

这还是一辆自行车吗？所有的自行车零件都在，但是很显然，它只是一堆零件，并不能被称为"自行车"。这是为什么呢？因为此时它没有自行车的结构，不具备自行车的功能。自行车之所以被称为自行车，除了因为它有必要的零件，更重要的是因为具备自行车的功能。当所有零件都按照一定的连接规则组合起来时，产生了相互影响的关系，这种关系形成了一个结构，结构产生了动力机制，也就是自行车的功能。这就是一个简单的系统。一个系统的功能是由其自身结构决定的，就像人不具备鸟的身体结构，所以无法飞翔，跟风大风小没有一点关系一样。

请再来思考一个问题：当一个人在学校或者公司被传染了流感时，他会说些什么？“都是被你传染的”“在学校被其他人传染的”，我们经常听到这样无奈的抱怨。当然这也没什么不对，但问题是，一个人之所以会被传染，其实是因为他的身体环境正好适合病毒生存，而那些打了流感疫苗的人大都可以避免这样的遭遇。

通过这两个简单的系统案例，可以得到一个结论：**任何现象都是系统运作的结果，而不是单一原因造成的。外在原因可能是导火索，系统自身的结构才是问题的根源。**著名心理咨询师武志红老师讲过一句话：“我，是一切问题的根源。”这句话正好符合系统论的核心思想。

复杂系统，简单问题存在着复杂的变量

通过那堆自行车零件，可以发现，系统并不是一些简单事物的集合，而是由一组组相互连接的要素构成的。这些要素之间存在一定的关系，形成一种结构，能够实现某个功能（或目标）。所以，一个系统包含三个核心组成部分，我称之为“系统三件套”。

- 要素，构成系统的个体（如自行车的零件）。
- 关系，要素与要素之间的连接关系与规则（如自行车的结构）。
- 功能（或目标），系统的功能或者运行的结果（如自行车的功能）。

然而，大多数人只能看到表面的要素（现象），无法看到背后的关系。这是为什么呢？

我们继续对自行车的案例进行拓展。当一位自行车运动员在比赛中夺冠时，人们通常会怎么评价他“很厉害”“有天赋”“很努力”……

运动员之所以能得冠军，原因有一个还是多个？如果把一场比赛看成一套

系统，那么这套系统里的构成要素有哪些？有运动员、教练、场地、比赛装备、天气、观众、赞助商，还有比赛的规则、裁判，等等。一场比赛的构成要素有这么多，任何一个要素出了问题都可能直接影响到比赛的结果。但是，很多人看到的只有运动员这一个要素。

一辆自行车的结构是一套简单系统，而把自行车放到比赛的场景下，它就进入了一套更大的系统。这套系统的构成要素更多、关系更复杂，系统的功能也不一样。也就是说，一个问题的结果会受到很多变量影响，而且这些变量之间有相互关系，这就是一套复杂系统。

从这个角度来说，我们如何才能应对这个复杂的世界呢？答案是我们需要具备系统思维。

系统思维，用整体视角发现本质

系统思维就是从整体视角去看、去发现隐藏在系统背后的构成要素，这些要素背后有什么关联，以及这样的组合关联会如何达成目标。

人们经常说“透过现象看本质”，那本质到底是什么？从系统论的视角看，本质就是系统内部的结构。著名商业顾问、润米咨询公司创始人刘润说过一句话：“普通人改变结果，优秀的人改变原因，顶级优秀的人改变模型。”结构是如何影响我们的生活的？举例来说，一位妈妈看见孩子的鞋带散开了，你认为她会怎么处理？

有的妈妈可能会一脸怒色地对孩子说：“教你这么多次了，怎么还是不会！”然后蹲下身帮孩子把鞋带系好。这位妈妈看到的是“没系好”这个现象。帮孩子，这种做法是“症状解”。

有的妈妈会提醒孩子鞋带散开了，并在孩子自己系鞋带的过程中观察他系鞋带的方法有什么问题，然后手把手地教他。这位妈妈看到的是“不会系”的原因。教孩子，这种做法是“原因解”。

还有的妈妈会发现，原来爷爷奶奶每天都帮孩子系鞋带。这位妈妈改变结构，禁止代劳，结果孩子摔了几跤之后，鞋带系得比妈妈还好。这位妈妈看到的是“不想学”的结构。让孩子想学，这种做法是“根本解”。

结构就是系统背后的那个“黑匣子”，是大多数人看不到的本质。如果你对“黑匣子”视而不见，那么无论你花多长时间思考(输入)，你期待的结果(输出)也不会出现。

系统构成要素之间的反馈回路

系统的结构到底是什么？简而言之，就是要素与要素按照某种关系连接起来的模型。系统要素就像自行车的零件一样，连接起来之后，就开始互相影响，而不再作为独立存在的个体。换句话说，结构就是“要素 × 关系”。

也许你会觉得关系很复杂。其实在系统的世界里，关系很简单，只有两种：正反馈和负反馈。我们可以将之统称为反馈回路。有人会把正反馈和良性循环等同，这是不全面的。比如亚马逊有一个著名的增长飞轮模型（见图 0–3），它是一个良性循环的正反馈结构。

在亚马逊的增长飞轮模型里，降低成本结构是这个飞轮的原动力。有了更低的成本结构，就可以给用户提供性价比更高的产品，从而提升用户的购物体验。而良好的用户体验可以进一步带来更多流量，继而吸引更多商家入驻。反过来，有了更多的商家就可以给用户提供更多的品类选择，从而不断提升用户体验。

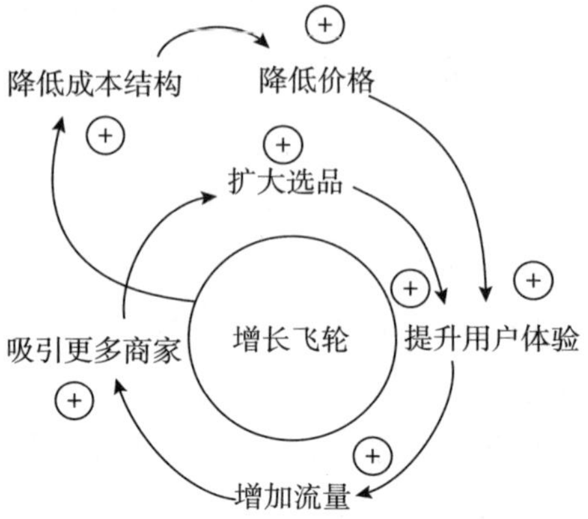

图 0–3　亚马逊的增长飞轮模型

然而，在现实的商业世界里，有人一看到流量下降就会想如何引流，如何购买流量。他们只能看到“症状解”这个层次，或只能看到选品这个“原因解”。只有少部分人可以看到成本结构这个“根本解”。

这个增长飞轮模型的每一环都是正反馈（用加号表示），但是正反馈不等于良性循环，如图 0–4 中两家公司在市场上的竞争。A 公司投入广告，促进了 A 公司的销售增长。B 公司为争夺市场投入了更多广告，促进了 B 公司的销售增长。双方为了争夺市场，广告费越投越多。双方看起来好像都是在促进销售，但是广告成本越来越高，甚至形成价格战，都没钱可赚，就看谁能拼到最后了。

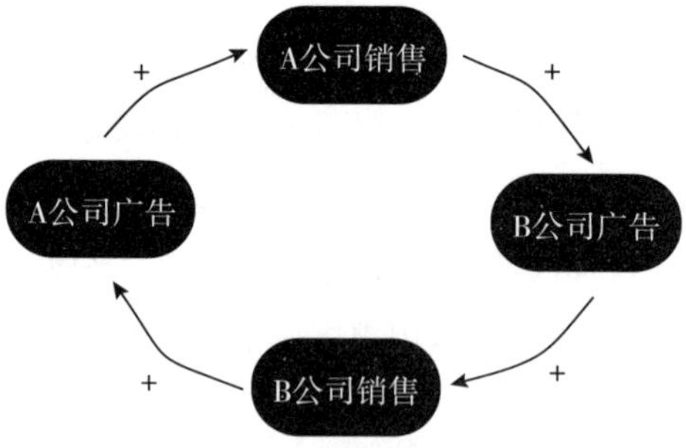

图 0–4　正反馈不等于良性循环

在互联网企业里，这种模型很常见。比如，网约车的“补贴大战”、社区团购、共享单车等都是这种类型。在这种类型的竞争中，能拼到最后的才是赢家，市场的弱者如果不改变结构，无法跳出这个死循环，就会被淘汰出局。

负反馈是什么呢？很多人将之理解成一种恶性循环，这也是不全面的。比如，一个人因心态消极而怠慢工作，导致业绩变差，进而使心态更消极，形成恶性循环。但这样的恶性循环不能等同于负反馈，负反馈是一个很重要的反馈回路。比如，你在开车的时候，踩油门是一种正反馈行为，踩刹车则是一种负反馈行为，这种负反馈是很重要的调节机制。再比如，空调制冷的时候是根据室内外温差来调节工作的，制冷是正反馈行为，当室内温度达到你设定的目标温度时，制冷就停止了，也就是产生了负反馈回路。所以负反馈很重要，在系统中不可或缺。

在绝大部分情况下，一个系统内正反馈和负反馈都是同时存在的。例如，市场需求和价格之间的关系（见图 0–5）。

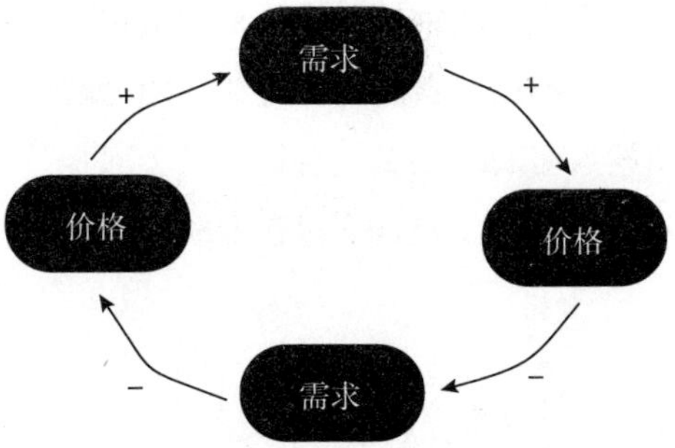

图 0–5 负反馈不等于恶性循环

当一种产品出现供不应求的情况时，需求增加导致价格急剧上涨，之后需求就会下降，进而导致价格也跟着降低。价格一降低，购买的人就又多了，需求再次增加，最后价格变化会逐渐趋于平稳的状态。这就是一个典型的正反馈和负反馈同时存在的系统。

只有洞察到系统内部要素与要素之间的反馈回路，才能真正洞察到系统的结构，也才能改变结构，真正从源头寻找和解决问题，而不至于只看到表象却忽略了问题本质。

系统的两大特性

没有系统思维的人，在一个复杂系统的世界里总是焦虑的，对未来是迷茫的、失控的。他们总想着用各种方式预测未来，然而，预测总是失败。

当我们在讨论股价会不会下跌、房价会不会上涨、公司未来能否高速增长时，我们到底在讨论什么？其实，这是一个关于时间的问题。我们生活在一个四维的世界里，四维即“三维空间 + 一维时间”。三维空间是有结构的，那么时间有结构吗？当然有。时间会沿着一个（未来的）方向运动。事物随着时间流逝产生的运动及结果就是时间结构。比如，一段旋律优美的音乐，它的结构就是在时间的方向上形成了有规律的音符变化。

在系统论里，我们把时间结构称为“动力机制”。也就是说，把一个结构放入时间的维度，就会形成一条曲线。比如，用力踩一脚自行车（结构），在接下来的时间里（放入时间维度），自行车就会起步、加速，然后逐渐减速，最后停止。图 0–6 中的曲线就是这个过程的时间结构。

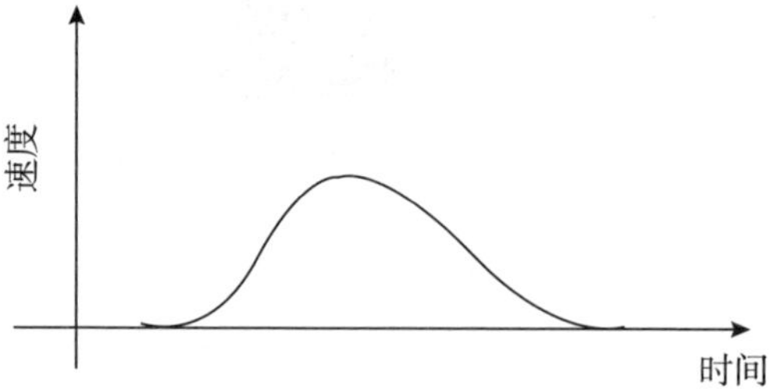

图 0–6　踩一次自行车脚踏板之后的时间结构

那么，为什么人们对未来的预测总是失败呢？原因有以下两个。

首先，大脑可以补全空间结构，但是无法补全时间结构。我们可以通过观察得出空间的结构，如一栋房子的结构、一个物品的结构等，甚至可以脑补空间结构，如脑补出一张熟悉的照片里空缺的画面。

但在时间结构问题上，我们通常无法预测接下来或者更远的未来会发生什么变化。因为时间结构有一个特征：非线性发展。比如，一个学生如果每天增加 1 小时补课时间，成绩可以提高 10 分，那么增加 3 小时的补课时间，成绩能否提升 30 分呢？很显然，这是不确定的，他很有可能会因此厌学。这体现的就是时间的非线性发展特征。

非线性发展会造成震荡的现象。比如，股市的波动、股价的涨跌是受多方面因素影响的。上市企业的业绩很好，但其股价也可能因为经济环境变差而下跌，在差的经济环境中个别股票也可能因为被追捧而涨价。没有人可以预测股价未来的精确波动，因为未来是非线性的、不确定的，也是震荡发展的。

其次，非线性发展会导致另外一种现象，即大多数人在预测未来时总是忽略目标后面的隐藏结果。当我们发现一个问题之后，第一步是制定解决方案和目标，第二步就是开展行动。但这样做往往只能改变现象，有可能会造成事态进一步恶化，今天的解决方案可能会导致明天出现新的问题。比如，一个人因便秘吃了点泻药，没有马上见效，于是他就继续加大用药量，最后解决了便秘问题，但导致腹泻。

得到了结果 A，却产生了结果 B，这是系统思维的陷阱，通俗地说就是“按下了葫芦浮起瓢”。原因在于系统运行时会由于时间延迟而带来隐藏结果，这体现了系统的两大特性。

时间延迟要怎么理解呢？下面举例加以说明。往浴缸里放满水需要 10 分钟，我们可以把正在放的水称为“流量”，把浴缸里的水称为“存量”。存量达到一个阈值（放满）需要 10 分钟的流量积累（见图 0–7）。如果不断往浴缸里放水，10 分钟之后还不停止，水就会溢出。这个溢出的过程就是系统运行的结果（现象）。

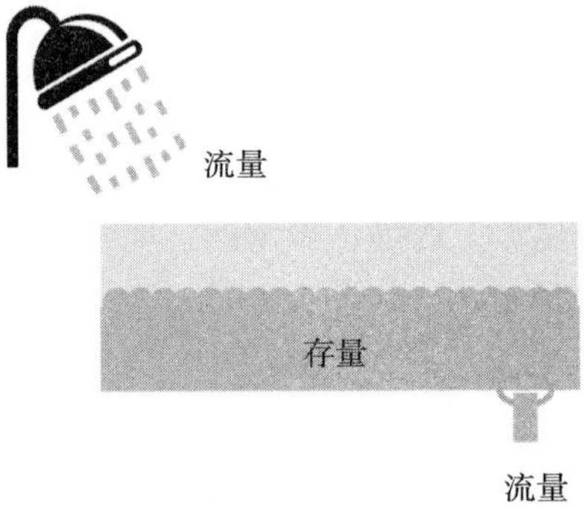

图 0–7　时间延迟，存量与流量的关系

再比如，一对情侣分手了，表面看来原因只是一句话或者一件小事，但其实是因为坏情绪（存量）已经积累得太多，最后一件小事让存量达到了阈值，坏情绪彻底释放，导致关系破裂。所以维护情侣之间的关系就像保持浴缸里的水量，要经常把那些“不干净的水”放掉，以免“水溢出”。

忽略时间延迟现象所导致的问题在商业世界里无处不在。商品的价格作为市场变化的信号，素来被冠以亚当·斯密所说的“看不见的手”的雅号。可是，价格从消费的一方传递到生产的一方，不是瞬间能完成的，而要经历整整一个单位的生产周期。这个周期可能是几天，也可能是几个月。随着耗散时间的延迟，阴差阳错的事接踵而至，最后预期与结果大相径庭。以传统的肉猪生产为例，年末猪肉的销售价格居高不下，于是农户纷纷养猪，大约半年后成猪上市，可是届时猪肉价格已经崩溃，原因是市场进口了大量廉价的猪肉。

忽略时间延迟现象会让我们顾此失彼，会让我们在追求目标的时候忽略其他隐患。这体现的就是系统的另外一个特性：隐藏结果。隐藏结果最容易被忽视。很多人在制定目标的时候没有考虑过实现这个目标的过程中会不会产生其他不良影响。比如，每年底，各公司都会设定第二年的目标，你也给自己定下了来年要实现年薪百万的目标，并设定了各种实现目标的计划。为了实现阶段性的目标和完成计划，你非常努力地奋斗着，经常熬夜加班，事情有条不紊地朝着你的目标推进。可是到了年底，眼看当年的百万年薪目标就要实现，你的身体却累垮了。

我们总认为目标就是目标，和其他东西没有关系，可是在这个世界上，任何一个目标都是某个系统中的一个因素，与其他因素都有关系，它们相互影响着。这就好比创业者很可能顾及不到家庭，也可能因创业而影响自己的健康。

解决任何一个问题都会有至少双重的影响。在系统的世界里，因果是具有互变性的，即追求一个结果时，这个果也是因。过去的经历形成了现在的你，而现在的你如何做，也将决定未来的你。

用系统思维思考商业模式

为什么需要在一开始花较长篇幅来讲述系统思维的重要性呢？它和本书的商业模式主题有什么关系？

我们的教育体制有理科和文科之分，大学更是有详细的各种专业之分。受过专业教育的我们学会了用本专业的眼光看世界，从此，也被专业所束缚。但我们所处的世界分文理吗？建造房子的工作是属于文科还是理科呢？为创业做的事情是属于文科还是理科呢？我们所面对的工作和生活中的挑战，并不是按学科划分的。一个人的学习成绩好，并不能确保他找到一份好工作；一个人专业能力很强，并不代表他可以成为一位合格的管理者……类似的问题还有很多。

查理·芒格说过，大多数人的一生，都喜欢用一个知识结构来解决所有问题。他提出了“多元思维”的概念。这是否意味着只要掌握很多思维模型就拥有了更高的认知水平？答案是否定的，这其实只是一种知识的堆砌，并不能产生真正的作用。我们需要看穿模型背后的结构，不仅要看到各种现象要素，还要看到要素之间的关系，最后将之融为一体。也就是说，我们需要有系统思维。

本书的主题是商业模式，然而我并不想跟其他同类书一样，告诉你商业模式有几个要素，再给你一张商业模式画布。当你看到这里的时候，相信你已经明白了这个引言的用意。希望本书能够为你打通思维上的“任督二脉”，带你一起寻找认知进化的路径，帮助你培养洞察商业本质的能力。

从此刻起，希望我们可以一起逃脱思维定式的束缚和陷阱，为认知装上系统思维，实现认知升级。

DECODING BUSINESS MODELS

第一部分

商业模式的底层结构和运行机制

根据本杰明·格雷厄姆（Benjamin Graham）的观点，买股票就是买公司，而买公司的本质，就是买它的商业模式。那么，什么是值得买的好的商业模式呢？能赚钱的模式就一定好吗？为什么很多亏钱的公司依然受到资本的热捧？商业模式就是盈利模式吗？好的商业模式有什么共通的规律？不好的商业模式有哪些共性？一个好的想法如何形成商业模式？是不是只要把一张所谓的商业模式画布填满，就有了商业模式呢？

好的商业模式有助于取得商业成果，持续地创造价值，让企业有更大概率赢、持续地赢。如何才能找到持续赢的突破点呢？关键是要在复杂的商业世界中找到问题的本质。但是我们最常做的往往是“头痛医头、脚痛医脚”。比如，为应对公司业绩下降，做一些促销活动来拉高销售额，但只要不做促销，业绩就会下降。这是为什么？因为我们没有找到业绩下降的根本原因。根本原因不是产品不行、质量不行或者价格太高等，而很有可能是我们完全不了解什么是“有效的市场”。

想在商业世界里持续地赢，就需要在一个更大的系统里用更广阔的视角去看待商业，掌握商业本质的底层结构。

本书第一部分旨在帮助你打通思维上的“任督二脉”，让你掌握找到真因的方法，以及洞察商业本质的思维方式。哪怕你没有任何商业基础，也能看懂本书提及的商业模式的底层逻辑和运行机制。

我会抛开传统的商业模式定义，从系统论的视角出发，剖析商业模式的底层结构，寻找系统背后的第一推动力。这个推动力就是商业的指南针，我们需要紧紧围绕它来构建商业模式的底层结构和方法论。我给这个指南针取了个名字叫“价值循环系统”。

价值循环系统包含3个环节：创造价值、交付价值和获取价值。而围绕如何创造价值、交付价值和获取价值，我将会构建出具体的方法论，进而形成4个子系统：价值系统、能力系统、盈利系统和增长系统。

在价值系统里，我将从最基础的需求讲起，揭开创造价值的本质。我还提出了三维价值定位系统的模型，它能像导航系统一样对产品进行定位。

在能力系统里，你会了解到核心竞争力不是各种高科技技术，也不是一招鲜吃遍天，而是基于价值定位所构建的独特经营活动和业务的组合。我提出了医生问诊模型，让你学会用医生的思维去寻找问题，制订解决方案并采取一系列连贯的行动。我们将重温经典的竞争战略理论及竞争的演化，探寻核心竞争力的真相。

在盈利系统里，我不会讲述那些让人一头雾水的收入模式，而会带你一起去找到盈利模式的构成路径。这条路径相当于一幅盈利模式的地图，凭借它可以一眼看穿所有盈利模式的路径形成规律，并且掌握盈利模式的创新方法。

在增长系统里，我们要解决的是商业模式的可持续性问题。如果你的企业陷入增长瓶颈，那么在增长系统里，请随我一起诊断企业当前所处的困境，并寻找脱离困境的方法。最近几年第二曲线理论传播广泛，但是你可能不知道，麦肯锡很早就提出了三曲线的增长方法论。在这一部分，我会毫无保留地将这种方法论分享给你，让你学会向生态学学习构建可持续增长的商业模式。

看完这部分内容，你将掌握从 0 到 1 构建商业模式的思维、方法和工具，形成新的商业认知，拥有一双极具洞察力的眼睛，看透商业的本质。

1 商业模式，一个价值循环系统

“独角兽”企业的成功“暗箱”

在《隐秘的知识》（*Secret Knowledge*）一书里，大卫·霍克尼（David Hockney）说，西方古代绘画大师之所以能够画得那么逼真，是因为他们使用了一种失传的秘密方法。

霍克尼是当代非常有影响力的英国画家，在20世纪中期，他的油画就已经享誉世界。1999年，在伦敦参观作品展时，他第一次感受到了震撼，因为他发现有人能在很小的画幅中用素描表现那些很细微的特征。那些画线条精准、连贯，简直就和照片一样逼真。怎么会有如此精湛的技术？

在一次朋友聚会上，霍克尼偶然得知16世纪的画家使用了一种名为“暗箱投影法”的绘画技术。比如，要画一幅人物肖像画，画家会先坐在一间比较暗但并不全黑的屋子里，然后在这个屋子的门上开一个像画布一样的方洞，接着让被画的人坐在门外强烈的光线下，再用镜子折射出被画者的图像，图像透过那个方洞投进来，投射在画布上。画布上所呈现的图像之精准达到了光学高度，而且图像是有色彩的。接下来，画家只需要按照画布上投射的图像直接临摹就可以了。大的画幅用暗室，小的画幅遵循同样的原理，于是就出现了暗箱（见图1-1）。

暗箱前端装有镜头，光线穿过镜头到达一面镜子上，再由这面镜子折射到暗箱上面的毛玻璃上。画家会将一张白纸铺到这块毛玻璃上，并将映射到纸张上的影像描绘出来，就像字帖描红一样。

图 1-1　绘画工具：暗箱

资料来源：《隐秘的知识》，大卫 · 霍克尼著。

为了进一步研究，霍克尼分析了近 500 年来的各种西方画作。查阅了很多资料之后，他发现，自 16 世纪以来，几乎所有的画家都知道这种暗箱的存在，而且有相当多的画家使用暗箱。他确定：达 · 芬奇在暗箱里看过蒙娜丽莎，但是达 · 芬奇这种天才并不屑于按照图像直接临摹，估计是看完之后再手绘的；米开朗琪罗是技术狂，肯定不会用这种技术；拉斐尔肯定用了暗箱技术。

厉害的人都很努力，但是，他们能成功靠的并不仅仅是努力，而更重要的是他们站在了某个“巨人”的肩膀上，发现了隐藏的某些规律，有意或者无意地做出了某种正确的选择。这种选择就像杠杆一样，放大了他们的努力，让他们实现了跨越式的成长。无论是在艺术、科学、商业、文化领域，还是在其他领域，都存在这样的人，他们的高度是普通人无法企及的。

在今天的商业世界里，那些成功的企业家，那些打造出“独角兽”企业的创业者，他们是否也站在了看不见的“巨人”的肩膀上？除了天赋和努力，他们是否还掌握了某些“暗箱”？他们是否发现了某些隐藏的商业规律，从而拉开了与普通人的距离？

人们经常用“独角兽”这个词来形容一家规模大、发展快、估值超过 10 亿美元的企业。那么，一家企业从创业开始到成为“独角兽”需要多久？《财富》杂志做过一项分析：在 1998 年以前，《财富》500 强企业成为“独角兽”平均所花的时间是 20 年。然而，进入 21 世纪后，时间大大缩短（见图 1-2）：谷歌用了 8 年，Facebook 用了 5 年，特斯拉用了 4 年左右，优步用了 3 年左右，WhatsApp 和 Snapchat 只用了 2 年左右，美国一家共享滑板电动车运营公司 Bird 的估值达到 20 亿美元仅花了 4 个半月。

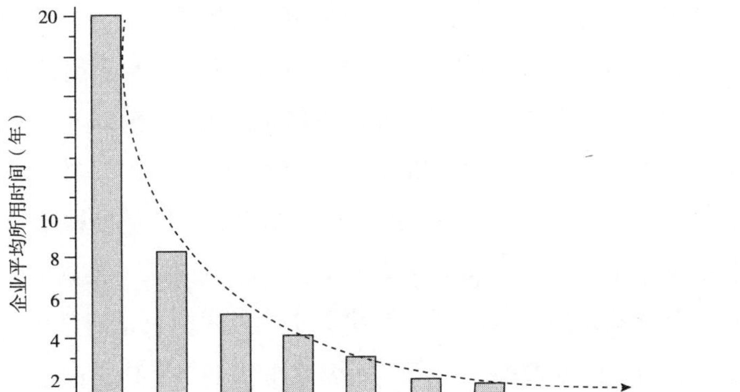

图 1-2　初创公司成为“独角兽”所用的时间

资料来源：引自《财富》杂志官网。

“独角兽”诞生的逻辑是什么？有管理学者对此进行了分析，并总结了它们的 3 个特征：第一，诞生在新的市场；第二，采用了新的技术；第三，有独特的商业模式。**技术、产品和市场只是商业模式的组成要素，企业能否做大做强则取决于是否构建了独特的商业模式。**商业模式有这么重要吗？

美国高原资本前合伙人鲍勃·希金斯（Bob Higgins）在一次采访中说："回顾我们公司的发展，我认为我们每次的失败都归因于技术，每次成功都归因于创新的商业模式。"

对这个观点，中国的一位知名投资人也表示认同。2019年4月2日，《福布斯》公布了2019年"全球最佳创投人"榜单，其中，红杉资本全球执行合伙人沈南鹏再次排第一。他曾经这样总结自己投资过的企业："在我投过的那么多企业当中，绝大部分不是以技术而闻名，绝大多数是以商业模式而著称。"

原来，"独角兽"们的"暗箱"就是独特的商业模式。然而，常识最容易让人忽视，我们虽然对商业模式这个词耳熟能详，却很少去思考它究竟是什么，独特的商业模式又是什么。

商业模式如此重要，但很多人对商业模式的理解存在误区。首先，对商业模式的理解存在片面性。当谈到商业模式时，我们经常会听到各种名称，比如，免费模式、线上到线下（Online to Offline，O2O）模式、长尾模式、平台模式、共享模式、企业对企业（Business to Business，B2B）模式、企业对顾客电子商务（Business to Consumer，B2C）模式、集合供货商赋能于渠道商并共同服务于顾客（Supplier to Business to Consumer，S2B2C）模式等。似乎每个人都可以说出商业模式的一些门道。但其实他们说的都只是对某种业务模式的概述。比如，说淘宝的商业模式是顾客对顾客电子商务（Consumer to Consumer，C2C）、京东的商业模式是B2C，很显然，这些说法是片面的。

其次，将构建商业模式等同于在"画布"上"填空"。大名鼎鼎的商业模式画布应该是目前市面上最受欢迎的商业模式辅助工具之一。我每年都要看大量的商业计划书，发现很多人会直接套用商业模式画布，他们好像认为只要把"画布"上的"空格"填满了，商业模式就形成了。我通常都会问他们："你认为这张'画布'为什么包含9大要素，而不包含8大要素或者5大要素呢？"很多创业者完全不理解商业模式里那些要素之间的逻辑关系。其实，有几个要素根本不重要，重要的是想解决什么问题，以及解决问题需要哪些关键要素。当我们明白背后的逻辑关系后，就不必拘泥于这些工具和要素，从而可以创造属于自己的要素，形成一种独特的商业模式。

那么，到底什么是独特的商业模式？到目前为止，学术界对商业模式还没有一个统一的定义，所以人们对商业模式的创新存在一定的争议。百家争鸣当然好，但是没有共识就无法让行动统一。以下是一些学者对商业模式的定义：

- 蒂默斯（Paul Timmers）认为，商业模式是由产品、服务和信息流组成的体系，描述了不同参与者及其角色，以及他们的潜在利益和最终受益的来源。
- 艾普尔盖特（Applegate）认为，商业模式描述了复杂的商业，能促使人们研究它的结构和要素之间的关系，以及它如何对真实世界做出反应。
- 伊夫·皮尼厄（Yves Pigneur）认为，商业模式是公司及其伙伴网络对一个或几个市场进行细分以产生有利可图的可持续的收益流的体系。
- 拉斐尔·阿密特（Raphael Amit）和克里斯托夫·佐特（Christoph Zott）认为，商业模式是利用商业机会的交易成分设计的体系，是公司、供应商、辅助者、合作伙伴及雇员链条的所有活动的整合。
- 杰弗里·科尔文（Geoffrey Colvin）认为，商业模式就是赚钱的方式。
- 帕特罗维奇（Patrovic）等认为，商业模式不是对复杂社会系统及所有参与者之间的关系和流程的描述。相反，它描述了存在于实际流程后面的商业系统创造价值的逻辑。
- 亚历山大·奥斯特瓦德（Alexander Osterwalder）把商业模式定义为，由一家公司为若干个细分顾客、公司架构体系及合作伙伴网络提供价值。公司创造、营销、传递这些价值和关系资本是为了产生盈利性的、可持续的收益流。
- 拉帕（Rappa）将商业模式描述为，清楚说明一家公司如何通过价值链定位赚钱。
- 韦尔（Weil）和维塔尔（Vital）把商业模式描述为在一家公司的消费者、

联盟、供应商之间识别产品流、信息流、货币流和参与者主要利益的角色及关系。

- 玛格丽塔（Magretta）认为，商业模式是为了说明企业如何运作。

这么多学者对商业模式给出了不同的定义。这就好比千百人四面坐着，共同看一场球赛，人人都是见证者，人人都是意见发表者。有人喊“好球”，有人看见犯规动作，这个嫌哨子吹晚了，那个嫌吹早了、吹漏了、吹腻了……由于座位不一、角度不同，因此，虽然人人亲眼所见，但各自的看法却有差异。由于商业模式的定义不清晰，因此上自企业老板，下到一线员工，人人都可以对商业模式发表看法，但最后的结果却是“一说就懂，一用就错”。

在我看来，这些学者的定义都对。其实，他们都是以自己的视角去看待同一件事情。但是，每一个局部视角都是不全面的、有缺陷的，以致产生了很多思想的烟幕弹，让其他人不知所云。如何破除思想迷雾？这就需要我们回归本质，回到商业的原点——价值的交换。人类社会的商业演化，是从原始社会的交换开始的，交换的前提是价值认同。所以我们必须回到“创造价值”这个原点来讨论商业模式，寻找推动商业运行的第一推动力。

在一次演讲中，有人问物理学家杨振宁教授：“这个世界有没有上帝？”杨振宁答道：

> 如果你所谓的上帝是一个“人”的形状，我想是没有的。如果你问的是有没有一个造物者，那我想是有的。这是因为这个世界的结构不是偶然的，它是妙不可言的，偶然性是不能产生这么美妙的东西的。那么，力量这么大、影响这么大的东西是从哪里来的呢？你可以随便起个名字，这个名字假如没有一个“人”的形象，那我想大家都会接受。假如你一定要加一个“人”的形象在里头，这是你的自由，我不能干涉，不过我觉得这是没有根据的。

杨振宁教授说的“造物者”不是什么具象化的神，而是一种力量，也就是宇宙的第一推动力。他认为，自然界中各种生命甚至整个宇宙的存在都不是偶然的，而是受某种强大意志所推动和控制的结果。这也是第一推动力。

宇宙有开始，这个开始其实就代表着各种被限定的规则。就像物理学家们所创造的数学方程，仅用一串简短的公式就能解释自然界中的复杂现象，比如麦克斯韦方程组、爱因斯坦质能方程等。无论是微小的粒子世界，还是浩瀚的宇宙，它们的运行都遵循着某种规律。无论是人类能够感知到的温度、引力，还是感知不到的电磁波、磁场等，它们都各有法则。

很多人以为物理学家探索的最终归宿就是研究神学，其实这是一种极大的误解，物理学家的研究和宗教信仰无关。牛顿受到亚里士多德的影响，提出一切行星都在某种外来的“第一推动者”作用下由静止开始运动的说法。“第一推动者”也称“第一推动力”“第一动因”，指一切事物与运动的终极原因。我们将这一理论加以引用，可知商业运行背后也存在第一推动力。

价值循环系统，商业模式的本质

第一推动力和商业模式有什么关系？

我们之所以要去定义一个事物，是为了让它为我们所用，认识它才能去实践它。但由于当今商业界和学术界对商业模式的定义没有定论，因此，我们不妨以第一推动力作为思考的原点。这样一来，我们就拥有了一种“上帝视角”，看问题不至于像盲人摸象一样。

前文讲到系统思维时提到了“系统三件套”，也就是一个完整的系统至少包含：要素、关系和功能（目的）。一个系统之所以能够形成，是因为有功能

（目的），并且是为了解决问题。从系统论的视角看，商业模式是什么不那么重要，而商业模式的目的是什么、作用是什么很重要。

首先，如何看待商业模式？假设你面前摆放着一个杯子，要如何定义它呢？可能很难。它可以是一个茶杯、一个水杯，也可以单纯是一个装饰物；如果它是你的伴侣送的礼物，那么意义又不一样了；如果它出现在博物馆里，那它可能就是文物。人们在定义一个事物的时候，往往会受自身的认知和视角所限，从而给出不同的结论，就像前面那么多学者对商业模式的定义各有不同一样。其实大家都没错，只是看问题的视角不同罢了。如果用“以终为始”的视角来看商业模式，就可以很容易地对一种商业模式的功能（目的）进行描述。

其次，商业模式的作用是什么？商业的原点是价值交换，在货币出现之前，人们通过以物换物的方式进行价值交换，所以整个商业模式的构建从一开始就基于如何进行价值交换展开。基于“价值交换”这个原点，商业模式的功能（目的）就是：通过创造价值和交付价值，从客户那里获取价值。

第一，创造价值是商业模式的终点，也是起点。打个比方，一艘船要设计成什么样，取决于它的用途和所要解决的问题，如军舰是用来打仗的、游轮是用来旅游的。怎样的商业模式才叫有价值的商业模式，完全取决于它能解决什么问题。

第二，企业创造了某种价值，如何把这种价值交付给客户，是衡量企业能力的一个标准。如果你和竞争对手创造了同样的价值，那么交付价值的成本和效率就决定了谁能在竞争中脱颖而出，决定了市场最终会选择谁。在这种情况下，基于交付价值所构建的独特的经营体系就是企业的核心竞争力。

第三，产品价值可以用两个要素来衡量：使用价值和交换价值。产品拥有使用价值，即让客户愿意使用产品，这是起点，比如很多互联网产品通过免费策略让产品具备使用价值。更重要的是，要让产品具有交换价值，也就是让客户愿意为产品付费，这是最终获益的关键所在。这是盈利模式关心的问题也是商业模式的最终目的：获取交换价值。

创造价值、交付价值和获取价值不是一条单行道，而是一个循环系统，毕竟，只有持续地创造价值，持续高效地为客户交付价值，才能源源不断地获取价值。这个循环系统就是商业运行的第一推动力，是商业模式的根基。第一推动力不是一个要素，而是一个结构。就像一块机械手表一样，其中任何一个齿轮都无法单独发挥作用，而必须组合成一个最小结构才能发挥作用，这个循环系统就是推动商业模式运行的最小动力结构。

"创新之父"约瑟夫·熊彼特（Joseph Schumpter）在《经济发展理论》（*Theory of Economic Development*）一书中写到，社会进程本是整体，密不可分。所谓经济，不过是研究者从这洪流中提炼出的部分事实。其本身已然抽象，而之后人类的大脑还须经过若干抽象活动，方能复刻现实。没有什么事是纯粹经济的，其他维度永远存在，且往往更为重要。同理，要回答商业模式到底是什么的问题，就不能跳开商业谈商业模式，不能跳开经济谈商业，不能跳开社会谈经济，否则都是盲人摸象。我们需要以更高的视角俯视商业模式，才能看清它的原貌，让它为我们所用。

那么，如何定义商业模式？基于系统论的视角，我认为商业模式是一个价值循环系统。价值循环系统的功能或目的是创造价值、交付价值和获取价值（见图 1–3）。这 3 个功能或目的也可以说是商业模式的 3 大环节和根基，它们环环相扣，缺一不可。所以，商业模式的独特性不是指个体要素的独特性，而是指作为一个系统所具有的独特性。当拥有了系统论的视角，我们就会逐渐触摸到商业模式的"血肉"。

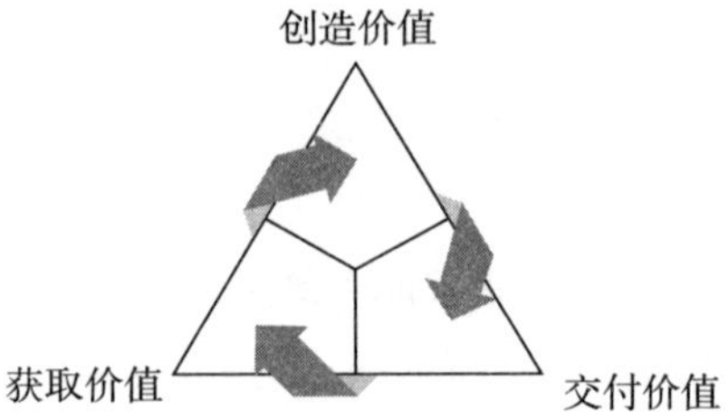

图 1-3 价值循环系统

接下来，本书将围绕这 3 个环节，进一步搭建商业模式的底层结构，最终形成一个完整的系统。我们不能简单地相信商业模式画布里的几大要素，不能只会做填空题，而要真正理解商业模式的底层逻辑和运行机制，真正掌握构建系统的能力。

商业模式识别坐标

“买股票就是买公司”，很少有人能真正理解这句话。可能人们会去看公司的财报、业务组合、行业分析、市场潜力等，但是他们不一定理解买一家公司到底意味着买公司的什么。其实就是买它的商业模式。

熊彼特在《经济发展理论》中提到了一个问题：经济为什么会发展？他表达的核心思想就是企业家通过创新（实现新组合）来获取利润，从而推动经济发展（发展是创新的结果）。当一位企业家或创业者建立了一个新的商业组合创新时，他就创造了一种新的商业模式。**一种好的商业组合创新，就是一种好的商业模式创新。**

很多人说“创业就是要坚持，不放弃”，这句话并不完全对，因为少了正确的方向这个大前提，就像在沙漠里迷了路，那些能活着走出沙漠的人，靠的不是坚持，而是指南针。那么，创业路上的指南针是什么？或者更进一步，商业的指南针是什么？

好的产品和商业模式通常都源于好的想法或点子，从一个点子到一个商业模式的形成，还有多远的距离呢？

曾经担任苹果公司首席宣传官的盖伊·川崎（Gay Kawasaki）认为，能最终形成商业模式的创意和想法少之又少。为了帮助创业者找到真正的商业模式，他提出了一个商业模式的识别坐标，将创业者分为 4 类（见图 1-4）。这个坐标包含两个维度：客户价值，即创业者所提供的产品或服务对客户有什么独特的价值；独特能力，即提供这个独特产品或服务的能力如何。

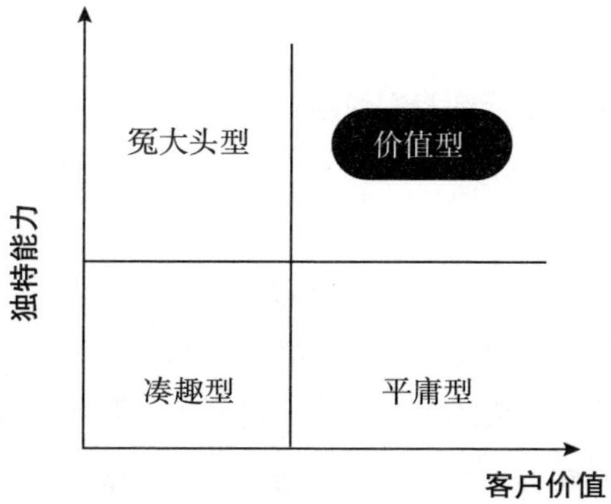

图 1-4　商业模式的识别坐标

资料来源：《创业的艺术》，盖伊·川崎著，李旭大译。

冤大头型。这种类型的创业者通常以掌握某项技术为显著特征。很多拥有发明专利的创业者就经常掉入陷阱，成为冤大头。他们有很强的技术能力，但是很多时候这些技术能力并没有好的应用场景，没有为客户创造真正的价值。

凑趣型。这种类型的创业者为客户提供的价值很低，又不用面对太大的竞争壁垒，所以获得的利润可能会很薄。很多传统的制造业企业就是如此，比如海尔集团创始人张瑞敏就曾说海尔的利润薄得像刀片。但是，该领域中有些企业也有可能会获得利润，比如国内某家手机代工厂几乎拿到了全世界手机大品牌的订单，因为它的制造能力是稀缺的。

平庸型。大多数营销型的创业者都具备这样的特征，他们对用户需求的了解比较深，很善于解决客户的问题，但并不具备独特的能力，所以很容易被模仿。

价值型。这类创业者的产品或服务能提供用户非常需要的价值，并且只有创业者自己或少数企业能提供这类价值，这意味着创业者拥有足够深的独特能力。如果同时具备这两个条件，就找到了商业模式最核心的价值。

这个识别坐标可以帮助我们快速判断一个想法、创意、产品或一门生意是否有价值。但是从企业发展的角度看，它还缺少两个很关键的维度。

缺少的第一个关键维度是盈利模式。如果一种产品或服务对客户很有价值，只有你能提供，但是成本很高，客户不愿意付出太高的价格，那么最后的结果不是产品或服务利润不多，就是出现亏损。开展业务必须可以盈利，而且盈利模式可以多样化。比如，可以通过卖产品或服务赚钱，也可以用免费服务吸引用户，最后通过广告或增值服务来变现，等等。我们所熟知的小米品牌，其手机业务基本是不盈利的，但是当用户规模足够大之后，它就开始通过销售其他增值服务或衍生品赚钱，从而构建起自己独特的盈利模式。

缺少的第二个关键维度是可持续性。如果一种产品有独特的客户价值和独特的竞争壁垒，且可以大规模盈利，那么生产这种产品的企业就可以持续经营。但是，靠这个产品能持续经营多久呢？这跟行业周期和竞争环境等外部环境有关，也跟内部能力有关。也就是说，与企业能否迅速适应甚至主导外部环境的变化有关。熊彼特说过，企业只有不断创新，不断跳出竞争，才能不断获得利润。企业不是在一个静止的环境中生存的，而是处于动态的竞争环境之中，它的未来是不确定的、非连续的。威胁可能随时会来自无处不在的企业内部或外部的力量， 是否具有可持续性是衡量企业能否长久发展的重要维度。

由此，就把商业模式的识别坐标延伸为独特的客户价值、独特能力、盈利模式和可持续性 4 个维度（见图 1-5）。更重要的是，可持续性维度让这个识别坐标具备了动态性结构，而不再是一个静态的评估标准。它的作用不是指明正确的目的地，因此在你迷路的时候，它无法告诉你什么是对的，但是它可以让你清楚自己所处的位置，可以让你知道什么是错的，因为它是底线，是原则。

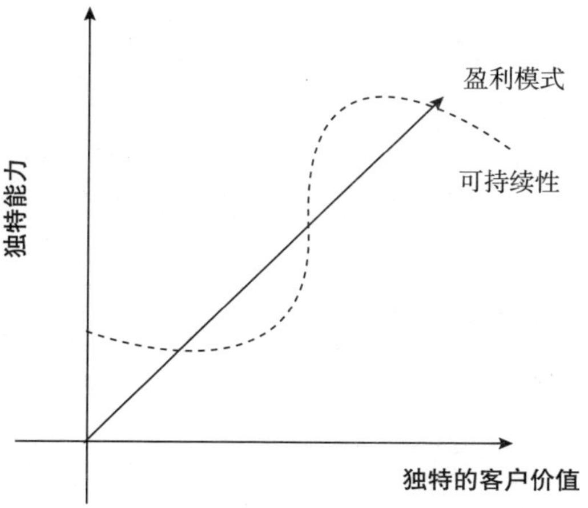

图 1-5 动态的商业模式识别坐标

查理 · 芒格说过这样一句话：“如果我知道未来会死在哪儿，那我这辈子都不会去那儿。” 我们可能不知道什么是对的，但是可以知道什么是错的。在复杂的、快速变化的商业世界里，我们或许不易知晓未来会如何变化，但可以抓住那些永恒不变的结构和规律。不妨换一个角度来思考，未来会如何变化、未来不变的是什么。不变的是企业要持续地创造价值，持续地构建核心竞争力，持续地盈利。这是一个价值循环系统，基于这个系统，可以构建商业模式的 4 大子系统：价值系统、能力系统、盈利系统和增长系统。

我尝试为商业模式这个“超级 App”构建一个底层的操作系统，也就是这个价值循环系统。掌握它，就可以不再囿于各种方法和工具，而可以围绕系统的结构去构建自己的方法和模型，甚至创造出自己的操作系统，这才是创业者和企业家真正的底层能力。

商业模式创新指南

DECODING BUSINESS MODELS

1. 商业模式是一个价值循环系统，这个系统包含 3 个环节：创造价值、交付价值和获取价值。

2. 构建动态的商业模式识别坐标，快速判断一个想法、创意、产品或一门生意是否有价值。

3. 基于价值循环系统，可以构建商业模式的 4 大子系统：价值系统、能力系统、盈利系统和增长系统。

2 价值循环系统环节1，创造价值

1946年，驻守在英国多佛尔海峡的三个哨兵被撤掉了。那是英国隔着英吉利海峡离欧洲大陆最近的地方。在多佛尔海峡所设的三个哨位是第二次世界大战（以下简称“二战”）前就有的。由于历年来英国皇家陆军都设有这三个哨位，因此历任官员也没有问原因，就将这个传统沿袭了下来。直到二战后英国开始裁军，官员们才觉得这些哨位好像没有存在的必要，于是去寻找当初设置它们的原因。他们发现，这些哨位的历史可以追溯到1805年，也就是特拉法尔加海战发生之前。

在那场英国海军统帅霍雷肖·纳尔逊（Horatio Nelson）[①]彻底击败法国海军的大海战发生前，英国人一直担心拿破仑会登陆英国，于是就派了三个哨兵天天在多佛尔海峡用望远镜观察对岸的动静。在特拉法尔加海战结束之后，拿破仑对英国的威胁已经消除，但是不知为何，这三个哨兵一直没有撤下来。再往后，历代的英军官员都认为，虽然不知道这三个人站在那里的目的，但既然当初设了这三个哨位，那一定是有目的的。就这样，这些“没用”的哨位居然持续存在了100多年。其实，多年过去，当初的目的已经不存在，留下的只是形式。

① 1805年，他在西班牙特拉法尔加角打败法国及西班牙组成的联合舰队，迫使拿破仑彻底放弃从海上进攻英国的计划，自己却在战事期间中弹阵亡。

在投资机构工作了几年，我的任务之一就是每天见不同的创业者，看各种创业项目。通常投资人都会问创业者一个问题：“你为什么要创立这家公司？”答案五花八门：有的人说是因为发现了一个机会，有的人说是因为想向别人证明自己，也有的人说是因为想改变世界。

我还经常听到另外一种答案：“我认为这是下一个风口。”对此，我通常都会笑一笑。风口论可谓影响极深，每一个风口上都有很多“猪”，可是最后只有一头“猪”飞上了天。这是因为它本来就是天蓬元帅，但很多人看到的只是它飞上了天，然后就断言：“看吧，台风来了，连猪都能飞。”很多人都信了。

很多时候，我们不明白为什么要出发，只是因为别人在路上，于是自己也上路了。但作为创业者，应该记住纪伯伦的话：“别因为走得太远，而忘记为什么出发。”

创造价值的本质是解决社会问题

从手段而不是目的角度来看，企业的本质是什么？教科书式的回答是：企业的本质是努力实现价值最大化。这里的价值包括股东、客户、员工和社会4个方面。彼得·德鲁克说过：“企业的本质是为社会解决问题，一个社会问题就是一个商业机会。”也就是说，社会问题越多，商业机会就越多。

大多数人将企业理解为创造利润的组织，或以盈利为目的的组织。米尔顿·弗里德曼（Milton Friedman）① 认为，所有企业都只有一个社会责任，那就是在诚信经营的前提下，遵守商业游戏规则，利用自己手中的资源从事一切能使其盈利增长的商业活动。

① 美国著名经济学家，芝加哥经济学派领军人物，货币学派的代表人物，1976年诺贝尔经济学奖得主，被誉为20世纪最具影响力的经济学家及学者之一。

但是德鲁克并不认同这个观点。他认为，利润最大化并不能说明应该如何经营一家企业，利润不是企业行为和企业决策的解释、原因或合理性的依据，而是对有效性的一种考验。也就是说，利润是结果，而不是过程和原因。

我们应该从人的角度来认识企业。由于市场是由人而非各种经济力量创造的，因此企业应该从人，即从顾客的角度去感知和界定企业应该提供什么样的商品与服务。德鲁克提出："企业是社会的器官，为解决社会问题而承担社会责任。任何一个组织机构都是为了实现某种特殊目的、使命和某种特殊的社会职能而存在的，任何企业得以生存，都是因为它满足了社会某一方面的需要，实现了某种特殊的社会目的。"

有人把企业的核心价值理解成定位，一说到"定位"就想着如何占领消费者心智。这是一种狭隘的定位。定位的首要思想是找到企业自身的社会分工和位置，找到那个还没有被解决的问题。为社会解决问题而承担的责任就是企业的经营使命，基于这个经营使命所制定的战略就是企业战略。也就是说，企业战略不只是企业内部的战略，也是在企业之外，为了解决社会问题而制定的战略。

可是一些企业却本末倒置，生产牛奶的企业没有控制好牛奶的质量，做餐饮的企业没有保障好食品安全，处理垃圾的企业反而造成了空气污染。这些企业没有承担起属于它们的社会责任，却声称在履行社会责任和义务。如何履行？它们会给乡村小学捐献牛奶，冬天给清洁工免费送食物，造成空气污染之后捐钱成立环境治理基金，等等。这些连本职工作都无法做好的企业，显然没有搞清楚自己应当承担的社会责任。社会责任不是企业的义务，而是企业的业务，这个业务就是企业存在的理由，是企业为之奋斗的使命。

企业的社会价值由其贡献度决定

解决社会问题是企业存在的前提。可是德鲁克也认为，企业的价值从来都不由它们做些什么来决定，更不由它们怎么做来决定，而由其贡献度来决定。企业贡献度决定企业的社会价值，更确切地说，是对社会有利的价值。但是，有些能带来利润的社会价值不一定具有贡献度。

例如，在某个电视求职节目中，一位求职者公开质疑国内某分期购物平台。过去几年，国内有不少做线上分期购物业务的平台。在这类平台上，用户购物时只需要支付少量利息或免息就可以分 12~36 个月付款。这原本是好事，平台用较低的门槛让更多人可以享受更好的生活。但是，如果这类平台把业务的受众范围从已经工作的青年人群扩大到学生群体，开始做校园贷，那性质和结果就不一样了。对企业来说，将业务扩展到市场规模极大的校园，有利于扩大用户规模和营收规模。但是，从贡献度来看，这类企业的社会价值有待商榷；从结果来看，甚至弊大于利。

节目中那位求职者的质疑简洁有力，他的核心观点是大部分学生没有收入来源，主要靠父母提供生活费，而面对学生放贷的口子一开，学生透支消费的情况就会立刻出现。放贷方为了追债，对学生用了各种手段。面对该求职者的质疑，该分期购物平台的创始人拒不承认，还从建立学生征信体系的层面来证明其企业的社会价值，但其观点很难站得住脚。

此后，随着校园贷产生的“裸贷”“欠债学生自杀”“盗窃信息借贷”等各种负面甚至违法案例的出现，政府开始对相关业务进行管控。该分期购物平台于是将服务对象从学生群体转换到青年群体，后来在美国上市。上市第二天，其创始人就捐了 10 多亿元人民币成立慈善基金，以帮助中国的一些大学做专项课题研究，并助力中国青少年足球发展等公益事业。

这类做校园贷的企业的社会价值是什么？校园贷虽然受到严格监管，但并不妨碍一些有资质的做普惠金融的企业进入校园，为学生用户提供服务。普惠金融服务的利率更低，风控更好。事实上，也有很多学生用户使用上述产品，并开始积累自己的信用数据。

通过这个案例不难发现，有时候一家企业虽然创造了价值 A，但是会造成坏的影响 B。比如，某些工厂生产出好的产品，但是可能因为没有做好环保措施，而造成严重的环境污染，反而得不偿失。因此，企业需要了解社会价值的边界，也就是了解贡献度的边界。换句话说，企业要衡量自己的价值对社会是利大于弊，还是弊大于利。

有的创业者和企业管理者在“我如何能成功”的问题上想得太多，在“我到底能为社会解决什么问题”上想得太少，不能下“日日不断，滴水穿石”的功夫，只想投机，这显然是没有承担社会责任的表现。

企业承担社会责任的三种方式

德鲁克认为，将社会责任目标作为企业目标管理的重要组成部分，关系到企业的生死存亡。那么企业应该如何承担社会责任呢？《德鲁克管理思想精要》（*The Essential Drucker*）一书中提到了三种承担方式：不作恶、先赚钱后行善和行善赚钱。

首先来探讨不作恶。虽然德鲁克早在几十年前就提出了不作恶的企业社会责任价值观，但是把不作恶作为企业经营理念并且将之发扬光大的非谷歌莫属。

不作恶是谷歌的经营理念之一，该公司在 2004 年上市时，创始人拉里·佩奇写了一封信（后来被称为“不作恶宣言”），信中说到了“不要作恶，我们坚信，作为一家为世界做好事的公司，从长远来看，我们会得到更好的回馈，即使我们放弃一些短期收益也是如此”。不作恶不能仅仅作为公司口号，而谷歌真正把它植入了每一个员工的内心，成为员工的价值观。

2018 年 5 月，谷歌员工得知公司正与美国国防部合作，向一个军事项目提供人工智能技术支持。该项目原本处于保密状态，直到被员工在公司内部沟通平台上曝光，才引起越来越多人的注意。随后，开始有员工抗议，抗议人数不断增加，有几千名员工参与了联名上书抗议活动。虽然谷歌声称其提供的技术支持将被用于非攻击性项目，但是依然无法阻止员工的抗议热潮。最后，谷歌宣布将终止与美国国防部的合作。这就是不作恶价值观的力量。

其次来探讨先赚钱后行善。德鲁克认为，健康的企业需要与之匹配的健康社会作为支持。面对那些与企业主营业务无直接关系的社会问题领域，企业也可以进入并建立与之匹配的能力和价值系统，帮助社会变得更健康。比如，现在有很多企业在发展壮大之后都成立了公益基金会，将企业的部分利润投向教育、医疗、环保等需要关注的社会领域，积极地通过赚钱行善来履行社会责任，同时也为自身创造更好的营商环境。

当然，也有一部分企业没有做好主营业务，却盲目行善，还声称自己在积极承担社会责任。这是对社会责任的巨大误解。企业应把自身的社会责任与使命放在第一位。比如，房地产企业必须先保障房子的高品质、安全、准时交付，否则捐再多钱也不是在履行社会责任。

最后来探讨行善赚钱。这一方式是指企业基于解决社会问题、化解社会矛盾而提出的“创新”。这类企业还有一个很好听的名字叫“社会企业”。

2016年初，美团一位员工的母亲得了脑动脉瘤，因缺少手术费而无法及时医治。这位员工不得已向同事求助，公司也为他筹款，但是效率很低，款项也不透明，最后用了一个月才筹够所需款项，他母亲差一点错失治疗良机。

负责帮助这位员工筹款的人叫沈鹏，也是美团外卖业务前负责人。这次筹款事件让他深刻意识到一个问题：一场大病，足以摧垮一个普通家庭。于是在筹款事件发生几个月后，2016年，他创立了水滴互助。刚开始它只是一个互助社群，方便所有会员一起互帮互助，共同抵御癌症和意外等风险。加入水滴互助社群的会员如果不幸患癌或者遭遇意外，可以按照“一人患病，众人均摊”的既定规则获得一笔医疗资金，最高可获得 30 万元互助金。而每个会员所需承担的众摊金额只有一两元，随着会员人数的增长，众摊金额也不断减少。

这个社群帮助了很多没有大病保险的人，特别是保险公司不保的高危人群和老年人。后来，它又发展出覆盖范围更大的大病众筹平台水滴筹，没有限制患病的种类，让全社会的人都可以参与大病众筹。自 2016 年上线至 2020 年，水滴筹已帮助全国各个地区的大病患者筹到近 300 亿元的救助款，累计超过 3 亿位爱心人士对平台上的救助项目给予支持。沈鹏说，水滴公司就是为了解决一个社会问题而出现的，创业初心是“用互联网科技助推广大人民群众有保可医”。

2019 年，水滴公司获得了年度社会企业奖，获奖理由是“有效地以商业手段解决社会问题，积极承担社会责任”。

没有用户忠诚度，只有企业忠诚度

有人认为品牌忠诚度就是通过提高用户的留存率、活跃度、复购率，产生品牌认同感和用户忠诚度。这是一种误解，品牌忠诚度是一种没有敬畏心和社会责任感的说法。当用户放弃企业的产品，选择其他竞品的时候，不是用户不忠于企业的品牌，而是企业不忠于用户，因为企业没有时刻想着如何为用户解决问题。

什么是品牌？它代表了一种解决某方面社会问题的完整承诺。这个承诺能不能做到，就代表企业对用户、社会是否有忠诚度。所以没有用户忠诚度，只有企业对用户的忠诚度。

《基业长青》（*Built to Last*）一书提到："我们应该创建那些'值得'长青的基业——创建一家有内在品质的公司，如果它不幸消亡，那会让这个世界感觉若有所失。" 也就是说，基业长青是企业发展的结果，是社会对企业恒久需要的结果。**为此，该书作者提出了一个哲学之问："假如明天我们不幸消失，社会是否会因此若有所失？" 这个问题就昭示着创造价值的本质。**

商业模式创新指南
DECODING BUSINESS MODELS

1. 创造价值的本质是解决社会问题。
2. 企业承担社会责任的 3 种方式：不作恶、先赚钱后行善和行善赚钱。
3. 没有用户忠诚度，只有企业对用户的忠诚度。

3 如何创造价值，构建从需求到价值转化的价值系统

发现需求，了解用户想要完成什么任务

乔布斯说，他从不做用户调研，因为用户不知道自己想要什么。事实是这样吗？

美国风险投资数据公司 CB Insights 曾经分析了硅谷 101 家创业失败的公司，总结出了创业公司失败的 20 个主要原因，包括资金不足、竞争力不足、产品糟糕和商业模式不佳等（见图 3-1）。令人惊讶的是，排名第一的原因居然是“没有市场需求”！

不是乔布斯错了，是我们对用户需求的理解错了。每个创业者在创业初期都知道要满足用户需求，最后的结果却表明，大部分创业者甚至都不理解什么是“真正的需求”。哲学家路德维希·维特根斯坦（Ludwig Wittgenstein）说：“词语的游戏规则在语言游戏中建立，也在语言游戏中修改。当我们交谈的时候，我时常感到需要把词语从交谈中抽离出去，送去清洗，清洗干净之后，再送回我们的交谈中。”“需求”这个词是创业者最应该也是第一个要“清洗”的词。

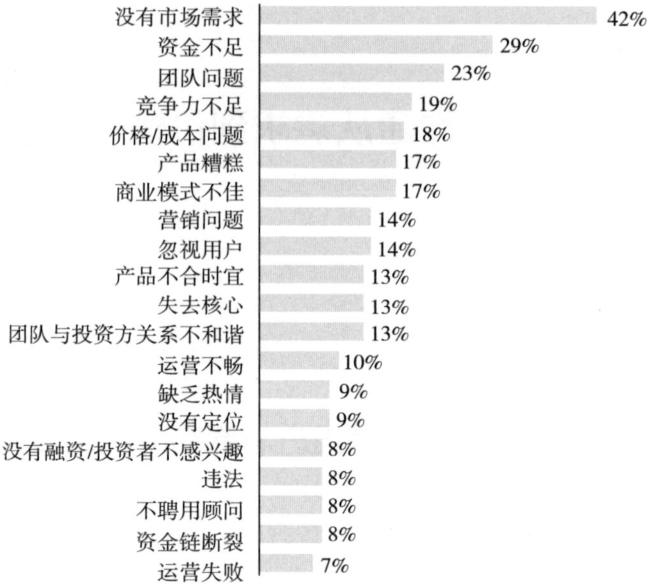

图 3-1 创业公司失败的 20 个主要原因

资料来源：译自 CB Insights 官网。

需求的本质：认知失调

提到需求，我们会想到各种需求理论，其中最著名的一定是马斯洛需求层次论。但是看了下面这个故事的分析，我们对需求的底层逻辑会有进一步的认识。

“吃不到葡萄说葡萄酸”这句话来自《伊索寓言》里的一个故事。狐狸吃不到葡萄，很难受。为了不难受，它很聪明地告诉自己：“那些葡萄一定是酸的。”就这样，狐狸解决了吃不到葡萄又让自己不难受的问题。

请你思考一个问题：在这个场景下，狐狸的需求是什么？通常我听到的答案是“想吃葡萄”。这个回答当然没错，但只停留在表象。狐狸想吃葡萄是第一层需求，如果第一层需求被满足了，它的需求也就被解决了。但是，当第一层需求无法被满足时，它就会产生第二层需求：吃不到葡萄怎么办？

当人们在学习、工作和生活中遇到困难和阻力时，内心会处于紧张状态。这种心理状态可归为“认知失调”①。当出现认知失调之后，人们就会本能地想办法缓解紧张情绪，否则会很难受，甚至会很痛苦。心理学家把缓解认知失调的过程称为“认知一致性”。也就是说，人的思维、感受和行为只有保持一致，才不会产生认知失调。

当狐狸吃不到葡萄时，它的思维、感受和行为不一致，于是就产生了认知失调。如果这时狐狸可以找到一个梯子或者通过其他办法吃到葡萄，它的认知失调就会消失。如果狐狸找不到吃葡萄的办法，也就是结果（行为）无法改变，那么它缓解认知失调的方式只有一种，那就是改变思维。所以狐狸告诉自己：“葡萄一定是酸的。”通俗一点讲，这种做法就是自我安慰。

如果狐狸这次吃不到葡萄，下次再经过这个葡萄园还是吃不到，那么它可能又会痛苦一次。当这种情况有可能再次出现时，它应该如何预防？这就涉及狐狸的第三层需求。可能狐狸下次会带个梯子过来，也可能再也不走这条路了。

到这里，我们会发现，狐狸其实有三层潜在需求：第一层，想吃葡萄；第二层，吃不到怎么办；第三层，如何预防同样的情况再次出现。我们把狐狸的需求总结一下：需求的本质是认知失调，当认知失调出现的时候，狐狸的内心就会出现缓解认知失调的三个层次的动机。

- 第一层趋利，即如何达到一个目的；
- 第二层避害，即如何避免一个更差的结果；
- 第三层预防，即如何避免问题再次出现。

---

① 认知失调又可称为认知不和谐，是指一个人的行为与自己先前一贯的对自我的认知产生分歧，从一个认知推断出另一个对立的认知，因而产生不舒适感、不愉快情绪。

我们可以把这三个层次的动机总结成一句话：认知失调促进动机产生，动机就是趋利避害（预防也可以看成是避害）。

需求产生的过程：从产生动机到采取行动

出现认知失调，不代表需求就产生了。只是产生了难受的感觉，以及有了缓解认知失调的动机，但不一定会采取行动，因为还有很多因素会阻碍行动。在这些阻碍因素没有清除之前，需求并没有真正产生。什么样的因素会阻碍行动呢？

犯罪心理学研究表明，法庭在审判一个罪犯的时候特别关心如下三个问题：被告有没有动机去犯罪；被告有没有能力或者技能去犯罪；被告有没有机会去犯罪，是否有阻碍犯罪行动发生的限制条件。如果能够证明被告有动机、有能力、有机会去犯罪，那么被告被定罪的可能性就比较大。

全球行为改变理论权威之一、斯坦福大学教授 BJ. 福格（BJ.Fogg）博士[①]经过研究发现，一个人从有了心理动机到采取行为（Behavior），需要满足 3 个条件：动机（Motivation）、能力（Ability）和触发（Trigger，也可理解成创造机会）。这个理论也被称为“福格行为模型”（见图 3-2）。后来福格教授把 Trigger 改成了 Prompt（提示）。[②]

动机。个体动机的本质就是趋利避害。人是理性的吗？或者说，“理性人”的概念是否成立？关于这一概念的讨论由来已久，也构成了经济学的重要基石。“理性人”和“经济人”的概念，最早得追溯到经济学鼻祖亚当·斯密在《国富论》中的观点：我们每天所需的食物和饮料，不是出自屠夫、酿酒师或者烙面师的恩惠，而是出于他们自利的打算。我们不说唤起他们利

---

① 福格博士是美国斯坦福大学行为设计实验室创始人，也是行为设计学创始人，著有《福格行为模型》。此书中文简体字版已由湛庐引进、天津科技出版社于 2021 年出版。——编者注

② 我更喜欢“触发”这个词的含义，所以文中还是继续用触发。

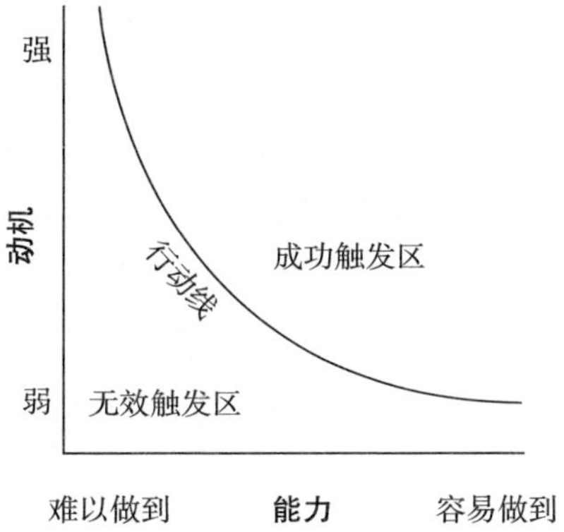

图 3-2　福格行为模型

资料来源：参考自《福格行为模型》一书，但有细微改动。

他心的话，而要说唤起他们利己之心的话。我们不说自己有需要，而是说对他们有利。

除了有自利之心，人还是一种社会性动物。当一个人产生某种动机时，他除了从自身角度考虑趋利避害，还会考虑社会规范对自己的影响。比如，他会想："在这个问题上，别人是如何做的，我这样做别人会怎么看？"

动机和场景息息相关。在不同的场景下，哪怕行为是相同的，不同人的动机也可能不一样。比如：一个白领上午在咖啡厅吃一块蛋糕，他的动机只是把蛋糕当早餐，填饱肚子而已；下午约一位客户在同一间咖啡厅吃同一种蛋糕，他的动机就发生了变化，不是为了填饱肚子，而是为了请客户喝下午茶、谈业务。上午独自一人在咖啡厅时，白领的角色是赶时间的上班族；下午陪客户，他在咖啡厅的角色就变成了销售员。

综上所述，场景包含时间、空间和用户角色 3 个核心要素。这 3 个要素组合产生了特定场景下的动机。在这个特定场景下的用户作为某个特定的角色，想要完成某项任务，达到某种目的，动机就产生了。

能力。想完成某项任务，动机有了，但是完成这项任务是有要求的。比如，让一个小孩子去提一大桶水，如果他能提起来就给他一块糖。小孩子想吃糖的动机非常明显，但是力气有限，无法提起一大桶水，所以动机再强也没用。再比如，用户很喜欢某个产品，有很强的购买动机，但是价格太贵，他的经济能力无法负担。这时候如果商家可以降低购买门槛，如提供分期付款服务，那么用户就会离做出购买行为更近一步。

能力其实就是用户为一个行为所需要付出的综合成本。这个成本不止金钱，还有需要花多长时间（时间成本）、是否容易学（学习成本）、别人怎么看（形象成本）等。

触发。触发就是促使一个人立刻做出行为的诱因，也可以被理解成创造机会。比如，一个人想买一部新手机，他的动机有了，如果价格不贵，那么他的能力也具备了。他一定会做出购买行为吗？未必。他可能有很多顾虑，比如手机的手感如何、操作体验如何、拍照的效果跟宣传的是否一致等。这些顾虑都可能在最后关头阻碍他做出购买行为。所以，商家还需要临门一脚，创造机会，触发用户的购买行为，比如让用户到体验店试用一下。此外，朋友推荐、销售员介绍等，都是触发或引导用户立刻做出购买行为的因素。

有一个关于代驾的调研很有意思：在 KTV 贴代驾服务的电话，贴在哪里效果更好？答案是洗手池。客人喝多了酒，洗手池是他吐过之后最清醒的地方。

如果把触发当成促使一个人做出行为的诱因，那么这个诱因应该在恰当的时间和空间出现，这就是“触发场景”。有一个词叫“用户触点”，说的是和用户接触的渠道与方式，但用户触点并不是越多越好。行为效率是衡量用户触点效率的关键，它包含时间、空间、触发用户的形式等。没有行为效率的用户触点只能和用户擦肩而过，什么事都不会发生。所以，我认为“用户触发场景”这个词更具清晰的指导意义。

总结一下福格行为模型，我们可以发现，其实能力和触发解决的问题是，在有了动机之后，如何让行为更容易发生。所以这个行为模型可以提炼成动机和容易度两个维度，从而生成一个四象限的行为矩阵（见图 3–3）。

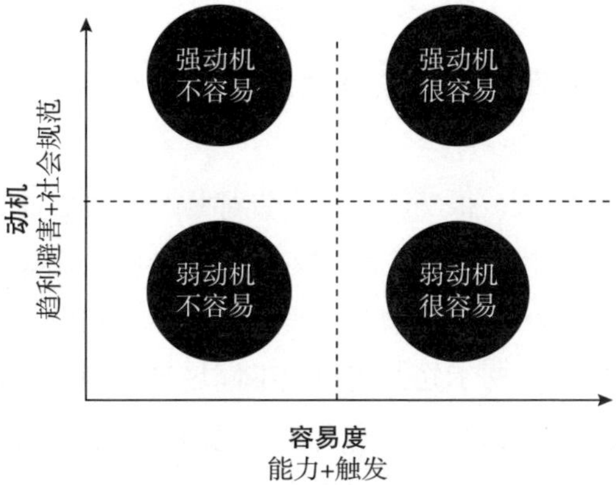

图 3–3　行为矩阵

资料来源：参考自《福格行为模型》一书。

通过这个矩阵，我们可以更好地判断一个人在特定的场景下想完成什么任务，需要什么样的能力和触发条件。当产品很容易获得时，用户为什么不买账？原因可能是没有找到他的真实动机，这时企业就需要重新定位自己的产品。也可能是企业虽然洞察到用户的动机，但是用户需要付出很高的行为成本，即容易度低，从而阻碍了行为的发生。这时，企业需要创造机会，提高容易度，让用户行为更容易发生。所谓提高容易度，就是将一个需要很多步骤的大行动分解成一个个更容易执行的小行为。

比如，谷歌的员工餐厅堪比五星级酒店的餐厅，各种高端食材应有尽有，很多员工因此吃得太胖。谷歌决定想办法让员工吃得更健康，从而解决员工肥胖问题。刚开始，谷歌采用在餐厅开设营养课程等手段宣传各种饮食注意事项，以图通过改变员工的动机来改变其行为，但是没有任何效果。按道理说，提高减肥的动机就会提高行动，可是为什么效果不好呢？那一定是容易度出了问题。于是，谷歌餐厅的管理人员想出了一个办法：将健康营养的食物放在最显眼、最容易拿到的位置，而将那些油炸的垃圾食品放到很远的地方。就是这样一个小小的调整，直接改变了员工的饮食习惯。

给有动机的用户创造机会，可以让用户行为更容易发生。

需求变化：场景不同，动机和能力就不同

回到现实生活中来，很多产品的广告都是一味地想通过改变动机来促使用户做出行为，但用户找到这些产品却有一定的难度。比如，通过时长短短十几秒的电梯广告，促使一个人扫描二维码或打电话、到淘宝天猫搜索产品相关信息，从而找到该产品。殊不知，用户在不同场景下的动机转化成行为的效率是不一样的。我们都知道，跟不同的人在不同的场景下讲话的方式是不一样的。可很多广告在不同场景下说的却都是同样的话。

当一个人打开微信朋友圈时，他的动机是看朋友动态，而不是去看广告。所以，商家在朋友圈做广告时，也要像说话一样分享生活动态，而不是直接卖货。当一个人打开微博时，他的动机是去看新闻事件、娱乐八卦。所以，商家在微博做广告时，应该把广告设计得更加娱乐化，更具话题性，更容易传播和分享。也就是说，广告要帮助一个人把原本的动机转化成具体的行为，而不是去尝试改变他的动机。

在不同场景下，用户动机不一样，具备的能力也不一样，所以商家促使他行动的方式也不一样。比如，微博平台公共影响力大，适合商家做形象塑造和事件性宣传；小红书适合用来“种草”，也就是帮助用户了解产品；天猫、淘宝等平台适合用来做消费决策，提高卖货转化率。

只有当一个人愿意做出行为时，需求才真正产生。在此基础之上，动机、容易度和行为发生形成完整闭环。可能有人对此不赞同，比如当我们刷着抖音、看着快手时，突然刷到一个名人直播，一不小心，没有任何动机就完成了

一次后知后觉的消费，这怎么解释呢？这里先留一个悬念，到了“创造需求”的部分再讲。

说了那么多关于动机、行为等的理论，一言以蔽之，需求就是用户原本想要完成的任务，而用户面对任务时是否产生行为则受动机和容易度影响。任务到底是什么？看似简单的一个问题，却让无数人掉进需求的陷阱，没有抓住需求的真相。只有从场景下的任务出发，而不是从产品出发，才能正确定义需求。

正确定义需求比满足需求更重要

哈佛大学商学院已故教授西奥多·莱维特（Theodore Levitt）①说过一句广为流传的话：“人们要买的不是 1/4 的电钻钻头，他们要的是 1/4 的孔。”这句话发人深省，谈的其实就是需求的真相：达到目的。

2015 年，携程并购去哪儿，持有后者 45% 的股份，实现控股。去哪儿创始人曾提出一个问题，比携程晚创立 6 年的去哪儿为什么能如此迅速地迎头赶上，甚至给携程带来这么大的威胁？在互联网领域，6 年的时间几乎已经足够各竞争企业之间的格局完成一次更迭。可是去哪儿居然还能后来居上，这是如何做到的？其创始人认为，携程的失误在于算错了自己的市场规模。而它之所以会算错市场规模，是因为它把用户的需求定义错了。

携程在相当长一段时间内都把自己定位为在线旅行服务商，提供“在线订酒店 + 在线订票”服务。但是这个定位却存在两方面问题：第一，在线旅行业务当时以每年 40% 的速度增长，发展潜力巨大，而且还在飞速增长，虽然携程所占的市场份额也在增长，但依然留出了很大的市场空间，这个空间足够容纳好几家新竞争对手；第二，在线旅行业务满足的并不是一个人的底层需求。为什么携程没开拓出像爱彼迎那样的市场呢？因为它认为掌握着在线预订酒店

① 现代营销学奠基人之一，曾担任《哈佛商业评论》主编，1960 年在《哈佛商业评论》上发表成名作《营销短视症》（Marketing Myopia），这篇文章奠定了他在营销史上的地位。

这个最大的入口和酒店资源，而爱彼迎并没有进入在线酒店预订这个主战场，不对自己直接构成竞争威胁。但问题是，在线酒店预订业务满足的并不是一个人的底层需求。具体来说，这里的底层需求是一个人不在家的时候住哪儿。而爱彼迎正好找到了另外一种满足这类需求的手段：住在别人家。于是，它开辟了一个新的市场，但携程加上去哪儿的市值总和都不及爱彼迎的市值。

去哪儿创始人对此的总结是，创业者要记住两件事：一是要选择一个比较恒定而不是变化快、飞速发展的市场作为公司战略的最终战场；二是每过一段时间，如半年左右，要把对业务的理解向上抽象一个层次。也就是说，创业者要思考自己在做什么、要满足哪类人的基本需求、还有哪些方案可以满足这类需求。

定义问题往往比解决问题更重要。平庸的企业往往只能看到用户显而易见的需求，并且把全部精力用于满足这种浅层的需求，结果往往被竞争对手迅速模仿甚至反超，而自己则只能年年感叹生意不好做。如果问创业者最重要的能力是什么，我会毫不犹豫地回答“是对用户需求的还原能力”。我们也可以把还原用户需求的过程称为“需求考古学”。考古学的工作之一是找到埋藏文物的地方，将之挖掘出来，通过一件文物还原一个时代。需求考古学同理。

满足需求，做用户想持续雇用的产品

到底什么是满足消费者需求？企业如何知道消费者需求是否得到满足？

先来看一则笑话。兔子钓了一周鱼，居然一条都没钓到。它正在郁闷的时候，鱼从水里跳出来，生气地说：“可恶的兔子，再用胡萝卜钓我，我揍你！”做产品最大的“不幸”，就是把自己的喜好当成消费者的喜好，把自己认为最有价值的东西当成消费者最需要的东西！

企业：“我的产品这么好！”消费者：“跟我有什么关系？”这就是企业

和消费者彼此心态的真实写照，也反映了产品和消费者需求之间存在着巨大差距。我们在谈论满足消费者需求的时候，到底在谈什么？“满足需求”的本质是什么？如何让你的产品成为消费者的首选？这是我们需要解决的问题。

消费者是老板，产品是员工

“需求”这个词无处不在，它的含义变得宽泛，无所不包。吃饭需求可以放到任何人身上，但如何满足吃饭需求，我们可能已经无能为力。“需求”这个词太笼统，它无法在“如何让消费者选择我的产品，而放弃其他选项”的问题上给出任何指导。

已故的哈佛商学院教授、颠覆性创新理论提出者克莱顿·克里斯坦森（Clayton M.Christensen），曾在《哈佛商业评论》上发表这样的观点：将消费者需求进一步细化类比成工作任务，消费者通过“雇用”产品来完成工作任务。消费者是老板、雇主，产品是员工，通过帮助老板完成工作任务来实现自己的价值。

前文叙述有一句营销名言：“消费者不是要买电钻，而是要买墙上的孔。”消费者购买一个产品，目的不是拥有这个产品，而是让这个产品帮助他完成某项任务、达到某个目的。比如，一家装修公司提供上门打洞服务，那么它的电钻只是产品，打洞才是任务。如果它忽略了工作任务这个视角，就会只顾着研究更好的电钻和钻头，而不可能提供更好的服务方案。

如果一项任务完成了，下次也不会再发生，那么完成这项任务的产品就没有存在的必要；如果这项任务下次还会发生，那么消费者就会再次“雇用”能帮他完成任务的产品。一旦产品无法帮助消费者高效地完成任务，就会被“解雇”，新的替代品随之出现。

如果消费者每次在需要完成某项任务时，都会想起我们的产品，那么我们的品牌就是可被消费者信赖的。这不就是一个老板对员工的要求吗？需求和产品的关系就像老板和员工的关系，不是为了拥有，而是雇用关系，目的是完成某项工作任务。

思维训练

熊猫不走，消费者买蛋糕时到底买的是什么

某蛋糕品牌在创立 4 年后卖出了 600 万个蛋糕，年营收超 8 亿元。这个蛋糕品牌叫“熊猫不走”，2017 年底创立，短短 4 年时间，创造了中国糕点行业的奇迹，获得了 IDG 等知名投资机构的大额投资。有一次我跟它的创始人杨振华交流，他分享了熊猫不走是如何帮助消费者完成任务的。

很多蛋糕经营者会这样宣传自家蛋糕的卖点：手工制作、无添加、水果味、抹茶味、各种造型…… 从这些角度看，他们都认为消费者买蛋糕是为了好吃、健康或好看等。刚开始，熊猫不走也走了这条路：聘请了五星级酒店的糕点师傅，建立了自己的蛋糕工厂，用了一句广告语“送重要的人，当然要送更好的蛋糕”。然而，几个月过去，到了 2018 年初，蛋糕虽然在销售，但并没有太好的成绩。显然，“更好的蛋糕”并不是一个很有差异化价值的卖点。

杨振华和团队复盘的时候，重新思考蛋糕的本质：消费者买蛋糕时到底买的是什么？经过调研，他们发现：消费者购买蛋糕并不是为了好吃，而是为了完成一场生日活动的任务，是为了庆祝，为了大家在一起开心，更是为了让过生日的寿星开心。

消费者会先在蛋糕上点蜡烛、许愿、吹蜡烛，然后分蛋糕、砸蛋糕、拍照，朋友之间还会互赠礼物和祝福。在这种场景下，生日蛋糕的作

用不是填饱消费者的肚子，而是帮助消费者过一个有意义的生日。

杨振华说，熊猫不走要完成的任务是帮助消费者过一个快乐的生日。此后，熊猫不走基于这个逻辑来开发产品和服务：穿着熊猫玩偶服的员工（熊猫人）给客户送蛋糕，“熊猫人”会现场表演节目跟客户互动，邀请客户一起跳舞、合影。“熊猫人”与客户的互动创造了很多感人瞬间。

只有跳舞互动还不够，为了帮助客户过一个快乐的生日，熊猫不走一直在设计其他的互动体验方式，如泡泡机、幸运抽奖、请明星发祝福视频等。到目前为止，熊猫不走已经有超过 100 种互动体验方式，并且每个月还在研究新的体验方式。

其他蛋糕工厂都在研究如何做出更好吃的蛋糕，而熊猫不走在做好蛋糕的同时，把体验方式当成企业研发经营活动。一切活动都围绕“如何帮助客户过一个快乐的生日”展开。

在客户面前跳舞是需要勇气的，比如让外卖配送员送外卖没问题，但让他跳舞就会难为情。杨振华也认识到了这个问题，他说：“让现有的员工去跳舞肯定不行，所以我们从招聘环节就会进行把关，优先招聘那些性格外向、敢于表现自己的人加入团队，并且我们整个组织都有那种会搞事的基因。”

事实证明，他的做法是有效的。有一次我去熊猫不走杭州分公司见杨振华，那天他们公司正好有人过生日，我看到他正当着轿夫，在一群人的簇拥下，和几个同事一起抬着轿子，在办公室里溜圈。轿子里坐着当天的寿星，寿星脸上挂着狂喜的笑容。

熊猫蛋糕目前依然处于快速发展期，陆续在全国各地开店，从竞争激烈的市场中走出了一条康庄大道。杨振华说：“未来我们还会从生日的场景继续延伸，甚至进入求婚的场景、婚礼的场景等，都有可能。”

消费者想要完成的任务是什么

消费者不是在购买产品，而是将产品带入生活的某个场景，以实现某种进步。我们将这种“进步”称为消费者想要完成的任务。进步代表了一个人朝向某个目标的动作，这个动作做好了，任务也就完成了。

举个例子，由“怕上火，喝王老吉”这则广告语，我们能否想到它提到的产品要帮助消费者完成什么任务？假设几个朋友好久不见，想组织一次烧烤聚会，但其中一位朋友担心吃烧烤上火，王老吉就在这个场景下帮助这位朋友向聚会吃烧烤的目标靠近。

进步就是任务，只有理解了这个概念，才能找到消费者真正要完成的任务。那什么是消费者不需要完成的任务？一些广告语宣传的“×××，让你的生活更幸福”是消费者需要完成的任务吗？当然不是，这是一个大目标，目标不是任务。“我想要当一个好老板”“我想要当一个称职的父亲”“我想要考上一所好大学”，这些都是人想要达到的目标，而不是需要完成的任务。

比如，“我想要当一个称职的父亲”可以被分解到无数场景中：孩子在家做作业的时候，带孩子外出游玩的时候，跟孩子在家吃饭的时候，带孩子和朋友聚会的时候……在不同的场景下，一位父亲会碰到很多不同的问题：辅导作业，讲故事，亲子游戏…… 这一个个问题就是需要完成的任务，这一个个任务都在帮助他朝着“称职的父亲”这个目标进步。

回到熊猫不走的例子，当一位父亲买了熊猫不走蛋糕为孩子过生日时，希望完成的任务是让孩子过一个快乐的生日，还有一个隐藏的目标是希望当孩子眼中称职的父亲。熊猫不走让这位父亲朝着“称职的父亲”这个目标进步了一点。

要找到真正的任务，我们应该思考：这个人想要取得什么样的进步？什么因素阻碍了他进步？这些问题的答案才是真正的任务。但是必须强调，一项准确定义的任务是多面而复杂的。这意味着，我们需要做的可能不仅是一个产品，还有一整套解决方案和独特的体验，只有这样才能持续地满足消费者的需求。

持续满足需求，就是让消费者一直“雇用”你

持续观察消费者在完成任务的过程中所采用手段的变化，为其持续不断地提供“雇用”价值，这是持续满足消费者需求的本质。

现在有一个流行的概念“私域流量”，很多营销专家对它的定义是商家无需二次付费即可免费触达用户的流量，将这些流量称为“流量池”。如果从这个角度来理解私域流量，那微商在朋友圈发卖货广告可以免费触达。可这种做法为什么那么不受欢迎？传统的短信营销也可以免费触达所谓的私域流量，为什么短信营销那么遭人反感？对很多商家而言，拉几个微信群就算拥有了流量池，但他们都忽视了一点：打扰了用户，却没有在触达的场景下帮助用户处理原本想要完成的任务。

从“雇用”的角度来看私域流量，其本质就是商家跟消费者建立一种“长远而忠诚的雇用关系”。商家要做的不是肆无忌惮地打扰消费者，而是提供“不叫不到，随叫随到”的服务，让消费者在有需要的时候，不断地“雇用”产品和服务。“微信之父”张小龙在小程序发布会上说过，希望小程序给用户带来的体验是“用完即走”，不要打扰用户。如果每个小程序都可以通过微信的聊天列表自由触达用户，那将会是什么样的灾难？

品牌忠诚度想表达的是消费者对品牌的认同程度，但如果完全站在消费者的立场，那么我们应该思考的不是消费者对品牌的忠诚度，而是品牌对消费者的忠诚度。与消费者建立一种长远而忠诚的产品雇用关系，才是持续满足消费者需求的本质。

真正的竞争对手并不是你的同行

从雇用的角度来看待消费者完成任务的过程时，我们对竞争对手的理解也就提升了一定的高度。我们并非在创造任务，而是在发现任务。任务可能是长久不变的，但是处理任务的方式会随着时间的推移、科技的进步而发生巨大的改变。例如，随着科技的进步，完成“远距离信息传递”这个任务的方式发生了巨大的变化：从传统的邮寄纸质信件，发展到了发电报、发电子邮件、发短信、打电话、发微信等更快捷的方式。需要完成的任务一直没有变，但是处理任务的方式一直在变。

福特汽车的创始人亨利·福特说过，如果去问人们要什么，那么他们只会说需要一匹更快的马。福特说的是处理任务的方式在变，而“更快”这个需要完成的任务本身并没有变化。消费者“雇用”的是让他们更快到达目的地的产品，如汽车、火车和飞机等。这些产品解决的是完成任务的效率问题。

对企业来说，竞争的关键不在于打败对手，而在于更高效地帮助消费者完成任务。这才是让消费者选择“雇用”我们的产品而放弃竞争对手产品的关键所在。

硅谷传奇投资人约翰·杜尔（John Doerr）有一次问，奈飞（Netflix）是否在和亚马逊竞争，奈飞首席执行官里德·哈斯廷斯（Reed Hastings）回答：“实际上，我们是在与你为了放松而做的所有事情相竞争。”他还告诉杜尔：“我们和电子游戏竞争、和饮酒竞争，这个竞争对手特别难对付！也和其他视频网站竞争，还和棋牌游戏竞争。”

竞争转换到了新的赛道：打败我们的不是对手，颠覆我们的也不是同行，就像打败康师傅方便面的不是其他品牌方便面，而是饿了么这样的外卖平台，任何能帮助消费者迅速解决一顿饭的产品都是康师傅的竞争对手。

创造需求，唤醒消费者自己都不知道的潜在动机

你可能经常会听到某些人的劝告，比如“创业一定要解决刚需，不要总想着自己能创造需求”，又或者是“创业者是没有能力和资源去教育市场的，这是大公司的事情，创业公司应该去解决已经存在的痛点和认知”。这些观点都对，但是需求也可以被创造出来，解决需求和创造需求两者并不矛盾。需求什么时候可以被创造出来？

由福格行为模型可知，一个人做出某个行为，需要具备 3 个要素：动机、能力和触发。我们可以将之总结成动机和容易度两个维度，并由此形成 4 个象限（见图 3–3）。接下来我们分别从动机和容易度来看看需求是如何被创造出来的。

创造需求的核心

特斯拉创始人埃隆·马斯克除了致力于生产汽车，还在探索很多前沿技术。比如，他创立的一家商业火箭航天公司 SpaceX，使火箭的发射成本下降了百倍，让火箭可回收、可重复发射。他甚至尝试让人类移民火星。

试想，火星旅行是我们现在的刚需吗？肯定不是，我们甚至连一点需求都没有。但是，10 年、20 年之后，如果马斯克或者其他人使火星旅行像坐高铁一样简单安全，并且出行成本也下降到跟现在坐高铁和飞机旅行一样，那么我们会不会产生火星旅行的需求？我想答案是显而易见的，需求将会被创造出来。我们的潜在动机是旅行，这是没有变化的，至于是去火星或是其他地方旅行，则只是目的地不同而已，并没有本质的区别。如果我们旅行的动机很高却没有付诸行动，那么原因其实是容易度出了问题，也就是想做而做不到。

在交通工具主要是马车的时代，消费者当然不会说他需要一辆汽车，因为那个年代还没有汽车这个概念，但是更快到达目的地这个潜在动机是一直存在的。人类的底层动机从没变过，只是解决这个动机的手段和效率在不断

发生变化。**创造需求的核心就是唤醒用户自己都不知道的潜在动机，将这个更高效率的“新选择”的容易度降低到消费者可以接受的程度，需求即被创造出来。**

接下来，我们分别从动机造需和行为造需两方面来讨论创造需求的方法。

动机造需，唤醒用户的潜在动机

很多时候消费者并不知道自己在某件事情上是有痛点的，因为他们已经习惯了，并没有觉得这样做有什么不合理。所以，唤醒消费者的潜在动机是创造需求的关键所在。

许多广告内容是商家的自卖自夸，这种王婆卖瓜式的宣传方式正在失效，广告把产品说得再好，受众的反应都是：“你是 ×× 品类第一，你的产品加起来绕地球几圈，跟我有什么关系？”在这种情况下，如何与消费者建立关系？我们需要洞察消费者当前行为习惯中的不合理之处，让他们意识到之前的行为是有问题的。这样才能唤醒消费者的潜在动机，让他们知道产品或服务与自己的关系，从而提高动机，产生需求。

思维训练

未卡宠物，创造养宠新需求

2017 年初，两个年轻人唐纳德（Donald Kng）和妮科·李（Nico Li）在上海的一个共享办公空间开始了创业之路。截至 2021 年，在短短 4 年的时间里，这家名为未卡的创业公司从 0 做到了 10 亿元的估值，受到资本市场的追捧。

未卡最初只是一家传统贸易公司而已，代理国外的一些宠物食品品牌。在做代理的过程中，它不断与消费者沟通，发现了消费者行为中一个不合理的地方，从而找到了真正的转折点。

未卡发现很多宠主会对自己的宠物以母子（或母女）相称：当狗狗犯错时，宠主会像妈妈一样教训她的“孩子”；当宠主拖着疲惫的身躯回到家时，会像对待“孩子”一样，抱着宠物，和它互动沟通。

唐纳德认为这种关系是有问题的，宠主不会真的把宠物当成自己的孩子看待，真实的情感并没有如此深入。他认为，宠主与宠物的关系更像是平等的室友关系，而不是从属关系。如何处理这种室友关系或许是一个新的机会。

基于这种洞察，未卡提出了“人宠”的概念，做出了一系列拟人化宠物用品，如宠物版的西瓜猫砂盆、自嗨锅、奶茶、宠物包子等。总之，人吃的、用的东西，宠物也有一份。

拟人化宠物用品的理念是让宠主和宠物之间的情感连接更亲密。养宠物本质上是人类情感的投射，因为宠物不会说话，无法准确地表达自己的感受与想法，它们更多的是被动接受来自宠主的情感。对宠主来说，表达情感最简单、最直接的方式就是把自己喜欢的一切与宠物分享，让宠物也能体会到他们生活中的小乐趣，这就是室友关系的体现。

未卡的产品设计思路是围绕养宠人的生活空间和闲暇时间建立起品牌认知。可以说，品牌卖的是某种信仰，而不是只给消费者解决基础问题或只追求性价比。唐纳德认为，好的品牌要做的就是及时察觉消费者想要什么并给予满足。

因此，未卡在设计产品时采用了降维的思路，即把人类生活的潮流降一个维度去创造宠物用品，于是就有了宠物的自嗨锅、奶茶、包子等产品。这样就不需要再对消费者进行市场教育，因为消费者一看到产品就能产生情感共鸣。这是一种潜在动机的投射，而不是被创造出的新动机。唐纳德在介绍未卡的未来规划时说：“未来，在持续打造宠物创意产品的同时，未卡将尝试推出更多人宠主题的产品，更侧重于养宠人的需求。”

在满足消费者的需求这件事上，很多商家只做了一半。他们只说自己的产品可以满足消费者的需求，但是缺了消费者对自己当前状态感到不满的表示。这是一种缺乏用户视角的沟通方式，因为商家提前假定了消费者对当前的状态是不满意的，假定他们迫切想要改变现状、寻找某些产品来解决问题。这种假设仅从商家视角出发，然而消费者的真实需求往往并不是他们假设的那样。

在未卡的产品推出来之前，消费者对宠物用品并没有新的需求，他们不需要宠物版的西瓜、包子或是奶茶。而未卡先是让消费者关注到自己当前的某种行为是不合理的，然后将一个“新选择”摆在消费者面前。于是，就像汽车刚面世那样，新的宠物用品需求就被创造出来了。

动机造需的本质是发现消费者行为习惯中不合理的地方，然后唤醒消费者对产品的需求。比如，下面这两句广告语：“洗了一辈子头发，你洗过头皮吗”“偶尔才去一次美容院，可怕的是每天都在衰老”。再比如，几年前，京东收购了一款 App“今夜酒店特价”。为了唤醒消费者对特价酒店的需求，这款 App 从找到消费者行为中的不合理之处着手，提出了一句广告语：“只住 8 小时，为什么要支付 24 小时的钱呢？”消费者一看到这则广告就会有恍然大悟的感觉。

一定要让消费者意识到在使用产品之前自己到底哪里不对。这是动机造需首先要解决的问题。

行为造需，让消费行为更容易

本杰明·富兰克林在竞选宾夕法尼亚州议会议长时，遭到一位政敌的演说攻击。富兰克林对这位政敌的攻击非常不满。在这种情况下，很多人可能会选择反击，但富兰克林没有这么做，而是采取了另一种让人意想不到的办法。他写了一封信给这位政敌说：“我发现你骂我的时候，引用了很多书的经典，听说你手上有一本私藏的奇书，不知道能否帮帮忙，借我一下。”这位政敌收到信之后一脸茫然，不过被富兰克林一夸，虚荣心作祟，还是同意了他的要求，将那本书送到了富兰克林府上。

一周之后，富兰克林将书归还，并附上一封感谢信。据《富兰克林自传》记载，自那之后，这位政敌对富兰克林的态度出现了180度大逆转，转而用“非常礼貌”的态度跟他交谈。不仅如此，后来他们还变成了终生的好友。富兰克林后来对此是这样解释的：“比起接受过你恩惠的人，那些曾经施予你恩惠的人更愿意再帮你一次。”

这个故事和创造需求有什么关系呢？在回答这个问题之前，我们先来设想一段场景：一位女士走出家门，进入电梯，准备去超市买点生活用品。在电梯里，她看到了各种广告，介绍的产品有水果、电器、护肤品等。进入超市后，她路过一个水果摊，发现有水果试吃，于是尝了一口，觉得挺好吃，就顺手买了几斤水果。本来她没有买水果的需求，但被试吃的机会触发了行为，而且感觉良好，就买了。此时她买水果的需求并不是受到电梯里的广告影响而产生的，而是被试吃激发出来的。

富兰克林的故事和临时在超市里买水果的逻辑是一样的，都是让别人的行为先发生，从而改变动机。也就是说，行为改变动机比动机改变行为快，这是行为造需的核心。

还记得前面提到的认知失调吗？当出现认知失调之后，人们会通过改变行为去跟随思维和感受，如工作不顺就辞职。而且，认知心理学研究发现，当行为和结果无法改变时，人们就会通过改变思维来合理化自己的行为，也就是安慰自己。

举个例子，一位环保主义者进入了一家家具公司工作，而且被分配去森林砍伐树木。环保主义者的身份和他砍伐树木的行为发生了冲突，导致他的思维、感受和行为不一致，也就是出现认知失调。这时候，他可以用两种方式来缓解认知失调：第一种方式，改变行为来跟随自己的思维，也就是换工作。但可能他有较大的经济压力，辞职会影响到生活。不过，他还有第二种方式，即通过改变思维来合理化自己的行为。也许他告诉自己，他在做让人们生活更幸福的工作，如果没有他的工作，这个世界就不会有那么多美丽又实用的家具。这样一想，他可能很快就会缓解认知失调。

行为改变动机，快过动机改变行为。**创造认知失调，就能让消费者朝着我们想要的目标有所行动。**

思维训练

三顿半，改变消费行为，创造新的咖啡市场

2017—2019 年，三顿半的销售额经历了爆发式的增长：2017 年销售额是 1 500 万元左右，2018 年达到 3 000 万元，2019 年的销售额是 2017 年的 10 倍，达到 1.5 亿元。这 3 年当中发生了什么事？

三顿半主营产品是原创的精品速溶咖啡粉。之所以叫精品速溶，原因有两点：一是咖啡豆比传统速溶咖啡好，二是咖啡粉可以用冰水、冰牛奶冲，而且不用搅拌即可瞬间溶解。

三顿半之所以能成长得这么快，靠的不是广告，而是通过设计消费者的行为，让消费者自发传播。三顿半创始人吴骏将消费者行为设计总结为以下三点。

第一点，新喝法。三顿半有意引导消费者晒出自己的咖啡新喝法，除了用冰水、冰牛奶冲泡咖啡粉，还可以在咖啡里加冰激凌、椰子汁、豆奶等各种配料。面对自己创作的咖啡作品，消费者当然更有分享的动力。

第二点，新包装。三顿半没有用廉价的塑料袋包装产品，而是把产品装在一个精美的小盒子里，再装进彩色咖啡杯形状的塑料小盒里。很多消费者会忍不住将它摆在桌上拍照，并将照片分享出去。

第三点，新消费场景。三顿半在产品的使用场景上也做了不少引导，引导消费者在办公室、酒店、 旅行途中、户外等场景中饮用三顿半速溶咖啡。

在创业初期，三顿半没有通过传统的广告来宣传产品，而是围绕产品本身，引导消费者参与到产品的研发和体验中，在产品设计阶段就考虑了新喝法、新包装和新场景的内容。表面上看，三顿半做的是传播方式的设计，而实际上它做的是消费者的行为设计，最后让消费者自发传播。消费者自发传播的目的不是为了展示产品，而是为了分享自己的生活方式。

2021 年 6 月，三顿半发布了 C 轮融资信息，估值达到 45 亿元。

让消费者为产品做出一定行为，他们会觉得这也挺好。让消费者用行为参与到产品传播中，他们的思维和感受就会被统一来合理化自己的行为，从而对产品产生需求。

小米联合创始人之一黎万强写过一本书叫《参与感》，书中讲述了小米从 0 到 1 打造用户口碑的过程。他在书中写道："互联网思维的核心是口碑为王，口碑的本质是用户思维，就是让用户有参与感。"为什么要打造用户的参与感？从企业角度看，按照黎万强的观点，这是一种体验式消费，是为了在小米内部建立一套依靠用户反馈来改进产品的系统。但是从用户角度看，这样做本质上是让用户做出一定行为参与进来。当行为已经做出，结果无法改变的时候，用户就会改变自己的思维认知去合理化自己的行为。基于此，小米很多新产品会邀请用户参与测试。

前面所讲的动机造需和行为造需，分别从动机和容易度的角度讨论了创造需求的方法。这些角度并不是割裂的，而是一个整体。

福格认为，行为的发生需要具备动机、能力和触发条件 3 个要素。有人说这个理论和条件反射是冲突的：福格的观点表明先有动机，再有行为；而条件反射理论说的是人的行为不是深思熟虑的结果，而是受环境和外在因素影响的结果。如何解释这两者的冲突？

其实两种观点并不冲突。福格说的是行为的发生需要同时具备 3 个要素，并没有强调要素的先后顺序，即可以先有动机，也可以先有行动，哪怕是条件反射引起行为先发生，也是因为行为背后已经有一个原本就存在的潜在动机。比如，我们在刷抖音的时候没有购物动机，但最后却做出了购物的行为，因为需求被激发出来了，也就是我们原本已有的潜在动机被唤醒了。可见，要创造需求，就要对用户的潜在动机进行刺激并且重新排序，让用户原本已经存在的动机此时排在首位。

总而言之，当动机和行为不一致的时候，用户就会产生认知失调，要缓解认知失调就需要从动机和容易度两个维度着手，所以创造需求的本质就是创造认知失调。无论是从动机造需入手，还是从行为造需切入，都跟场景息息相关。它们是不可分割的整体，不能被割裂看待。

三维价值定位系统：从需求到价值转化

创业者通常会认为自己做的产品有市场需求，然而事实总是很残酷，最后就如得了“锤子综合征”一样，手里拿着一把“锤子”，到处找“钉子”。换句话说，看似万能的产品，好像可以满足很多市场需求，实际却远不如预期。那么，面对众多的市场需求，创业者到底该如何选择？

要做出合适的选择，创业者需要考虑这些问题：谁是目标消费群体？要向他们提供什么产品或服务？要满足他们什么特定需求？这些都是创业者面临的首要问题，即价值定位问题，这也是商业模式设计首先要解决的问题。

价值定位是一种价值取舍，它的重心与其说在于选择，不如说在于放弃。设计价值定位该从哪儿切入呢？我们先来做一个实验：两人分一个橘子，如何分比较合理？我听过很多答案，有的说平分，有的说先切的人后选，有的说把橘子榨成汁再分。这些分法都没问题，但都基于公平考虑，而根本不在乎对方需要的是什么。如果对方需要的只是橘子皮呢？面对同样的情况，不同的人会有不同的需求。

前面的章节提到过如何发现需求、满足需求和创造需求。可事实是，经过调研，创业者会找到很多市场需求。那么，面对众多市场需求，该满足哪一个？创业者通常会在这个问题上陷入困境。是不是只要用户提出需求，我们就该满足呢？

张小龙有一次在内部分享会上提到，微信接到过很多需求。比如，用户要求微信要显示在线，要已读，要给通讯录做分组，要做更强的滤镜，要涂鸦，要多终端同步，要云端保存消息，要视频、图片一起分享到朋友圈，要群名片，要赞头像，要个人电脑（Persons Computer，PC）版……该如何满足这些需求？他认为，如果产品经理把这些都当作用户朴素的需求纳入产品功能，那将是非常可怕的事情。很显然，并不是用户有什么需求我们就满足什么需求。张小龙说：“毕竟用户永远无法提出‘看附近的人’‘摇一摇’这样的新功能。”

我们需要基于对用户的洞察提出自己的价值定位：我认为你应该这么做才对。既然有价值定位，就会面临一个问题：有人不认同这种价值怎么办？价值定位是选择，是价值取舍，是放弃，无关对错。价值定位是整个商业模式的核心，它描述了产品提供的价值和消费者需求之间如何建立联系，以及消费者要买我们产品的理由。价值定位的意义就是要定义清楚一个产品要卖给谁，他们把这个产品当作什么，他们为什么要买这个产品。

所有的生意都需要思考这个问题，即便是开一家餐厅，也需要思考下面这些问题。来餐厅吃饭的消费群体是谁？是路过的人，还是午休时过来吃饭的白领，抑或是晚上来约会的情侣？他们把这家餐厅当成什么？可能是当成一个解决温饱问题的快餐厅，或是旅途中的一个休息站，抑或是一个为情侣创造浪漫的约会场所。他们为什么来这里消费？路人也许是为了进来休息片刻，商务人士可能是为了谈业务，情侣们或许是为了让彼此的关系更进一步。

前面提到过，消费者通过雇用一个产品来在某个场景中完成某项任务。当消费者面对众多产品时，会雇用哪一个？如何让我们的产品成为消费者的“雇用”首选？

“水积三千，择一瓢饮，需辨其清浊。出路繁多，择一跋涉，需识其明暗。”创业者需要思考的是，面对众多选择，自己仅有的一颗“子弹”要打向何方。也就是说，要做好价值定位。有人说定位是工业时代的产物，现在是移动互联网时代，未来将进入元宇宙时代，定位过时了。其实不然，我们应该问自己：我真的懂定位吗？定位需要具备什么条件？什么情况下不适合定位？

查理·芒格说：“只有知道一类知识失效的边界，才配得上拥有这类知识。”学习任何方法，都应该了解它的前提条件和应用范畴。只有这样，才能真正掌握它，甚至转化成自己的方法论。因此，对待定位方法，不能盲目。

企业的本质是成为社会的器官，为社会解决问题，但很多企业管理者眼中的定位只是基于信息不对称的传播定位。比如，有的企业花了很多钱做广告，宣传自己的企业是行业领导者，自己的产品是某品类第一。可是，这些跟消费者有什么关系？**消费者能记住一家企业、选择某个产品不是因为它是某类第一，而是在解决自己相应问题的层面上，它是最佳解决方案。**

价值定位就是要定义清楚一个产品要卖给谁，他们把这个产品当作什么，他们为什么要买这个产品。这可以用一句话来描述：对谁而言，我是什么，给你什么。

系统思维强调看待事物需要基于系统的视角，才不会盲人摸象，顾此失彼。我们在谈论定位的时候，也不能从单一角度去看待事物，而要基于系统思维去看待价值定位，从多角度对事物进行定位。这跟导航系统的原理一样，利用多颗卫星，采取多点定位，这样才能互相纠错纠偏，实现精准导航。

由此，价值定位也是一个多维度的系统，我给它取名为三维价值定位系统。顾名思义，它从三个维度对一个产品的价值进行提炼和定位。这三个维度分别为：产品定位、市场定位、传播定位。它们从物理性的产品属性和功能定位转化到感性的心理定位，从人类的生理行为演进至心灵感受，从理性到感性。每一个层次的定位也都会从“对谁而言，我是什么，给你什么”三个方面分别展开。

产品定位：创造差异化的相对优势

迈克尔·波特在《竞争战略》（*Competitive Strategy*）一书中总结了 3 种获取竞争优势的方法：聚焦、总成本领先和差异化。

聚焦指的是在一个特定的细分市场，针对一类细分的目标人群，提出一种可以实现总成本领先或者具有差异化的价值。这么一来，竞争战略就剩两种。再换个角度看，因为具备了差异化，所以实现了总成本领先这个结果。其实，我们把波特的总结再梳理一下就是通过聚焦市场、创造差异化价值，实现总成本领先。这么看来，创造差异化价值就是企业战略的第一要务。这也是产品定位的起点。

产品定位指，以企业的视角来看待一个产品具有什么价值。下面将通过 3

个方面来展开说明（见图 3–4）。

图 3–4 产品定位的 3 个方面

对谁而言。在描述产品定位时，一些创业者会说“我们做的是针对 25 ～ 35 岁、月收入 8 000 ～ 10 000 元的中高端人群的产品”这类话。其实，在这个层次上的“对谁而言”只是统计数据，还没有用户画像出现。

我是什么。在产品定位维度，我们把“我是什么”称为品类，即企业所生产的产品属于食品类、饮料类，还是洗护用品类，抑或是社交类、电商类，等等。

给你什么。在产品定位维度，“给你什么”是最关键的一环，决定了产品具有什么特点。既然是特点，那就有和别的产品不一样的地方，是产品的差异化价值。寻找相对优势，开辟自己的战场，就要扬长避短，以己之长攻彼之短。任何优势其实都是相对的，需要看跟谁比。比如，在战争时期，一个老百姓手上有一把步枪，那么他处于优势还是劣势地位？如果他拿着步枪去跟战场上有武器的敌人正面交战，那他肯定处于劣势地位；如果他用步枪去村里吓唬没有武器的恶霸，那他就处于优势地位。产品差异化就是利用自己的特点，把别人的优势变成劣势，找到属于自己的战场（见图 3–5）。

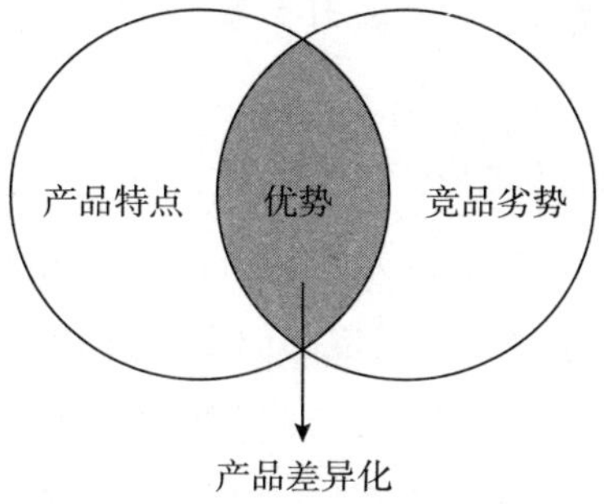

图 3-5 产品差异化

例如，到目前为止，淘宝系依然牢牢占据着电商的主导生态位，是消费者心目中的电商代名词。淘宝提出“万能的淘宝”，天猫提出“上天猫，就购了”，继续巩固市场地位。同为电商，京东如何破局？

“不光低价，快才痛快”，这是有一年“双 11”京东对淘宝天猫发起挑战的信号。为什么要提“快”？因为京东最大的特点和优势就是自建物流，这是京东的王牌。淘宝创造了“双 11”全球购物狂欢节，京东为了争抢这块蛋糕，用三段故事广告提醒消费者：“双 11，怎能用慢递？上京东，不光低价，快才痛快。”

第一段广告的主题叫“迟到的剃须刀”，讲述的是一位男士在刮胡子，刮到一半时剃须刀坏了，于是马上在网上买了一个。但是等快递送到时，他已经成为一个毛发旺盛的野人。最后他愤怒地质问快递员：“您还能更慢点吗？”

第二段广告的主题叫“迟到的防晒霜”，讲述的是一位性感的女士准备去海边度假，发现防晒霜没了，赶紧上网下单订购。等收到快递时，她已经晒得全身黝黑，只剩下戴太阳眼镜的眼眶部分是白的，于是愤怒地质问快递员：“您还能更慢点吗？”

第三段广告的主题叫“迟到的指甲刀”，讲述的是一位优雅的女士买指甲剪，最后变成了“梅超风”和“剪刀手爱德华”。

京东的做法是把自己的特点和竞争对手的缺点相比，创造差异化优势。因为无论是跟对手比商品数量，还是比价格，它显然都是比不过的。过去几年，每年“双 11”，京东都会针对淘宝的弱点展开竞争。比如“同是低价，买一真的，京东双 11，真·正·低”，京东拿出了“正品”这个差异化优势来与对手的弱势竞争。还有一次，京东把“快”和“真”结合起来，提出：“同是低价，买一快的；同是低价，买一真的；同是低价，买一好的；同是低价，买一赞的。”在和淘宝天猫的竞争中，京东每次都用自己的优势对比对手的弱势，不断告诉用户“还挑真假呢？别把网购当智力游戏”“网购买的是希望，别等到绝望”。可以说，京东能成功破局，与它的差异化策略分不开。

还有一家火锅店，也利用差异化策略在红海竞争中脱颖而出。海底捞在火锅界的地位曾是数一数二的，而各地也有各自的火锅品牌，所以火锅市场就像特辣的火锅汤底一样，红海一片。而一家叫巴奴的火锅店却在红海竞争中胜出了。这家火锅店最大的优势就是食材好，但这显然是不够的，因为所有的餐厅都说自己食材好。巴奴的老板找到了适合做火锅食材的毛肚，以及“菌汤”这个特色汤底，甚至针对海底捞提出对标性的价值定位：“服务不是我们的特色，毛肚和菌汤才是。”消费者听到这则广告，自然会把它跟海底捞联系起来，产生“二选一”的感觉。

总的来说，差异化的建立不仅要考虑到如何与竞争对手形成区隔，还要根据竞争态势和自身在市场上的位置来决定做法。如果一家企业是行业领导者，那么它要做的就是始终捍卫自己领导者的形象；如果它不是行业领导者，那么它可以做一个挑战者，在一个细分市场，找到自己的细分位置，聚焦于自己的一亩三分地，在自己的地盘上建立根据地。这一切都是为了让消费者形成差异化的认知，看到产品的不同，而不是看到它比竞争对手更好。差异化就是要独特、唯一，唯一就是第一。

市场定位：明确“有效市场”

市场定位的 3 个方面（见图 3–6）。市场定位就好比加入一个群体，每个成员都是独一无二的，但是组成一个群体之后，它们就有了群体特征和共性。这时，于是，“对谁而言，我是什么，给你什么”就变成了“对哪个用户群体而言，这个产品用来做什么，给用户带来什么好处”。

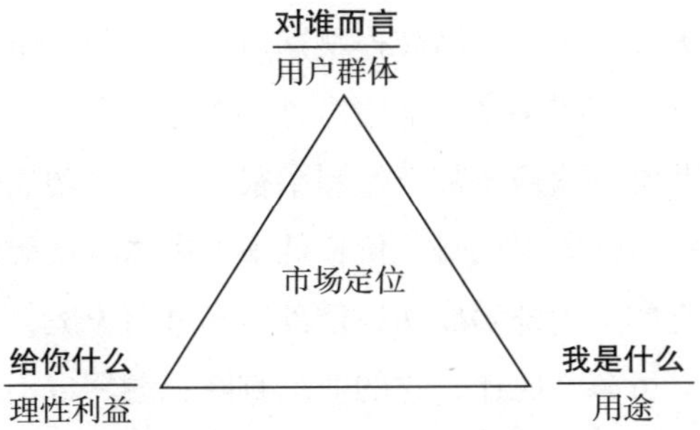

图 3–6　市场定位的 3 个方面

对谁（哪个用户群体）而言。以产品视角定位，我们把用户定义成“25 ～ 45 岁的白领，月收入 5 000 ～ 10 000 元，有家庭、有小孩、有车一族……”，以为描述清楚用户画像就是进入了一个市场，但其实进入的可能是一个无效的市场。

杰弗里·摩尔（Geoffrey A. Moore）在他的著作《跨越鸿沟》（*Crossing the Chasm*）里提到一个“技术采用生命周期”的模型（见图 3–7）。到目前为止，这个模型应该是对“市场渗透”概念最好的诠释。也就是说，一个成功的产品，最终的表现就是用最低的成本对大众市场有效渗透。当产品的用户规模到达一个临界点时，就会跨越鸿沟，产生爆发式增长。

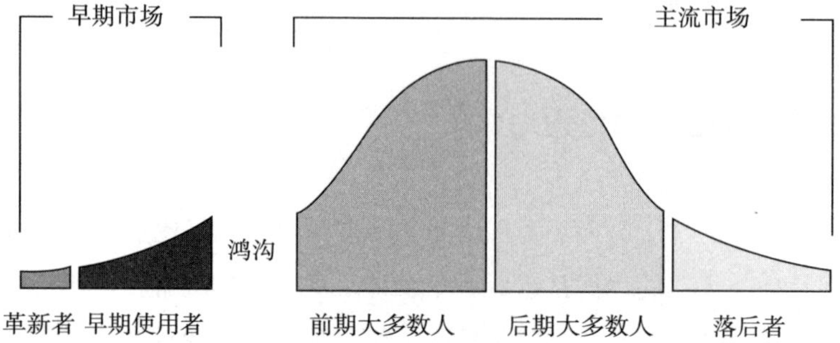

图 3-7 技术采用生命周期模型

资料来源：参考自杰弗里·摩尔的《跨越鸿沟》一书。

但问题是，大多数企业和品牌连早期市场的定位都错了，连“沟”都没看到就被市场抛弃了，还跨什么“鸿沟”？ 我们来看一个反面案例。有一个火锅外卖品牌曾经非常受欢迎，甚至发展了很多连锁加盟店。它解决了各种火锅外卖的痛点，如一次性火锅设备、价格低廉、配送方便等。通过各种线上和线下的推广方式，它的火锅外卖成功渗透到很多城市家庭，貌似它的模式很快就会得到广泛推广。可事与愿违，它的业绩直降，融资也不顺。问题出在哪儿？这个品牌不是已经成功渗透进早期大众市场了吗？

衡量一个产品是否成功渗透进早期市场，要先定义什么才是有效市场。从宏观上来分析，有效市场需要具备如下 4 个要素：

- 真实的需求。
- 提供商品的卖方。
- 有购买力的买方。
- 决策时互相影响。

前 3 个要素都不难理解，但第四点是最重要也最容易被忽视的一点。第四点说的是消费者决策时会互相影响，这个要素才是决定一个产品能否最终推向大众市场的关键因素和杠杆点。

回看前面提到的火锅外卖品牌，它看似进入了一个大市场，对自己的品牌也有目标消费者的定位，但却忽略了消费者决策时会互相影响这个因素。消费者吃火锅外卖的场景大多是封闭的，比如家中、宿舍里等。在这类场景中，消费者数量少，决策时互相影响的机会少，品牌的影响范围自然会小得多。也就是说，火锅外卖面对的是很多单一的、独立的市场，而不是一个有效的大市场。看看那些销量好的快餐外卖，它们几乎都切入办公室的场景。同事之间会讨论中午吃什么并互相参考意见，这就是“决策时互相影响”，也是快餐外卖销量好的重要因素。与火锅外卖品牌相似的例子还有很多，比如，曾经很流行的各种 O2O 上门美甲、美容、美发、化妆等服务的提供者，其实都陷入了同样的困境。

通过这个例子我们不难发现，市场是由多个要素构成的，衡量是否进入一个精准市场的重要标准是，消费者在做消费决策时，是否在一个群体内互相参考意见、互相影响。

实际上，在移动互联网时代，消费者做出购买决策越来越多地受到身边的人意见的影响，即使在网上买东西，也在很大程度上依赖于别人的评价。消费者的主动分享和推荐是企业花再多钱也买不到的。更重要的是，消费者的分享都自带场景。这意味着，这些互相参考意见的消费者具有相同的特征和标签。这些特征使他们形成了一个群体，而群体成员之间有互相沟通的机制。

我们知道，企业营销的目标是用最少的成本影响最多的消费者。结合以上分析可知，营销人员若要用最低的成本刺激一个市场里的消费者去主动讨论、分享企业的产品和服务，关键就在于要进入一个消费者“相互讨论、互相影响”的市场。因为只有这样的市场才是有效的市场，这样的消费者群体才是真正的目标消费者群体。

我是什么（这个产品用来做什么）。定义清楚了什么是有效市场，就会发现，一个群体里的消费者是有共同特征的，他们在一个产品的使用问题上产生了相互影响。也就是说，他们对产品的用途有了一致性意见，即定义清楚了用这个产品来做什么。

当我们用“35～45岁的白领，月收入5 000～10 000元”来描述一个目标群体时，这个群体就有几亿人。虽然他们是一个群体，但是需求千差万别，购买一个产品的理由和用途可能各不相同。比如，有人买产品是为了自己用，有人是为了送礼，他们的需求不同，也就无法在某个共同需求点上产生相互参考意见的效应。

就算群体相同、需求相同，细分人群的需求也存在差异。比如，35～45岁的中产阶级人群的买房需求存在很大差别。虽然他们属于同一个群体，同样要买房，但目的各不同，有人买房用来自住，有人用来投资，有人用来让小孩上学……每一个不同的需求背后，都是一个个单独的市场。

相同的产品会因为不同用途而产生不同的用户群体（不同的市场），就像买包。女生买了是给自己用，而男生买了是送女朋友。虽然产品一样，但是面对的消费者群体不一样，用途不一样，产品所展现的价值也就不一样了。

当我们确定了消费者群体之后，接下来要考虑的就是：消费者想解决什么问题，他们把我们的产品当成什么，会用来做什么？

给你什么（给用户带来什么好处）。如果一个消费者群体买房子的用途是投资，那么很显然，他们最关注的就是房子的升值空间。这时，房地产公司的广告就可以打出“地段好”这个交易价值。如果消费者群体买房的用途是安居宜住，那么房子的交易价值可能就是“山清水秀，远离城市喧嚣”。

在产品定位模块中，当我们说一个产品是“正品”时，描述的是它的属性、特点。市场定位的核心就是，从产品的自我视角进入消费者视角，从关注产品的特点和属性上升到关注属性能给消费者带来的实际使用价值，从“是什么”

上升到“有什么用”，也就是功能利益。在这个层面，消费者对产品的用途和功能的诉求是理性的，所以我们也称功能利益为理性利益。下面举几个产品的例子：

- iPod，产品属性是“大容量”，功能利益是“把 1 000 首歌放进口袋”。
- 小米体重秤，产品属性是“灵敏度高”，功能利益是“喝杯水都能感知到”。
- OPPO 手机，产品属性是“充电快”，功能利益是“充电五分钟，通话两小时”。

功能利益要告诉消费者，产品的属性能给他们带来什么直接利益，从而让产品属性更容易被消费者感知到。我们可以用这个问题来定义功能利益：这个产品的特点有什么用？但是，在这个问题上，商家所认为的产品价值和消费者真正在乎的价值往往是不一样的。

比如，有一个高端酸奶品牌，一直宣传自己的奶源来自欧洲有机牧场，但它的产品销量平平。显然，消费者并不买账，因为他们感受不到有机牧场的奶源有什么实际价值。后来该品牌通过调研发现，很多妈妈买酸奶给孩子喝是因为看中产品的另外一个属性，即“常温”。她们认为宝宝喝了常温酸奶肚子就不怕凉。于是，该品牌调整了自己的宣传策略，提出了“常温奶，不怕凉”的功能利益，产品销量也随之上涨。

传播定位：消费者传播的是他们的故事，而不是你的产品

传播定位是价值观层次的定位，它涉及的 3 个方面（见图 3-8），可以用一句话来表述：对有什么心理的人而言，这个产品代表着什么意义，这个意义为什么这么重要。

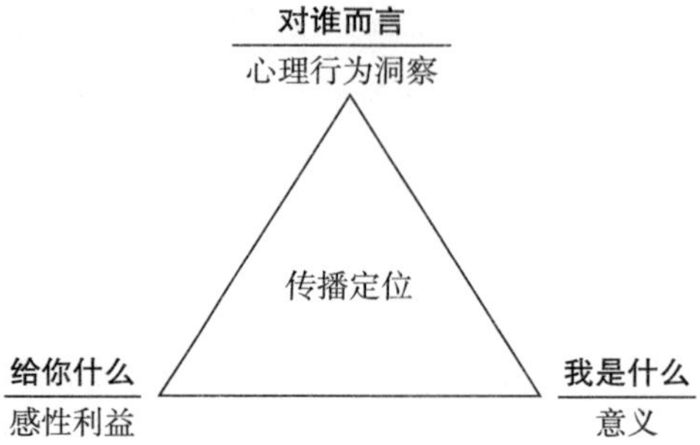

图 3-8 传播定位的 3 个方面

对谁而言（对有什么心理的人来而言）。从产品角度出发，我们根据统计学原理定义了消费者的基本信息。从市场角度出发，我们进一步找到了一个具有共同特征的群体。至于如何向这个群体传递有效的信息，则需要了解其独特行为和心理特征。

举例来说，一个人正在开车，原本的双行线因为突发事故变成了单行线，很快造成了堵车，而两边排头的分别是一辆出租车和一辆私家车，任何一方都不想退让，导致其他车也走不了，他该怎么说服他们让步呢？他的第一反应可能是说“麻烦让一下，我赶时间”之类的话。这显然是站在自己的角度去说服别人，而没有弄清出租车司机真正在意的是什么。哈佛大学的一位谈判学教授遇到这种情况时，可能会走下车，跟出租车司机说：“两方之中，只有你是专业司机。”出租车司机听了可能会会心一笑，主动让路。他们可能想获得他人的肯定，体现自己开车技术好，是专业司机。

通过观察消费者群体的独特行为，我们可以了解他们内心的真正动机，从而进一步明确传递什么样的信息来打动他们。有效的传播，不光要有动人的理念，还要建立在对人和人性最大程度的关注之上。

下面将以人常有的从众心理为例，讲述如何围绕它来做好传播。人总是希望能够尽量和群体保持一致，以消除内心的矛盾与不安，寻求归属和认同感。

所以当百事可乐宣传它是“年轻一代的选择”时，消费者会觉得自己不喝就落伍了。它所做的，就是激发一个人对群体归属的心理动机。

我是什么（这个产品代表着什么意义）。“使用这个产品对我的意义是什么”体现的是消费者的一种价值观。对一个成功的品牌来说，要想获得消费者长期的认可和信任，光靠传播产品价值是不够的，还应该输出某种价值观，在人们的生活中扮演某种角色。让品牌成为有社会共鸣的某种价值观念和形象，这才是传播定位的意义所在。价值和价值观塑造了产品价值和企业文化的一致性，共同形成了战略。

一位男士送给女朋友一束玫瑰花，目的是什么？很明显，玫瑰花的产品属性和功能利益都不重要，重要的是它所代表的意义：爱情的象征。当 Roseonly 品牌提出“一生只送一个人”的价值定位时，这束玫瑰花所代表的意义就是一种“爱的承诺”。所以当一位女士在朋友圈晒玫瑰花的时候，她可能不是在传播产品好不好看，而是在分享她的爱情故事。

给你什么（这个意义为什么这么重要）。产品属性和功能利益都是给消费者传递理性的购买理由，以说服他们。无论是展示各种技术，还是摆出数据，都是为了让消费者相信选择我们的产品没错，是满足消费者的理性诉求。不过，功能利益将随着竞争对手的不断进入而逐渐同质化，如果产品已经处于这样的竞争环境下，就需要从功能利益升级到感性利益。感性利益就是一种感性的购买理由，是消费者购买产品的情感因素，是无关对错的群体偏见，是“我就是喜欢”的固执。在这个层面，影响消费者购买决策的是情感因素，是产品对消费者独特心理行为的洞察，所以我们也称感性利益为心理利益。与感性购买理由相关的例子不胜枚举。

戴比尔斯（DeBeers）的一句“钻石恒久远，一颗永流传”，就让钻石这种没有太高价值且不具实用性的东西成为永恒爱情的象征，让世界各地众多消费者都愿意为它买单。

父母花钱为孩子报培训班，从理性购买理由来看，目的是让孩子学习知识或技能，但是从感性购买理由看，很可能只是因为“不想让孩子输在起跑线上”。感性利益没有对错，这就是为什么那句“学钢琴的孩子不会变坏”如此深得人心。

微信刚推出时，张小龙将它推荐给朋友，不料遇到了不小的阻碍。他有一次在内部分享会上说，如果把微信定位成比短信更省钱的通信工具，那么微信可能就失败了。如果微信的竞争对手推出一种类似的产品，把产品定位在比短信更省钱，那么它也没办法跟微信竞争。

“免费发语音和文字信息”是微信的产品属性之一，“省钱”是微信的功能利益。张小龙并不认同微信的核心价值是功能利益。他如果从功能利益的角度出发，去给朋友推荐微信，那显然是无法得到别人认同的。他自己也认识到了这点：“微信刚出来的时候，我们推荐朋友安装，但是他们都没兴趣，当时我们很惊讶，觉得这么好的东西，怎么会没有兴趣？”

这是很多创业者可能面临的窘境，他们总觉得自己的产品好、没问题，可是推荐别人使用的时候，对方却没有多大兴趣。对此，张小龙想到一个办法：“我们想到了打动他们的一招，说微信可以看到附近有哪些帅哥和美女，这些人迅速安装上了。”

张小龙分析认为，如果微信的卖点是省钱，每个月省 10 元，那这样的驱动力显然不够。但如果让用户每个月交 10 元，就可以看到附近酒吧有哪些人，那可能会让用户很兴奋。他说：“我在想，为什么是给用户省钱而不是让用户交钱呢？他们对交钱的兴趣其实更大一点。我们让用户使用的驱动力确实不是来自这是一个工具或者省钱。如果认为把这个功能做到世界领先，专业程度很高，就能怎么样，那是错误的想法，因为这不是真正的心理驱动力。”

他将微信定位为一种生活方式。如果用户不使用微信，就没有进入这种生活方式，就会变成一个落伍的人。这会令用户感到恐惧，人对落伍的恐惧感是非常强大的。微信正是利用这种心理来让用户接受和使用它。张小龙总结说："我们发掘的是用户背后的心理诉求，这点是做产品的人最应该去思考的，我们不是在做一个功能，而是要怎么满足用户的诉求。这也是微信最基本的产品思路。"

传播定位是基于用户视角的定位。我们要转变以自我视角告诉别人"我是谁"的习惯，而以用户视角发现消费者需要什么或者不要什么（趋利避害）。以产品视角做传播，我们就只会说"我是某某品类的领导者""我是某某行业的第一名"……可是，这些跟消费者有什么关系？

曾经有一篇非常著名的长文案，文案标题叫作"我害怕阅读的人"。一开始看到这个标题，我们会有点好奇，为什么要害怕阅读的人？于是忍不住读下去，"跟这一群厉害的人讲话，我就像一个透明的人，苍白的脑袋无法隐藏，他们的一小时就是我的一生。""我害怕阅读的人，我祈祷他们永远不知道我的不安，免得他们会更轻易击垮我，甚至连打败我的意愿都没有。"发现没有？这就是利用人们的恐惧心理，激起那些焦虑落后、害怕自己变成别人眼中没有存在感和价值感的人的紧迫感，让他们赶紧去阅读。

我经常对创业者说，不要做品牌故事，而要做有故事的品牌。品牌故事的主人公是品牌自己，而有故事的品牌的主人公是消费者。消费者为什么要分享产品？实际上他们不是在分享产品，而是在分享他们的故事。

接下来，我们来看 一个案例，其中提到了一个从产品定位、市场定位到传播定位的完整过程，并很好地说明了什么是用户视角。

一个从产品定位、市场定位到传播定位的完整过程

有一次我去 4S 店买车，付完定金回家之后，我发现自己经历了从产品定位、市场定位到传播定位的完整过程，最终买单。我自认为是很难被套路营销的。然而，这一次，我却甘愿为套路付费。和大部分人买车一样，我先通过各种渠道了解所要买的汽车品牌和车型，然后直奔品牌 4S 店，但最后却买了一辆和原计划不一样的车。

走进 4S 店，接待我的汽车销售员看起来并没有什么过人之处，招待过程也很正常。销售员在介绍车的时候，也没有显露过人的销售能力。他给我介绍了一辆车的各种性能和用途。我听得心不在焉，在店里走走逛逛，忽然被一辆城市 SUV 吸引。销售员马上跑过来说："这辆车有一个很重要的功能，就是四轮防抱死制动系统（ABS)。"

"有什么用呢？"对汽车不太了解的我继续问道。

销售员解释道："四轮防抱死制动系统，可以提高行车时车辆紧急制动的安全系数。换句话说，没有 ABS 的车危险系数会增加，很容易造成严重后果，所以有 ABS 更安全。"销售员不断地解释着。他似乎在想办法把我教育成一个汽车专家。

我回复说："安全还是挺重要的，但是感觉有点性能过度了，这个功能可能一辈子也用不上那么一两次吧。"此时，销售员还是很难说服我接受这项功能。但是他马上接过话说："您说得没错，它只是起到一个防护作用。如果您和家人在一起，这个功能在关键时刻可是能救命的。"此时，我彻底被打动了。"关键时刻能救命"彻底激发了一个男人对家庭的责任感，最后自己还感觉很庆幸买到了这辆车。

我们来复盘这个过程。首先，销售员从产品的角度介绍了这辆车的产品特点，也就是差异化——四轮防抱死制动系统。但是，大部分消费者包括我在内都不是专业人士，自然也就不知道这个特点有什么用了。

其次，销售员从产品属性的角度更进一步地推进到功能利益，强调四轮防抱死制动系统更安全。然而，我对更安全这个功能利益不仅不买账，反而还觉得性能过度，可能一辈子都用不了一次。

最后，销售员转换了我的角色。他了解到我买车主要是家用，而不只是代步车，所以在角色上把我定位成一个对家庭负责的人，这样的人在选择汽车的时候怎么能不考虑家人的安全呢？此时，这辆车从用途上升到了意义感——家庭出行安全的保障。产品的交易理由从理性的功能利益“更安全”，提高到感性利益“关键时刻能救命”。我的购买动机由此变得最强。

回想整个过程可以发现：这位销售员在我的追问下，一步步从产品定位转换到市场定位，最后转换到传播定位；传播定位从产品特点（四轮防抱死制动系统）转换到功能利益（更安全），最后转换到感性利益（关键时刻能救命）；市场定位从个人特点进一步细分到群体，最后定位成“一个有家庭责任感的人”；在品类上，从 SUV 转换到家庭用车，最后落在“家庭出行安全的保障”这个意义上。整个过程完整地复现了三维价值定位系统的路径。

根据企业发展阶段选择价值定位

价值是什么？价值就是我们讲了一个故事，其中最打动人之处。我们需要对这一点穷追不舍，直到真正明白一切，并将之表达出来。价值定位不只是提出价值，更重要的是让消费者感知到价值。一切没有被感知到的价值，都是伪价值。

三维价值定位系统是一个价值阶梯，从属性、功能利益到心理利益，没有对错、优劣之分，我们需要寻找适合自己的阶梯层级。在品牌的不同发展阶段，所诉求的价值也不一样。在早期产品阶段，功能价值可以让消费者更快认识产品。当有越来越多的人认识企业，逐渐形成品牌认知之后，感性价值和价值观可以让消费者更了解企业、认同企业、跟随企业。比如，苹果公司早期产品iPod主推功能价值，即“把1 000首歌放进口袋”，而苹果品牌逐渐深入人心后，主推的便是品牌价值观“Think different”（非同凡想）。所以，在不同的发展阶段，企业需要选择适合自己的价值定位。

价值定位是一个系统，不是一个单一要素，不能以单一视角定位，而要从不同维度、以不同视角分别定位，最后实现整体一致性。只有在市场外部和组织内部都实现认知一致性，企业的经营活动才能力往一处使，不做废动作。

价值定位不是基于信息不对称的心智定位，因为这样的定位将很快被竞争对手模仿。每家企业都可以说自己是某某品类领导者、开创者，到底谁是真正的领导者，就看谁的广告多、投放的时间长。

任何价值创新都有红利期，都不是一劳永逸的。如果一家企业创造了一种独特的价值，获得了很高的利润，那么越来越多的同行甚至跨界竞争对手就会逐渐进入它的市场，竞争将会趋向白热化。此时，这个市场比拼的就不是单纯的产品，而是综合能力。也就是说，同样都是为了解决一个问题，谁的解决方案效率更高、成本更低，谁就能最终从市场胜出，这就是我们接下来要讨论的“交易成本”。理解了这一点，才能真正理解企业存在的价值本质。

1. 设计商业模式时首先要解决的问题是价值定位问题，也就是要基于对用户的洞察，定义清楚一个产品要卖给谁，他们把这个产品当作什么，他们为什么要买这个产品。

2. 要用系统思维看待价值定位，从多角度进行定位。

3. 三维价值定位系统的 3 个维度：产品定位、市场定位、传播定位。

4. 价值定位不只是提出价值，更重要的是让消费者感知到价值。

4 价值循环系统
环节 2，交付价值

交付价值的手段是降低社会交易成本

如果说企业的本质是成为社会的器官，创造了一种独特的价值，因而解决了一个社会问题，那企业交付价值的手段是什么？为社会解决问题的本质又是什么？答案是降低社会交易成本。什么是社会交易成本？在没有电话之前，人与人之间的沟通是通过书信完成的，沟通成本非常高；在没有汽车之前，人们进行长途旅行的效率非常低。这些都是社会交易成本。电话的出现、汽车的诞生，在某种程度上都起到了降低社会交易成本的作用。

所谓交易成本，是指为了完成一个任务，前前后后要付出的全部代价。任何阻碍任务完成的阻力，都是交易成本。这听起来可能有点抽象。假设我们打算购买一个网络课程，以学习一项新技能。那么，从下载 App 到挑选科目、从选定老师到交易付款、从付款到听课评价等，任何一个环节不够通畅，都可能导致交易无法顺利完成。这一系列环节包含搜寻成本、信息成本、金钱成本、决策成本、监督交易进度的成本等。

一个社会问题最终由谁来解决，取决于谁解决问题的效率更高，也就是谁的交易成本更低。交易成本的概念和企业的价值有什么关系？关于这个问题的答案，可以追溯到英国经济学家罗纳德·哈里·科斯（Ronald H. Coase）发表的论文。

1937 年，27 岁的科斯发表了一篇论文《企业的性质》（The Nature of the Firm）。这篇论文回答了两个哲学性的问题，即这个世界上为什么会有企业和企业的扩展边界在哪儿，并首次提出了“交易成本”这个概念来予以解释。1960 年，科斯又发表了另一篇论文《社会成本问题》（The Problem of Social Cost）。法律经济学由此诞生，他被誉为新制度经济学的鼻祖。1991 年，81 岁的科斯获得了诺贝尔经济学奖。

一个充满争论的社会总成本问题

在揭晓世界上为什么会有企业这一问题的答案之前，我们先来看两个案例：第一段是《牛与小麦》，第二段是《火车与亚麻》。

> 有两块相邻的地，左边的地种小麦，右边的地养牛。这时，如果右边的牛冲过栅栏，跑到左边的麦地吃小麦，那你觉得牛的主人是否应该阻止？答案显而易见，必须阻止。
>
> 以前的火车都是烧煤的，在行进的过程中会喷出很多火星。一段铁路经过一块地，地里种的是亚麻。当火车经过这片亚麻地的时候，喷出来的火星一下子把亚麻点燃了。火车把亚麻烧了，铁路公司需要赔偿吗？所有人都认为应该赔偿。

如果答案这么明显，就没有讨论的必要了。那些伟大的思想家总是能在一些我们眼里的常识性问题上有深刻的洞察。这两个例子有一个共同点，那就是都有一方损害到另一方的情况：牛吃小麦，损害了种麦子的人；火车烧了亚麻，损害了种亚麻的农夫。生活中其实还有很多这样的例子。比如，有人在我们面前吸烟，我们被迫吸了二手烟，健康受到损害；雾霾严重，导致城市空气质量不好，城市和市民都受损害。

当一方损害了另一方的时候，需要承担赔偿责任吗？答案是肯定的。我们不仅要让损害者对被损害者做出赔偿，还要让他们整改，保证下次不再犯同样的错。很多人都是这么认为的，但有一个人持有不同观点，他就是科斯。科斯很坚决地说："不对，事情没有这么简单。" 为了说明这种想法为什么不对，他还专门写了一篇文章。芝加哥大学的几位经济学家和法学家看到这篇文章后，觉得不可思议，他们都认为科斯错了。

他们准备好好教育一下科斯，于是著名的《法律与经济学期刊》主编亚伦·戴雷科特（Aaron Director）① 在家里举办了一次晚宴。他邀请的人里有几位后来获得诺贝尔奖的经济学家，包括米尔顿·弗里德曼、乔治·斯蒂格勒（George J. Stigler）② 和科斯。在这次晚宴中，他们讨论的主题是损害别人的人是否要做出赔偿。为了把问题讲清楚，有人甚至搬出了道具来还原牛吃小麦的场景。辩论进行到一半时，观点出现了偏离，弗里德曼开始批评在座除了科斯之外的其他人。最后，所有人都感到惊讶，他们经历了经济学思想史上重要的一夜。

所有的冲突和损害，本质上都是在争夺资源

科斯说："所有的损害都是相互的。" 牛损害了小麦，火车损害了亚麻，表面上看都是一方在损害另一方，但科斯认为应该换个角度看，双方其实是为了各自不同的用途在争夺一些相同的稀缺资源，比如铁路公司和种亚麻的农夫其实是在争夺那块土地的使用权。这番论调一出，科斯受到了很多人的批驳。

为了把观点论证清楚，戴雷科特邀请科斯再写一篇文章，详细阐述他的观点。于是科斯发表了《社会成本问题》。这篇文章发表后，还是有很多人批评他，因为科斯的"所有损害都是相互的"这一观点与很多社会现实问题相悖。有一句格言，大致意思是"你可以行使你的权利，但是请不要损害别人的权利"。关于这一观点的争论持续了 30 年。

---

① 法律经济学领域的奠基人，美国杰出的法学家、经济学家，芝加哥经济学派重要人物之一。

② 美国著名经济学家、芝加哥大学教授，1982 年诺贝尔经济学奖得主，同弗里德曼一起并称芝加哥经济学派领军人物。

谁避免意外的成本最低，谁的责任就最大

这一争论最终让芝加哥大学教授理查德·爱泼斯坦（Richard Epstein）理清楚了。他用 123 归纳法归纳了关于科斯观点的所有争论。

假设两种资产的拥有者是同一个人，会发生什么情况？如果两种资产的拥有者是两个人，会发生什么情况？如果两种资产归属于第三个人，又会发生什么情况？比如牛和小麦这两种资产，如果同属于一个主人，那么牛能不能吃小麦则取决于哪种资产价值更高。如果小麦的价值比牛高，那牛当然不能吃小麦。反之，牛就可以吃小麦。

再来看火车与亚麻的例子，如果铁路公司、亚麻同属于一个主人，那么他会怎么做？要让火车不损害亚麻，可以让火车改道，不要靠近亚麻地，但无疑这样做的代价和成本相当高。所以，如果铁路和亚麻同属于一个主人，那么他当然会采用成本最低的做法，如更换亚麻种植地或者不把亚麻放在铁路旁等。

如果铁路公司和亚麻分别属于两个主人，那么毫无疑问，大多数人都认为铁路公司要赔偿农夫。但是著名的法官奥利弗·温德尔·霍姆斯（Oliver Wendell Holmes, Jr）发表了不同的观点。他认为，如果铁路和农夫的总收入和总产出不能达到最大，那么农夫可能要负一定责任。

这是站在更高的角度（第三人）看问题，铁路和亚麻都是社会的，是国家的资产和保护对象，而国家追求的是资源和价值的最大化，所以答案就是另外一个。也就是说，国家要从社会总成本的角度来看问题。正是基于这个观点，科斯才认为，火车损害了亚麻，责任可能在农夫的身上。由于谁付出的成本更低，谁就应该承担更大的责任，而农夫避免意外所付出的成本更低，因此，从社会总成本的角度看，需要改变的是农夫，而不是铁路公司。

问题在于，如果火车损害了亚麻，最后要让农夫承担责任，把亚麻种植到

其他地方，那么农夫就要付出一定的成本，这个成本由谁来承担呢？答案是铁路公司。这样一来，解决这个问题的社会总成本就降到了最低。

消费者的选择：总成本最低

从社会总成本的角度看，企业如何降低交易成本？上文提到了一个假设：所有资源的产权同属于一个人。这种情况下资源不存在交易，也就是交易成本为零，资源的配置将会达到最优。但在现实生活中哪有这种情况？在社会中，处处都有交易，有交易就有成本。

为此，科斯在 1990 年又写了一篇文章《社会成本问题的笔记》（Notes on the Problem of Social Cost）。他在文中写道：

> 我从来就没有说过现实生活中的交易费用是零。相反，现实生活中的交易费用是很高的。我想劝我的经济学同行们要放弃、要离开那个世界，不要活在那个以为交易成本是零，以为只要有一个政策，人们就能执行的社会里。你永远都要看到现实生活中的种种困难、种种障碍。

科斯认为，企业之所以出现，正是“管理协调”代替“市场协调”并降低成本的必然结果。也就是说，企业组织的交易成本低于市场组织的交易成本，所以企业才得以产生。比如，如果每个人自行扔垃圾，那么个人处理垃圾的成本很低，社会所承担的垃圾处理成本很高，而垃圾处理公司（企业组织）比个人（市场组织）处理垃圾的交易成本低得多。

科斯从社会总成本的角度出发，认为企业之所以存在，是因为它降低了社会交易成本。**如果从社会总成本的角度思考企业价值，那么不难理解，消费者之所以选择某个产品，是因为这个产品在众多选项中实现了总成本最低（所谓**

最低，都是相对的）。

比如，淘宝平台上有很多商品可供选择，而且没有中间商赚差价，商品价格更低，可以帮助消费者花费更少的时间成本和金钱成本买到更多的商品，所以成为很多消费者的选择。

再比如，消费者想买国外的优质商品，但不懂外语，等学会了外语再去国外买，那时间成本、学习成本和金钱成本都非常高。这时，跨境电商就出现了。如今消费者可以在天猫国际、京东国际等购物平台上买到自己想要的商品。

又比如，为了解决偏远地区的学生没有好的教育资源的问题，网络教育出现了。北京四中、成都七中等国内名校都开放了网校资源，便于偏远地区的学生实时和名校学生一起上课。哈佛大学、斯坦福大学等世界名校也开放了部分课程，为全世界的学生提供了享受顶尖教育资源的机会。

企业存在的目的，就是通过帮助社会降低各种交易成本，从而解决各种社会问题。让昂贵的商品变便宜（金钱成本），把遥远地区的商品运到家门口（时间成本），让复杂的事情更简单（学习成本）……这些都是降低交易成本的做法，是企业要完成的任务。

既然企业要做的是降低交易成本，那生产昂贵奢侈品的企业降低了什么成本呢？要回答这个问题，我们不妨想象一个场景：在社交场合里，判断一个陌生人是否有钱或者有身份地位最快的方式是什么？除了朋友介绍，我们基本上只能通过他的衣着配饰来判断。这时候奢侈品的作用就体现出来了。如果他的衣着配饰都是奢侈品，那么我们能很快判断出他的经济实力不俗。而从另一个角度来说，奢侈品也是某些消费者用最低交易成本快速“建立形象”的方式。

企业规模的边界由内外部交易成本决定

新的问题来了，既然企业存在的目的是降低交易成本，那么从社会总成本的角度看，全世界只有一家企业不就行了吗？事实证明不行。为什么不行？这个问题的答案和科斯的另一个观点，也就是与企业内部交易成本有关。换句话说，就是企业规模存在边界。科斯认为，企业规模的边界由外部交易成本和内部交易成本的对比确定。随着企业规模扩大，管理复杂度递增，规模产生的边际效应递减。当内部交易成本等于企业外部交易成本时，与其自己做，还不如对外采购。当内部交易成本等于或者大于外部交易成本时，增长的边际效益就是负的，企业的增长停滞不前。

企业要想发展，就要降低内部交易成本。外部交易成本越低的事情，越应该外部化；内部交易成本越低的事情，越应该内部化。也就是说，企业自己做的事情必须比市场更高效，否则就应该将业务外包出去。比如，企业可以把设计标识的工作外包出去，而不需要专门聘请一位设计师。不过，仍有很多企业养了一些成本大于收益的部门。这也是为什么经常有某些公司强调狼性文化，驱逐“小白兔”。

很多企业在规模做大之后，就开始做并购。但现实情况是，并购成功的案例少，失败的居多。在商学院里，大家会分析文化冲突、制度冲突等，究其根本原因，就是内部交易成本上升。这些企业可能只看到了外部的业务协同效应，想着如何做大做强，甚至通过并购来建立行业垄断优势。但是企业合并之后，会因为各种汇报机制、错综复杂的流程制度等，导致不同团队之间的沟通成本不断上升，从而形成“大企业病”。用科斯的观点来解释就是，随着内部交易规模的扩大，各种生产要素的调配更加复杂，经验和判断的失误也会增多，导致新增资源的使用效率逐渐降低。这就决定了企业不可能无限制地扩大到完全替代市场的作用。

为了降低内部交易成本，一些企业想了各种办法，如“海星模式”“阿米巴”“内部创客化”等。华为的主要创始人任正非在降低内部交易成本方面有非常独到的见解。他经常旗帜鲜明地反对自主创新。在具有可选择性的领域，华为更愿意采用合作伙伴的解决方案，并对合作伙伴持续优胜劣汰，吐故纳新，从而长期与业界最优秀的伙伴进行合作。

任正非说：“如果华为采取战略结盟的方式，甚至兼并收购合作伙伴，就会失去选择权，这意味着临近熵死。”① 他总是强调：“我们永远不上市，因为上市会影响我们的决策。”上市公司的决策机制一旦被资本市场绑架，内部的交易成本就会提高。

伟大的企业家都是哲学家，他们具备了哲学级、原理级的思维方式。我们只有如他们一般，拥有这种思维方式，思考为什么会有企业，才能更加理解这个世界为什么需要我们的企业。企业存在的本质就是通过降低社会交易成本，为社会解决问题。熊彼特说：“所谓经济发展，并非在于为女王提供更多丝袜，而是在于通过不懈努力，让工厂的女工们都能穿得起丝袜。”企业只有实现了综合交易成本的领先，才会被市场选中。而实现综合交易成本领先就是企业的核心竞争力。

那么问题来了，如何才能在交易成本方面实现领先？或者说，我们要如何构建这种“非我莫属”的核心竞争力？接下来，我们将开始构建能力系统。

① 任正非所说的“熵死”是一个物理学概念，源于热力学第二定律，也叫熵增定律。一个孤立系统的熵一定会随着时间推移达到极大值，系统会达到最无序的平衡态，这个过程叫熵增。最后的状态就是熵死，也称热寂。

1. 企业存在的目的，就是通过帮助社会降低各种交易成本，从而解决各种社会问题。

2. 一个社会问题最终由谁来解决，取决于谁解决问题的效率更高，也就是谁的交易成本更低。

3. 消费者之所以选择某个产品，是因为这个产品在众多选项中实现了总成本最低。

4. 企业规模的边界由外部交易成本和内部交易成本的对比确定，企业要想发展，就要降低内部交易成本。

5 如何交付价值，构建“非我莫属”的能力系统

我原本一直对“做产品就是要找到用户痛点”这句话深信不疑，但后来意识到，并不是找到痛点就有机会创新和成功，因为大多数痛点和机会并不属于“我”。如果没有解决这个问题，那么这个商业模式在一开始就无法成立。我们在谈如何交付价值的时候，实际指的是“做这件事情的人凭什么非我莫属”。

如何才能构建“非我莫属”的能力系统，是本章要解决的重点问题。我将通过如下 4 个问题展开论述：

- 到底什么是企业的核心竞争力？
- 如何构建企业独特的经营活动，从而形成核心竞争力？
- 如何构建从相对优势到绝对优势的核心竞争力？
- 未来的竞争将如何演化？

读完这章，我们将真正理解独特能力的真相，掌握构建能力系统的方法。而且，我想在一开始就指出：不要担心没有“一招制敌”的高科技技术，也不要担心缺乏某种垄断的、稀缺的资源，哪怕我们所从事的是最传统的行业，也可以构建出自己的能力系统。

跳出能力圈陷阱

创业没有足够的能力和资源，该怎么办？这个问题让大多数人一开始就不敢行动。这是典型的掉进能力圈陷阱的表现。我们只有跳出能力圈的陷阱，才能突破自己。

巴菲特的投资逻辑里有一个很重要的基本原则，就是要清楚自己的能力圈。他说："每个人都有自己的能力圈，重要的不是能力圈有多大，而是待在能力圈的范围之内。如果主板中有几千家公司，你的能力圈只涵盖其中的 30 家，只要你清楚是哪 30 家，就可以了。"

有人认为巴菲特想告诉我们的是，一定要做能力范围内的事，不懂就不要做，没有能力也不要做。但我认为这是对能力圈理论的误解。巴菲特的老搭档查理·芒格说过，"如果你不知道一种知识失效的边界，那你就不配拥有这种知识"。我想用芒格的"矛"去戳戳巴菲特的"盾"，探讨一下能力圈理论的失效边界在哪里。

我们需要回到巴菲特提出能力圈的语境。基于投资的视角，能力圈理论完全没问题。投资者必须很清楚地了解一家企业是做什么的、有什么核心竞争力、当前的价格是不是被低估了、未来的价值潜力可能有多大等，还必须看懂这家企业的财报，才能投资。这一切对投资者来说都非常合理，不懂不投，不熟不投。

但是，能力圈理论并不适用于创业者，因为创业者往往处于资源不足、能力不足的状态。对创业者而言，能力圈其实是能力陷阱。也就是说，通过长期的经验积累，我们会构建出自己的能力和思维定式，自然乐于做那些自以为很擅长的事情，最终就会一直擅长做那些事。做得越多，就越擅长，越擅长，就越愿意去做。这样的循环可以让我们获得更多的经验，但也正是因为这样，我们才更容易落入能力陷阱，而在其他方面无法突破，甚至不敢去突破。

埃隆·马斯克创建的特斯拉差点破产，创建的 SpaceX 也有好几次处在破产边缘。他一开始就拥有了造车能力和造火箭的能力吗？当然不是。他一开始甚至不具备绝大部分能力，而只有一颗野心。于是他就这样开始创业了，在一次次造车、试验火箭失败的过程中，一步步构建能力，扩大能力圈。如果马斯克也选择待在能力圈范围之内，那就会有多少钱办多少事，有多少人做多少事，而不会有今天的成就。

有人可能会说：“马斯克是异类，一般人不能与他相提并论。”其实，我们身边的任何一个创业者当前所拥有的能力、团队和资源，都不是在创业之初就拥有的，而是逐步累积的。很多创业者在多年之后，甚至连创业的方向都发生了多次转变，而且这些都不在他们原本的能力圈范围内。

未来是高度不确定的，我们现有的能力和资源都不足以完成目标。如果把现有的能力圈放在一个快速变化、充满不确定性的外部环境中，那么我们显然无法适应。为了适应变化，我们需要具备快速学习的能力。

如何才能跳出能力圈陷阱？我们需要改变对能力的认知。创业者的能力圈是在不断放大的。作为创业者，最应该具备的能力是基于对外部环境和机会的判断而产生意图，再去扩大能力圈。打个比方，一位军事指挥官在战争中为了获得一场战役的胜利，先有必须拿下一座山头的意图，基于这个战略意图，再去分析需要构建什么样的能力，接着组织军队、筹备武器、设计进攻路径和防守策略等，然后逐步构建能力，甚至边打边积累能力。

能力是优势，也是陷阱。能力不是一开始就有的，干着干着也就有了。所谓的优势也有周期，不是一朝拥有就能让人安枕无忧。能力圈一开始很小，只要跳出能力圈范围，干着干着，能力圈就大了。

不管是作为创业者，还是作为职场人，每个人都有一个当下的能力圈，但是，只有跳出去，才能逐步构建自己的核心竞争力。

什么是企业的核心竞争力

企业的独特能力就是企业的核心竞争力，是企业从市场中脱颖而出的关键。

在投资过程中，我经常问创业者一个问题："你的核心竞争力是什么？"在所有的回答中，有一个出现的频次最高，即核心竞争力是产品。其实，产品从来都不是一家企业的核心竞争力。为什么？

假如一位农妇有一只下蛋的母鸡，她把它每天下的蛋卖了，可以赚到很多钱，那么鸡蛋是她的核心竞争力吗？当然不是，那只母鸡才是。下蛋是母鸡的工作，而养母鸡是她的工作。她要关注的是母鸡，而不是鸡蛋。企业的每一个产品就像是母鸡下的每一颗鸡蛋，它只是结果，而真正的核心竞争力是原因，即企业做出好产品的能力。

一套打磨了多年的产品研发流程；一种独特的组织文化，让企业可以吸引到顶级人才加盟；一个对产品有极致追求的团队，团队成员可以自觉加班，只为了解决一个小问题……这些因素才是企业的核心竞争力。它们让企业可以源源不断地"下蛋"，创造出好的产品。只有找到这些因素，把它们提炼出来，让它们可以应用和复制在每一个产品上，企业才能找到自己的核心竞争力。

"核心竞争力"这一概念是1990年美国学者C. K. 普拉哈拉德（C. K. Prahalad）和加里·哈默[①]在《哈佛商业评论》上发表的一篇文章《公司的核心竞争力》（The Core Competence of the Corporation）中提出的。他们认为，核心竞争力是企业独特的竞争优势，它通过产品和服务给消费者带来独特的价值、效益。也就是说，核心竞争力应该是有助于企业在市场竞争中取得并扩大优势的重要源泉。核心竞争力理论和资源基础理论认为，企业必须发展那些有价值、稀缺、不易被模仿和不可替代的异质性资源和能力。

---

① 普拉哈拉德与哈默合作的巅峰之作是1995年出版的《竞争大未来》（*Competing for the Future*），曾被《商业周刊》评为年度最佳管理图书。

企业的本质是为社会解决问题，解决问题的方案就是建立价值定位，即做好产品或服务定位。围绕实现产品或服务的行动，构成独特的经营活动组合，这就是企业核心竞争力的来源，也是迈克尔·波特提出的战略定位。说到定位，你可能会想到影响力很大的杰克·特劳特的定位理论。在这里，我们有必要对特劳特的心智定位和波特的战略定位进行区分。

特劳特的心智定位是一种基于传播视角的定位；而波特的战略定位是一种经营活动的协同组合，后者不只是告诉你要成为什么，还告诉你更重要的是如何做到。特劳特的心智定位指的是品牌要在消费者心智中占领一个词，成为品类的代表。他认为消费者心智才是最终的竞争战场，这是从传播视角进行的定位，是一种基于信息不对称的宣传手法。心智定位主张品牌要成为品类第一，因为只有第一才能被消费者记住，才能占领消费者的心智。

但是，如果进入消费者心智是结果，那原因是什么？要如何做到呢？特劳特说：“要投入足够的传播资源。”“足够”意味着什么？意味着不计成本。一个新品牌，如果在创立之初不计成本地投入足够多的传播资源，那它的结果大概率就是倾家荡产，成为“沉默的大多数”。即使它能撑到最后，成为被人津津乐道的“成功案例”，也只是源于幸存者偏差。很显然，按照特劳特的理论去推理和得出的结论是有问题的。

餐饮业是特劳特的定位在中国最早的实践领域。我们不妨想想：谁是餐饮业第一？如果正好想到了心目中的第一，那么再想想自己只吃一家吗？并不是。市场的真相是，你有你的客户，我有我的客户，最重要的是找到自己的客户群体，然后做好产品和服务，去赢得目标客户。

波特旗帜鲜明地反对特劳特的心智定位。他认为，定位不是简单地定下做什么，如果只是某种单纯的定位，那么竞争对手很快就可以跟进模仿，自己的优势也会随之丧失，所以竞争优势是短暂的。比如，一家企业创立了一个新的品类，对外声称它是这个品类的领导者。不久，另外一个竞争对手发现这个市场真的有利可图，于是马上跟进模仿，但是它投入的广告更多，而且不断对外说自己才是这个品类的领导者。最后消费者只会相信广告更多的那家企业，而创立新品类的那家企业根本经不住竞争的考验。

为了进一步说明二者的区别，我们来打个比方，有个人占了一个位置好的座位，如果采用心智定位，那么他就会对外声称这个座位是自己的，可是他还没坐稳，另外一个身体较为强壮的人就过来抢他的座位，并且很轻易就把他赶走了。如果采用战略定位，那么他会用很多手段把这个座位占住。不管是用栏杆围住、筑高墙挡住，还是拿盖子盖住，总之，就是要让竞争对手无法轻易抢走他的座位。

可以说，战略定位就是用多种组合的手段和实力取得战略位置。这是一套“经营组合拳”，定位过程也是一个构建综合能力系统的过程。战略定位不只是要做对一件大事，更要做对一系列小事。

有一位财经作家曾采访吉利控股集团董事长李书福，问他如何看待特斯拉现象，也就是如何看待电动汽车行业的问题。李书福说：“特斯拉的本质不是要做汽车，汽车只是它的载体。”关于跨界造车的问题，他认为，制造一辆能够吸引消费者的车，打造一个新的概念，并不难；有一个好概念、一个简单的定位，要造出几辆车也不难；但是，要构建一整套独特的经营活动，形成一套强大的能力系统，就没那么容易了。汽车业是大规模工业，需要具备一致性、可靠性、耐久性、大规模、经济性和可持续性等，而汽车制造是一个完整的体系，里面涉及很多配套技术的应用，以及技术设施的形成，包括芯片、操作系统及网络系统等。这些环节只有协同合作，配合得非常严谨，才能完成造车任务。这套独特的经营活动可以实现 3 个结果：独特的差异化价值、实现总成本领先、让竞争对手难以模仿。

战略定位是一套独特的经营活动，是一个整体系统，不能拆开来看。当年朱元璋向学士朱升征求平定天下的战略意见，朱升说：“高筑墙，广积粮，缓称王。”这句话可以很好地概括波特的战略定位。定位不是口号，不是一招鲜，而是用一套独特的经营活动取得战略地位。

那么，如何才能让定位不停留于口号呢？波特认为，战略定位就是要做到与众不同。它要求企业家精心选择一套独特的经营活动来表达一种独特的价值定位。一个战略的成功取决于做很多事情，并且要保持它们的一致性，即所有的经营活动都必须一致服务于战略目标。

在具体讲如何构建独特经营活动的方法之前，我们先来看两个企业案例，看看它们都做了哪些经营活动来服务于品牌的价值定位。

思维训练

足力健老人鞋，构建竞争结构

足力健的品类定位是老人鞋，但如果只是在消费者心智认知意义上定位为老人鞋，那么它就会被迅速模仿，无数的老人鞋品牌就会出现。事实也是如此，目前市场上的老人鞋品牌至少有几百个。但是很显然，它们都无法跟足力健抗衡。

为什么它们都无法撼动足力健的市场地位呢？因为足力健除了提出老人鞋的定位和口号，还在以下几方面做了一些独特的经营活动。下面逐一概述。

第一，围绕消费者需求研发产品。足力健针对老人穿鞋的场景进行调研，针对老人的脚型特点和穿鞋需求进行独特研发。比如，加宽鞋面、加高鞋腰、扩大鞋内空间等，做出鲇鱼头鞋型，宽松舒适不挤脚。

第二，采取平价策略。足力健在生产端通过自主生产建立成本优势，在销售端采取了低价策略，如 10 元 3 双袜子、最低 49 元就能买到一双专业老人鞋等。这样做既让利给消费者，又形成了巨大的竞争优势，从而在一定程度上有效阻挡了新的竞争对手。

第三，款少量多，自主生产。不同于采用“款多量少”模式的快时尚品牌，足力健的产品是功能性的，核心产品系列少而精，每款产品的出货量是巨大的。通过自主投产的模式，足力健能够严格把控每一个生产细节，保证产品品质，最大程度地降低生产管理成本。

第四，极致服务。足力健强调极致服务，以半跪式服务为核心的服务模式，给消费者带来独特的体验。除此之外，足力健还打造了送货上门、包邮到家、会员优惠等服务体系。

第五，销售模式。足力健围绕超市开店，积累了大量精准客群。随着门店的快速扩张和品牌认知度的提高，超市客群逐渐成为存量市场，因而寻找新的增量也成为足力健面对的新课题。

第六，以央视为中心媒体投放广告。足力健每年都斥资数亿，在央视投放广告，广告每天播放，引导消费者购买产品。还在电梯媒体、北京卫视养生堂和其他卫视等媒体平台投放广告。足力健在广告方面的巨额投入，其实也提高了投资门槛，阻挡了竞争对手。

足力健通过一套独特的经营活动，形成了独特的竞争结构（见图 5-1），真正创造了老人鞋的差异化价值。它不仅做到了消费者心智认知意义上的定位，更在产品的研发上实现了突破。为了不断对老人鞋进行研究，足力健还创建了专业的足部研究院，针对老年人足弓塌陷、前脚掌变宽等问题进行研究，掌握了大量的老年人脚型数据，制作了拥有独家专利的鞋楦，做出了真正让消费者满意的产品。并且，它还在品类结构、生产规模、门店服务、销售模式和压倒性的广告投入上形成独特的经营模式，实现总成本领先，让竞争对手难以模仿。

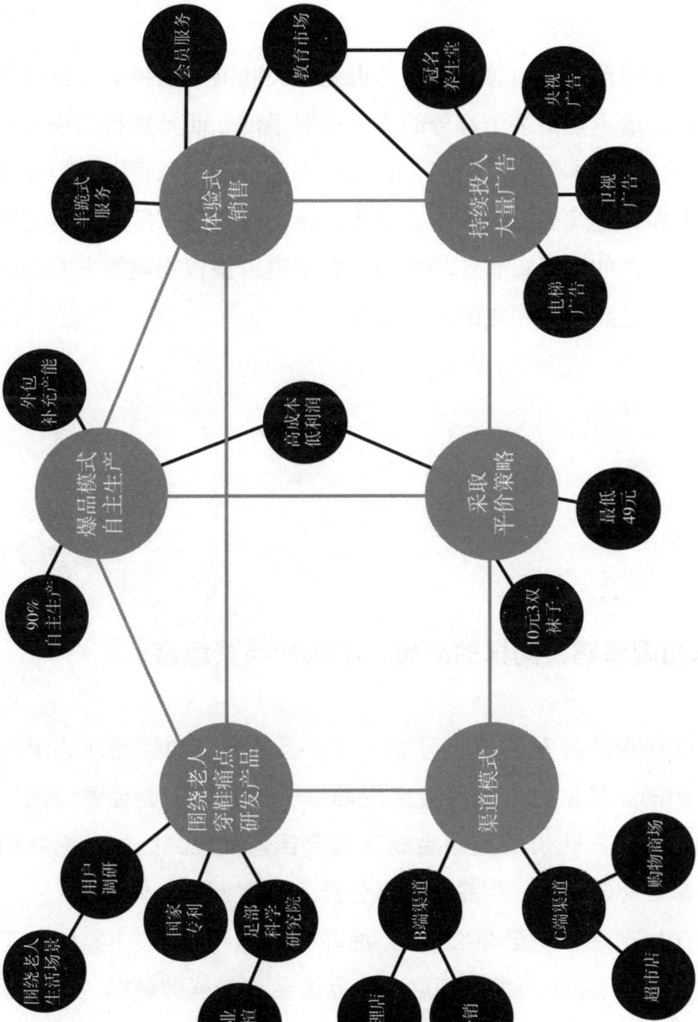

图 5-1　足力健独特的经营活动

为什么一套独特的经营活动可以让竞争对手难以模仿？波特认为，如果只有一个经营活动，那么竞争对手可能模仿到90%；如果有6个经营活动，每一个竞争对手都模仿到90%，那么6个90%相乘，最后其实也只模仿了一半（约53%）而已。

独特的经营活动组合与总成本领先也是强关联的。独特的经营活动基于独特的成本结构，这不是指某个部分的成本比对手低，而是独特的成本结构带来的总成本领先。总成本领先的公司，在某些方面可能投入巨大，但在别人成本巨大的某些方面，它几乎没有成本。比如，足力健自建工厂的成本是巨大的，广告成本也是巨大的，但它有产品优势，在渠道、销售规模等方面的成本是极低的，所以它的总成本是领先的。

思维训练

绝味和周黑鸭，同样的品类，不同的经营组合

同类企业经营的产品可能一样，但是它们的经营活动组合却可能完全不同。哪怕它们的品类定位都是一样的，只要经营活动不同，它们的产品差异化价值和综合成本就会各有差异。比如，绝味和周黑鸭虽然都做卤味食品，但是它们从生产到销售都不一样。

在生产端，截至2021年，绝味在全国布局了21家中央工厂，实现冷链生鲜24小时配送到店，产品主要是新鲜散装的，保质期3天。而周黑鸭只在武汉和河北设有两家工厂，产品自2013年以后都使用气调包装，保质期7天。

在客单价上，截至2021年，绝味的客单价为25～35元，周黑鸭的客单价为40～60元。绝味由于拥有规模优势，原材料成本较低，

因此形成了规模化的成本优势。公开消息显示，绝味每吨原材料的成本仅为周黑鸭的 70% 左右。

在销售端，绝味鸭脖的店铺大部分是加盟的，截至 2021 年末，在中国大陆地区的门店已超过 13 000 家。周黑鸭的店铺在 2019 年前都是直营的，直到 2019 年才正式开放加盟。很显然，直营体系的管理成本较高，扩张速度也会有所限制。

绝味能够快速发展加盟商得益于它早期在信息系统上的投入。在一年只有 3 000 万元利润的时候，它就投入 6 000 万元建立了企业信息化管理系统。对于加盟商的管理，绝味独创了一个由加盟商民主选举产生的加盟商委员会，实现加盟商自治管理。这些都是绝味独特的经营活动。

由于产品定位和销售组织不同，因此绝味和周黑鸭的渠道与终端布局也都有所不同。绝味已经渗透到全国所有城市和不同的销售渠道，而周黑鸭主要布局在一二线城市的机场、火车站、商场等人流量较集中的地方。

从公开财报可以得知，周黑鸭因为自营，销售价格按终端零售价格计算，毛利率较高，2021 年约为 57.78%；绝味按给加盟商的批发价计算收入，毛利率比周黑鸭低，2021 年约为 32.06%。但在整体收入上，绝味的体量要比周黑鸭大得多。截至 2021 年底，周黑鸭全年总收入约为 28.7 亿元，净利润约为 3.42 亿元；绝味全年的总收入为 65.49 亿元，净利润为 9.81 亿元。

通过对绝味和周黑鸭进行对比分析，我们可以看到，哪怕同属一个赛道，品类定位都是做卤味，它们的经营活动组合也是完全不同的。当然，这个对比不是要评价谁更优秀，两家企业发展阶段不同，各有特点和优势，也各有壁垒。

医生问诊模型，如何构建独特的经营活动

前面两个案例中提到的企业，其实都不处于所谓的高精尖行业，它们所处的行业很难用一种独特的技术或者资源来垄断市场。从核心竞争力的角度看，什么才是有价值的、稀缺的、不易被模仿和不可替代的异质性资源与能力呢？一套独特的经营活动。那么，要如何设计一套总成本领先、让竞争对手难以模仿的经营活动呢？

所有经营活动的设计，都必须和战略目标一致，服务于最终目的。任何与战略目标无关的动作都是废动作，这是设计经营活动的整体指导方针。我们需要把这个指导方针当成一个路标，不断从中获得反馈，才能不偏离方向。首先，要思考设计哪些经营活动来达到战略目标。在这个层级还谈不上竞争，而目标应是让企业活下来，要形成把产品和服务做出来的能力。其次，要构建竞争优势，占领战略制高点。产品和服务做出来之后，如果市场反响非常好，那么很快就会有新的竞争对手出现。竞争对手可能是本行业的巨头，也可能是新的进入者。这时该如何构建竞争优势，占领制高点？

接下来我想用一个模型来详细讲解制定经营活动的方法和路径，为了便于理解，我称之为“医生问诊模型”（见图 5–2）。

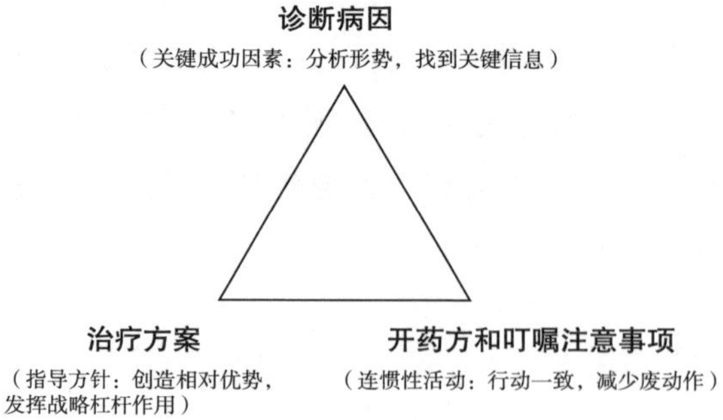

图 5–2 医生问诊模型

对于来就诊的人，医生并不会马上给他开药，而会先诊断病因，可能还会让就诊人去拍片、抽血等，才能诊断出病因。确认病因之后，医生需要给就诊人制订治疗方案，轻症就采取药物治疗，重症可能会进行手术治疗。制订好方案之后，医生还需要控制执行过程、制订各种预案，以及叮嘱就诊人一些注意事项。

医生看病的过程就是一个围绕战略目标设计经营活动的过程，其中包含 3 个核心环节：一是分析当前形势，找到关键问题，制订确定关键成功因素（诊断病因）；二是制订指导方针扬长避短或创造相对优势，以应对可能面临的困难和挑战（制订治疗方案）；三是采取一系列连贯性动作（开药方和叮嘱注意事项）。接下来，我们来逐一拆解这 3 个环节。

关键成功因素：分析形势，找到关键信息

我们每天都有各种想法、各种创新、各种玩法。有想法当然好，但是想法太多反而不好。由于我们的资源和精力都是有限的，因此，设计经营活动时，要确定和选择做什么、不做什么、先做什么、后做什么等。

很多创业者认为自己有某些资源、某些能力、某些社会关系等，似乎只要拥有了这些，就可以实现预先设定的战略目标。**其实，创业者有什么资源和能力并不重要，重要的是实现战略目标需要什么样的资源和能力。**就算有再好的资源和能力，如果都派不上用场，那也只是好看的摆设罢了。

为此，我们需要确定的是：实现战略目标需要哪些关键成功因素。关键成功因素指的是对成功实现目标起关键作用的因素。一套系统中总存在着多个变量，会影响系统目标的实现，其中若干个因素是起关键和主导作用的。通过识别关键因素，可以找出实现目标所需的关键信息集合。如何识别关键成功因

素？用关键成功因素分析法[①]。

从行业的角度看，任何一个行业的兴衰都离不开行业上下游的效应影响。我们经常说外部环境具有不确定性、变化性，其实说的是行业的构成要素可能发生变化，产业链的上下游效率也可能出现变化。当外界环境发生重大变化时，产业链对企业的影响非常大。吞噬企业利润的往往不是竞争对手，而是产业链上下游的其他企业。

产业链的本质是上下游关联企业之间的行业价值链。通过对行业价值链进行分析，企业可以找到自己在行业价值链中的位置，评估同一价值链上其他企业的整合程度可能对自己造成的威胁。从行业价值链的角度出发，我们可以把产业链的类型分为开放型和封闭型。

开放型产业链指的是所有企业都可以通过公开渠道获得这个行业的要素。比如服装行业，这个产业链上下游的棉花、纺织、印染、面辅料、加工等所有要素，都可以被任何企业获取。在开放型产业链上，关键成功因素就是那些稀缺资源，如产品设计、品牌营销、销售渠道、供应链资源等。再比如手机行业，抛开技术上“卡脖子”的问题，它的产业链也算是开放型，任何一家手机工厂都可以采购到一部手机所需要的任何零件。相比之下，在这个行业里，供应链就是稀缺资源。锤子手机曾掌握很多资源，如产品设计、营销能力等，但是在供应链上掉了链子。这意味着它没有掌握行业稀缺资源，也就缺少了关键成功因素。

封闭型产业链就是那些得到政策支持或者拥有独家资源的行业的产业链。比如从事医药研发生产的企业，需要经过省级和国家药品监督管理局审批并取得相关资质，这种资质无法在市场上轻易获得。再比如金融行业、石

① 关键成功因素分析法（Key Success Factors，KSF）是信息系统开发规划方法之一，1970 年由哈佛大学教授威廉·扎尼（William Zani）提出。它指的是通过分析找出企业成功的关键因素，围绕这些关键因素来确定系统的需求，并进行规划、构建能力。

油行业、通信行业等，它们的产业链都属于封闭型。在封闭型产业链上，关键成功因素就是独家资源，这些独家资源也是相关企业的核心竞争力。比如一家生产阿胶的企业拥有市场上大部分的驴皮，而驴皮是阿胶的核心原料，所以这家拥有独家资源的企业拥有核心竞争力。

总而言之，创业者有什么资源不重要，重要的是实现战略目标需要什么样的资源和能力，如何创造条件拥有它们。

指导方针：创造相对优势，发挥战略杠杆作用

指导方针虽然具有指导意义，能够指导人们朝着某个方向行动，却没有明确界定行动内容。就像高速公路上的各种指示和标识，它们指引我们前进的方向，约束我们的行为，但是并不会具体告诉我们要如何开车、应该开什么车。

再来看看我们前面提到的足力健的例子，这家企业通过调研分析发现了老人穿鞋的痛点，提出了老人鞋的价值定位，确定了关键问题，并找到了成功的几大关键要素，即产品、营销、渠道和供应链。针对这些关键要素，足力健如何制订整体的指导方针呢？首先，围绕老人穿鞋的痛点研发产品，确定款少量大的爆品模式；其次，确定“B 端渠道 +C 端超市终端”的渠道模式；再次，在营销上采取平价策略和持续性压倒式的广告投放策略；最后，通过自主生产构建强大的供应链能力。至于这些方案的具体实施，则不是这个阶段要做的事情。

企业在制订指导方针时，确定的是整体经营活动的方向，界定范围，即哪些业务一定要做、哪些业务绝对不做。至于在哪些城市开店、开多大的店、人员如何培训、加盟商如何管理、在哪个电视台投放广告等，都是下一阶段要做的事情。一个好的指导方针应具备以下两大核心特征。

一是扬长避短，即通过创造优势因素或者利用现有的优势因素来克服所面临的困难。一些企业在谈论核心竞争力时，总是迫不及待地把自己的竞争优势和盘托出，如更低的成本、更好的品牌、研发能力、经验、大客户等。这些当然都是竞争力的来源，但是不代表竞争优势。

任何优势都是相对的，它取决于企业在行业中所处的位置和对手，用一句话来形容就是以己之长攻彼之短。比如，京东跟淘宝竞争，如果比商品数量、商家数量、价格，那它肯定比不过淘宝。于是京东采用了创造差异化优势的策略，利用自建物流和正品优势，与对手比更快、比正品。

京东的这两大优势是对手无法快速赶超的，原因有二：首先，物流建设是一个需要时间的工程，不是用钱和人就可以马上堆出来的；其次，京东店铺采用“自采 +B2C”模式，商品品质有保证，弥补了 C2C 和 B2C 模式的短板。京东用自己的优势和竞争对手的缺点相对比，创造了相对优势，避开了正面竞争。

二是发挥战略杠杆作用，找到最佳发力点，创造高势能。比如，特斯拉汽车刚进入中国的时候，面临的第一个问题就是如何才能高效渗透市场，让更多人知道自己的品牌。面对这个问题，传统的汽车品牌可能会举办一个发布会，或者参加车展，邀请各大媒体来报道、发布广告，然后通过 4S 店去销售。但是特斯拉采取的策略是找当时中国最有影响力的互联网科技产业领军人物，如时任汽车之家总裁的李想、时任 UC 优视董事长兼 CEO 俞永福等，来为品牌背书。埃隆・马斯克甚至亲自到中国来交钥匙给首批车主。特斯拉通过这些互联网科技产业的高势能人群来影响更多的人，发挥强大的战略杠杆作用，产生了轰动效应。

我们没有一个绝对的标准来衡量一个指导方针是不是唯一的好方针，或者是不是最好的方针。但是，如果没有指导方针，就没有行动准则可以遵循。好的指导方针可以指导企业将主要精力集中到某个或某些关键性经营活动上，指导决策层做出连贯性决策，采取连贯性动作。

连贯性活动：行动一致，减少废动作

永远不要在非战略机会点上消耗战略资源。任何和战略目标不一致的行动，都是浪费资源。**企业在设计具体经营活动时，应该注意各个经营活动的连贯性，即指导方针、资源配置及具体的执行应该协调一致。**但是很多企业的日常经营活动和战略却往往出现偏差，比如神州专车曾经让司机给乘客讲笑话，这就是一个废动作。

在网约车的早期发展阶段，我们经常听到有关安全问题的报道，特别是女乘客的安全问题屡见报端。在此情况下，神州专车开始大打安全牌，满足了很多用户对安全的诉求。神州专车围绕“安全专车”这个价值定位构建了一系列经营活动，如定期保养车辆、使用车况良好的自购车辆、招募技术好无犯罪记录的专业司机、送每位乘客价值百万的意外保险等。通过一系列围绕“安全”的连贯性活动，神州专车构建了“安全专车”的核心优势和竞争壁垒。

为了给乘客提供良好的乘车体验，神州专车给乘客准备了纸巾、雨伞、Wi-Fi 等。这些都能给它的口碑加分，但让司机讲笑话的服务却引来很多乘客的不适和抱怨。首先，司机开车讲话就是一个安全隐患；其次，司机不是脱口秀演员，不是每个司机都有幽默感、适合讲笑话，讲得不好反而会很尴尬；最后，神州专车的价值定位是“安全”，讲笑话这个动作和价值定位没有一致性，这是一个废动作。

步步高创始人、OPPO 投资人段永平讲过一句话：“做企业如跳水运动员，动作越少越好。” 我认为这句话包含两个层次的含义：第一层，动作少意味着力量要强，要做核心动作，要创造差异化优势，要发挥杠杆力量；第二层，动作要连贯，不要做跟价值定位无关的废动作。

核心竞争力需要通过一套独特的经营活动来构建。从建立价值定位到建立经营活动组合，是从 0 到 1 构建商业模式的过程。这个过程的核心就是创造差异化的产品和服务，做最关键的动作，用最低的成本发挥最大的杠杆势能。做到这些，才能建立起相对优势，进入竞争无人区。然而，就像熊彼特所说“任何创新都有红利期”，这个无人区的红利期也是短暂的，任何一个市场，只要有利可图，就会有竞争者进入，如果企业无法形成绝对优势，就会逐渐被市场淘汰。

接下来，我们需要构建从相对优势到绝对优势的核心竞争力。

从相对竞争优势到绝对竞争优势

有一部电影叫《鸣梁海战》，讲的是 1597 年发生在朝鲜鸣梁海峡的一场海战。在这场海战中，朝鲜三道水军统制使李舜臣指挥水军，击退数量和装备远胜己方的日本水军。这场海战的胜利被朝鲜称为“鸣梁大捷”。

单从双方的装备和实力看整体战局，几乎没人对朝鲜舰队抱有任何希望。敌人拥有碾压性的实力，朝鲜舰队可以说是抱死一战。但是李舜臣发现了己方的关键优势：战舰质量好，水军作战经验丰富，训练有素，对本土环境更熟悉，单舰作战能力很强。他很清楚优势是相对的，所以要尽快找到最大化发挥单舰作战能力的方法，以此来削弱敌人的优势，限制敌方的规模优势。

他发现了一个可以发挥己方优势的地方，就是鸣梁海峡。如果能把日本舰队引入这个区域，那就可以发挥朝鲜舰队两方面的优势：一方面，该地水流湍急，一般的战舰无法通行，但朝鲜的舰队在这样的环境中训练了无数次，早就适应了；另一方面，此地通道狭窄，无法发挥规模优势，朝鲜舰队就可以创造出一对一的作战机会，发挥单舰作战能力，逐舰击破敌军。最终，朝鲜舰队利用有利的环境和自身优势，以弱胜强，击败了数量庞大的日本舰队，创造了奇迹。

我们都懂得扬长避短的道理，但是商场如战场，竞争对初创企业来说更残酷。在行业巨头林立的市场中，初创企业，不仅毫无优势可言，还可能因行业巨头迅速跟进而失去好不容易拥有的一点创意小优势。所以，作为创业者，我们需要经常问自己：“如何设计一个战略，最大程度地发挥自己的优势，并且让自己的劣势变得不那么重要？如何将这种优势持续下去，使之成为一种绝对优势？”

三种竞争关系

鸣梁海战的胜利让很多人以为，只要有足够的谋略和奇谋巧计，就能发挥优势，获取胜利。但事实是，在这场海战后，李舜臣在衡量地势和局势后决定暂时撤退。日军最终达到了占领朝鲜水军基地的战略目的。从这场海战最终的结果来看，实际上是日军获得了胜利。

不管是战场还是商场，“不谋万世者不足谋一时，不谋全局者不足谋一域”。如果不能从长远的角度去谋划，那么一时的聪明是短视的；如果不能从大局的角度去谋划，那么即使治理好一个区域，也是片面的、微不足道的。

《战争论》（*On War*）的作者、著名军事家卡尔·闲冯·克劳塞维茨（Carl von Clausewitz）说：“所有的会战都是为了最后的决战。” 战略竞争的目的最终还是要从创造相对优势转为构建绝对优势，而我们要做的就是从长远的、全局的角度去思考企业所处的行业环境及竞争态势，通过相对优势创造差异化的价值，通过核心竞争力构建持续的绝对竞争优势。

迈克尔·波特在1979年提出了非常著名的波特五力分析方法，由此形成了一个模型（见图5–3）。它是一种竞争战略分析方法，从行业价值链的视角来分析企业所处的市场环境和竞争态势，并为企业构建竞争护城河提供分析方法论。

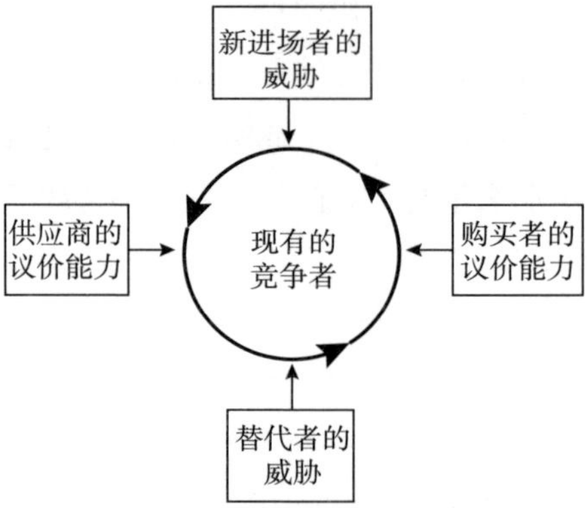

图5-3　波特五力模型

我根据不同的竞争态势把其中的5种竞争要素分成了3种竞争关系。

第一种竞争关系是两个水平的博弈关系，也就是供方和买方的关系。

当供方所提供的产品价值在买方产品的总成本中占有较大比例时，对买方产品的生产过程非常重要；当供方所提供的产品严重影响买方产品的质量时，供方对买方潜在的议价能力就会大大增强。

举个例子，电脑显卡的配置越高，图形处理效果越好，玩游戏时就没有卡顿，所以显卡的配置是消费者（特别是游戏玩家）在挑选电脑时首先考虑的要素之一。

从产业链的角度看，显卡制造商是PC制造商的供应商。我们以英伟达和联想为例，前者是全球知名的显卡制造商（供方），后者是国内老牌PC制造商（买方）。英伟达以强大的图形处理器（Graphics Processing Unit，GPU）著称，其 GPU 可以安装在多家 PC 品牌的电脑上。而联想可选择的显卡供应商很少，因为全世界的 GPU 基本被英伟达、AMD 和英特尔垄断。2022 年，英伟达的GPU在全球显卡市场中占有超过80%的份额。可以看出，对PC制造商来说，显卡供应商的议价能力非常强。换句话说，联想（买方）对显卡供应商的议价能力非常弱，基本上没有谈判空间。

第二种竞争关系是三个垂直竞争关系，也就是新竞争进入者、替代者的威胁和当前产业竞争者之间的关系。

新竞争进入者属于潜在竞争者，它在给行业带来新生产能力、新资源的同时，也会与现有企业发生原材料与市场份额的竞争，最终导致行业中现有企业盈利水平降低，甚至有可能危及这些企业的生存。这方面典型的例子就是苹果公司。在 2007 年 iPhone 出现之前，诺基亚在全球手机市场上还处于无可争议的霸主地位，2006 年全年净销售额创下约 411 亿欧元的历史记录。然而，在 iPhone 出现后的短短 4 年内，诺基亚就失去了全球手机销量第一的地位。

替代者指的不只是本行业有同样功能的其他产品，还包括一切效率更高的解决方案。比如，19 世纪之前的欧洲以马车为主要交通工具，那时候人们对马车的新需求是希望马车跑得越快越好。为了满足人们的需求，养马人不断地改良马的品种，给马喂优质草料，想方设法让马跑得快一点。但对养马人来说不幸的是，汽车被发明出来了，马车逐渐变成了古董。养马人的错误在于以为只要线性地提高产品的性能，就可以让产品长盛不衰，而没有注意到替代者的威胁。在技术为全行业赋能的当下，企业必须对科技有充分的、全局的了解，才有可能避免被替代者突然取代。当然，对企业来说，最好的替代者就是革新后的自己。

水平竞争与垂直竞争都是影响一个行业或企业的外部因素。那么，什么是影响企业的内部因素呢？**答案就是第三种竞争关系，即产业竞争者之间的关系。**

我们一直强调企业要建立自己的护城河。无论是行业壁垒，还是技术壁垒，都可以成为企业的护城河。如果一个行业的进入门槛低，行业内势均力敌的竞争对手众多，同行竞争者提供严重同质化的产品和服务，那么身处其中的企业基本上就只能靠“烧钱大战”来解决问题。典型的例子有当年的优步、滴滴、共享单车和社区团购等。打铁还需自身硬，一家企业要想不被取代，就要提高自己的绝对竞争实力。

根据对波特五力模型中 5 种竞争力量的讨论，我们可以将自身的经营与竞争力量隔绝开来，努力从自身利益需要出发，影响行业竞争规则，先建立相对优势，占领有利的市场地位，再发起进攻性竞争行动，来对付这 5 种竞争力量，增强自己的市场地位与竞争实力，最后形成绝对优势。

然而，很多人对波特五力模型有误解，他们只是简单地套用模型，而不理解其真正的内在逻辑。他们的误解主要有：第一，认为这 5 个作用力单独存在、互不关联，购买者、供应商、替代者和竞争者只在各自领域产生作用和影响；第二，认为这个模型只对大公司有用，只有大公司需要防范竞争者、替代者和潜在进入者；第三，把五力模型当成一个预测模型，认为它的作用是预测未来竞争趋势。由于存在这些误解，因此很多人认为，波特五力模型过时了。但是，事实并非如此，原因如下。

第一，任何企业都处在一个行业价值链里的某个位置，价值链里上下游的企业实际上互相依赖、互相影响，而不是单独存在。供方和买方彼此需要、互相依赖，他们之间的议价实际上不是竞争，而是博弈。

第二，波特五力模型并不是只针对大公司。其实，不管是大公司，还是小公司，都应该清楚地认识到自己在整个产业价值链里所处的位置，自己也可以是别人的替代者或潜在进入者。只有清楚地知道自己的位置，才能知道应该扮演什么样的角色，采取什么样的独特经营活动。一家工厂（供应商）可能在某一天摇身一变成为购买者，原本的客户（购买者）可能为了降低成本或提高品质而自建工厂（供应商）。这种情况已经很常见了，有很多代工厂走上了打造自主品牌之路，也有很多品牌商为了提高竞争壁垒而渗透到全产业链。

第三，波特五力模型并不是一个单纯分析当前状态的静态模型，与其说它是用来做预测的，不如说它是用来思考未来不变的规律的。这 5 种作用力综合起来，决定了一家企业在某个产业中的竞争力、综合成本及盈利能力。这 5 种作用力随着产业的不同而不同，随着产业的发展而变化。

从竞争关系到竞合关系

波特五力模型只讲了 5 种类型的竞争博弈，却没有讲合作，其实这是不全面的。

著名经济学家拜瑞·J. 内勒巴夫（Barry J.Nalebuff）与亚当·M. 布兰登勃格（Adam M. Brandenburger）在合著的《合作竞争》（*Co-opetition*）一书中提到，传统的商业战略大都注重竞争，而忽视了互补，如果缺少互补，那么公司就不得不和别人合作来创造互补。如何通过合作来形成互补呢？

如果一种产品或服务能够让另一种产品或服务更具吸引力，那么这两种产品就可以被称为互补者。在合作竞争价值链中，商业活动的参与者分别扮演 5 种角色（见图 5–4）。这 5 种角色以公司自身为核心，纵向看是顾客和供应商，横向看是竞争者和互补者。竞争和互补关系在这 5 个参与者之间始终有所体现。

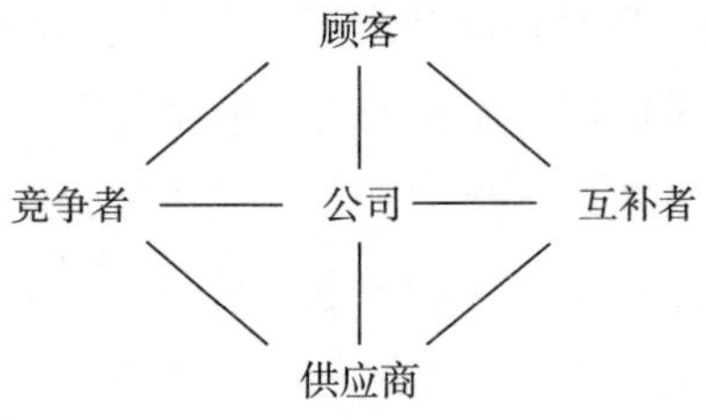

图 5–4　合作竞争价值链

互补对于商业成功有多重要？我们回顾一下过去的成功案例。在 20 世纪，汽车是一种很贵的商品，消费者即使想买也没有能力马上支付全款。于是银行和信用机构充当了汽车公司的互补者，贷款给消费者，让他们有钱购买汽车。但汽车贷款不是那么容易得到的，于是通用汽车公司在 1919 年成立了通用汽车票据承兑公司，福特公司在 1959 年成立了福特汽车信贷有限责任公司，让汽车消费者可以更方便、更容易获得贷款。

这样做的好处显而易见：便捷的贷款服务方便更多消费者购买汽车，而汽车购买需求的增长又促进了福特公司和通用汽车公司的贷款业务增长。在相当长的一段时间里，福特公司从贷款中赚的钱比制造汽车的盈利还要多。

互补性思维也可以用来解释一些商业失败的原因。比如，索尼在 1975 年推出的 Betamax 格式录像机，一度独占录像机市场。没过多久，日本杰伟世公司研发了 VHS 格式录像机。虽然 Betamax 格式录像机在某些技术方面比 VHS 格式录像机更强大，但是可供 Betamax 格式录像机使用的影片太少。最后索尼落败，市场份额被杰伟世公司占据了 60%。如果索尼可以引入一些内容商作为互补，而不是靠自己购买影片，那么 Betamax 格式录像机或许不至于是后来的结局。

今天，互补在商业活动中甚至比竞争来得更重要。特别是在新兴的行业中，面对既得利益者，新进入的创业者选择互补性合作可能比竞争的胜算更大。互补性思维就是想办法把市场做得更大，而不是与竞争者争夺现有的市场。

这很好地解释了特斯拉为什么在 2014 年将自己所有的电动汽车制造专利免费给其他企业使用。当时新能源汽车在北美的市场份额只占 1% 左右，马斯克很清楚，新能源汽车的对手不是同行，而是传统的燃油汽车。要想与燃油汽车争夺市场，就要尽可能地让更多企业参与进来，使电动汽车技术得到广泛应用。而且，作为其核心技术之一的充电系统是一个社会化的工程，单凭特斯拉一己之力，是不可能完成充电网络布局的。所以特斯拉选择开源自己的专利技术，尽可能地聚集更多的新能源汽车开发者，从而使整个新能源汽车产业被市场认可，进而使自身获得更广泛的增长空间。

在当时的情况下，对特斯拉来说，其他新能源汽车制造商既是竞争者，又是互补者。这就引出了竞争者和互补者更深层的关系：竞争者有时候也兼具互补者的角色。事实上，我们很难将竞争者、互补者、顾客、供应商完全割裂开来，竞争者可能在某种情况下变成互补者，供应商也有可能变成竞争者。在这条价值链中，一个角色兼具几种身份很正常。

一般来说，如果顾客同时拥有企业 A 和产品，所获得的价值比单独拥有企业 A 的产品高，那么企业 B 就是你的互补者。比如，汽车保险公司就是汽车制造商的互补者。反过来，如果顾客同时拥有企业 A 和企业 B 的产品，所获得的价值比单独拥有企业 A 的产品要低，那么企业 B 就是企业 A 的竞争者。

传统的定义认为，竞争者就是企业所在行业里的其他企业。但是如果按照上面所说的方法来确定竞争者和互补者，那么产业界限就会变得无关紧要。所以企业需要从消费者的角度出发，去思考自己的产品价值所在。比如，客户需要更加便捷的资金交易方式，银行需要从客户角度出发提供相应服务，否则那些致力于开发电子货币、联机转账之类的互联网公司最终会成为它的竞争者，尽管它们所处的行业根本不同。

在强强合作的时代，我们更强调用长板与其他长板对接，共拼一只新的木桶，因此互补的力量显得尤为重要。竞争固然存在，但用长板对接长板，合作共赢，才是创新浪潮最大的特点。

竞争正在演化，我们要如何构建面向未来的核心竞争力呢？

从竞争优势到生态优势

通常，传统的战略框架逻辑背后有两个重要的假设。第一个假设是零和博弈。因为核心资源非常稀缺，所以企业必须争夺核心资源以创造竞争优势，从而获得竞争地位。这种争夺体现在与竞争对手的关系上，就是短兵相接、互不相让；体现在与上下游合作伙伴的关系上，就是要提高谈判力量，争抢利润池中更大的份额。第二个假设是强调对内部资源的占有和控制。普拉哈拉德和哈默在提出核心竞争力概念时，把它定义为“组织中的积累性学识，特别是关于如何协调不同的生产技能和有机结合多种技术流的学识”。可见核心竞争力是内生的。也就是说，在传统的战略框架下，竞争优势来源于企业在价值链上所占有的资源和地位（见图 5–5）。

关于核心竞争力，京东原首席战略官、长江商学院原副院长廖建文提出了不同的看法。他认为核心竞争力有两个局限：一是核心竞争力具有单一性，一家企业没办法在价值链的方方面面都形成可持续的竞争优势；二是核心竞争力往往会变成核心刚性，由于核心竞争力需要系统性的组织体系来支撑，因此，当行业发生变革时，核心竞争力越强的企业改变起来越困难。

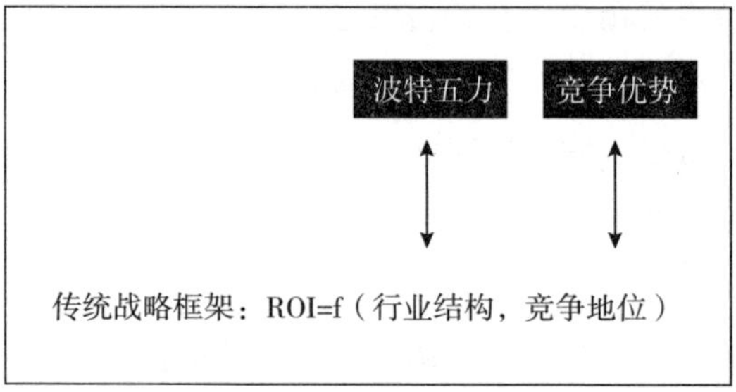

图 5–5　传统战略框架下的竞争优势与利润来源

资料来源：廖建文，2016。

比如，在大工业时代，产业结构在相当长的时间里保持稳定，消费者的诉求也相对单一，企业核心竞争力的局限表现得不突出。但随着移动互联网和智能硬件的普及，产业环境和消费者需求都发生了巨大变化。核心竞争力的单一性和刚性问题成了主要矛盾，企业仅仅培养核心竞争力已经不够了，还要注重打造生态优势。也就是说，企业不光需要积累内部资源，还要管理外部关系，要与那些有别于自己的企业和个人在相互依赖、互惠的基础上形成一套价值循环系统，从而打造出生态优势。

生态优势强调共赢，要把“饼”做大。比如亚马逊 Kindle，虽然其主营业务不是出版，但是与它合作的优秀出版商的电子书下载量大，也会提高 Kindle 的影响力。具有生态优势的企业能够灵活地组合不同企业的核心竞争力，适应不断变化的环境，形成协同并放大竞争优势。

不过，生态优势并不能替代竞争优势，二者是平行的概念。竞争优势主内，直接影响企业的竞争地位。生态优势主外，追求的是跟外部资源产生连接。所以，竞争优势和生态优势解释的是企业核心竞争力的不同维度。从生态视角来看，企业优势与利润来源（见图 5–6）。

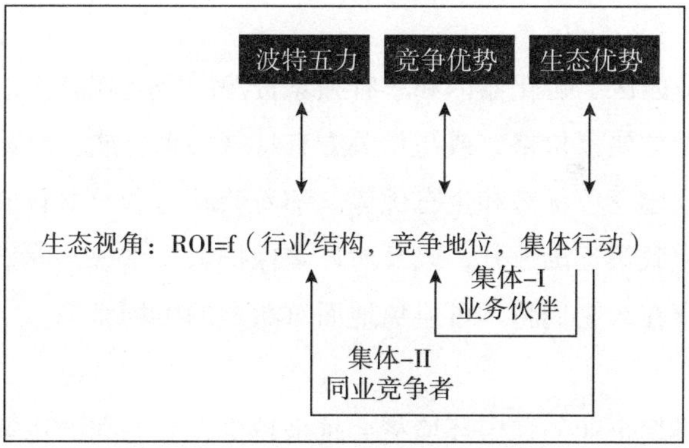

图 5–6　生态视角下的企业优势与利润来源

资料来源：廖建文，2016。

那么，如何判断企业的核心竞争力呢？可使用一个判断工具，即企业的优势矩阵（见图 5–7）。根据企业的优势矩阵，可以把企业划分为熊猫型、猛虎型、蚁群型和狼群型。我们分别来看看这 4 种类型企业的特点。

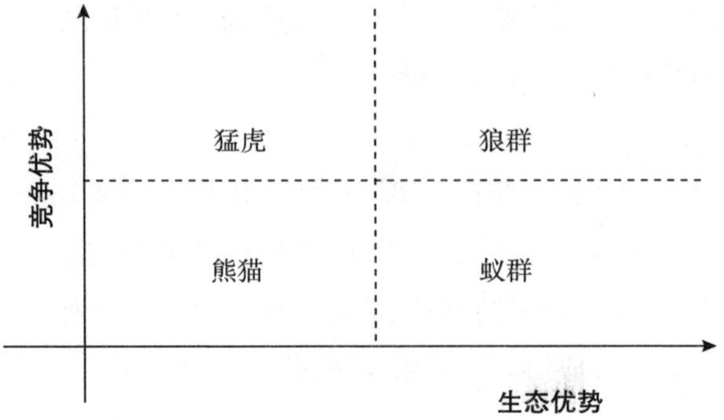

图 5-7 企业的优势矩阵

资料来源：廖建文，2016。

缺乏竞争优势和生态优势的企业属于熊猫型企业。它们拥有的核心资源比较弱，也没办法调动其他合作伙伴的资源，通常只能依靠低廉的劳动力成本、政策保护等因素来求生存。

一些产业园区、孵化器内和享有独家资源的企业就属于这种类型。它们的生存依赖较低的要素价格，或与相关方有特殊关系，或受政策保护，但其实并没有真正建立起竞争优势和生态优势。随着劳动力和原材料成本上升，市场趋于透明，准入政策逐渐放开，以及对环境保护愈加重视，熊猫型企业的“保护罩”将不复存在，它们将不可避免地面对激烈的市场竞争。

适合熊猫型企业的稳定环境将会越来越少，企业间的竞争会越来越激烈，产业结构的变化也会越来越频繁。所以，熊猫型企业要思考如何构建自己的竞争优势。

有核心竞争力但缺乏生态优势的企业属于猛虎型企业。猛虎型企业能在既定的轨道上不断创新，实现突破。然而，当产业发生巨变时，它们会面临相当大的挑战。比如，当年无线网络普及后，索尼作为电子消费品领域的领先者，推出了电子书阅读器和 MP3，但最后却被亚马逊的 Kindle 和苹果 iPod 打败。

原因是亚马逊和苹果跟内容提供商一起构建了生态圈，而索尼公司固守硬件设计和工艺，不善于构建生态圈，只能在竞争中落于下风。

可见，猛虎型企业要学会利用自己的竞争优势建立生态网络，这样才能持续发展。

核心竞争力较弱而生态优势较强的企业属于蚁群型企业。它们就像蚁群一样，对生态圈伙伴有强大的号召力，善于调动和利用外部资源。

当新技术使产业融合、跨界合作频繁的时候，蚁群型企业会很有优势，甚至比核心竞争力强的猛虎型企业还厉害。但从长期来看，产业环境的变化是间歇性的，在相对稳定的阶段还是要依靠核心竞争力。所以，蚁群型企业要学会充分利用自己所在生态圈的力量来发展竞争优势。

同时具备竞争优势和生态优势的企业，属于狼群型企业。狼群型企业不仅拥有较强的核心竞争力，而且善于调动和利用外部资源。环境变化越来越快，越来越要求企业具有狼群的特征。

未来的竞争正在不断演化。我们应该从现在开始就构建面向未来的核心竞争力，将与其他企业之间的竞争关系转变为竞合关系，将自身的竞争优势升级为生态优势。

未来的竞争，是用户价值的竞争

从古至今，商业战争论都特别盛行，人们常常把战争作为商业竞争的基本隐喻，提倡从战争的角度理解商业竞争，以军队管理的视角看待企业管理。正如法国诗人保尔·瓦雷里（Paul Valery）所说，我们不得不经常使用比喻，但在比喻与事实之间不假思索地画等号是愚蠢的。随着商业环境和竞争格局的变化，人们逐渐意识到，从战争的角度理解商业竞争是有缺陷的，因为商业竞争关系开始走向竞合关系。

于是，有人把商业竞争比作竞技运动，用球队来比喻企业。企业之间的关系从战争走向了和平，战争没有赢家，但竞技参与者可以相互促进成长。在“战场”上争斗的企业，以“运动员”的身份竞技。在这种去身份化、去战争化的竞争中，每个参与者都展现了自己的技能，优胜者得到的不是被击败者的财产，而是被击败者的祝福和尊重。

在工业时代，参与竞争的企业不多，产品生命周期长。在这种环境下，产品和服务的价值是单一而固定的，消费者的需求在质和量上基本没有太大变化。这样的市场对企业来说只是存量，而不是增量。存量市场中的竞争很容易使企业的目光集中在对手身上，而不是集中在消费者身上。因为在存量市场里，商业竞争是一种零和游戏，不赢就意味着输，获得市场份额的唯一方式就是吃掉对手的份额。战争的逻辑由此成为商业竞争的逻辑。

然而，随着知识社会的到来，知识代替土地成为财富的基础和资源。知识与土地最大的不同在于，知识并不是存量资源，人均知识占有量会随着分享人数的增加而增加，会从存量变成增量。这就意味着知识资源会越来越多，产品生命周期将大大缩减，新的需求会随着新产品的推出而产生，一个个新的增量市场会层出不穷地被创造出来。这时，对既有产品市场份额的争夺就显得没有必要，甚至是荒谬的，因为耗费巨大的精力和时间抢夺的市场，可能很快就无人问津。

商场不再是战场，商业竞争的裁判者不是赢家，而是被企业忽略的用户，唯一的输赢裁判标准是用户价值。如果你的眼里只有竞争对手，你就会找不到自己；如果你的心里装的都是用户，那你的周围将充满机会。

1. 不管是创业者，还是职场人，每个人都有一个当下的能力圈，但是只有跳出去，才能逐步构建核心竞争力。

2. 独特的经营活动组合就是企业核心竞争力的来源。

3. 利用波特五力模型，先建立相对优势，占领有利的市场地位，再发起进攻性竞争行动，增强自己的市场地位与竞争实力，最后形成绝对竞争优势。

4. 从竞争优势到生态优势，构建面向未来的核心竞争力。

5. 判断企业的核心竞争力的工具：企业的优势矩阵。

6 价值循环系统环节 3，获取价值

获取价值的本质：通过创新获取利润

迈克尔·波特说："竞争的目的，不是为了打败对手，而是为了获得利润。"从客户那里获得多少利润是衡量一家企业是否有独特价值和独特能力的标准。一家企业如何才能最大化地获取利润？熊彼特在《经济发展理论》中的观点给出了答案：创新，只有创新才能获得企业家利润。这是从起点、本质的角度对获取价值的解释。**只有创新者才称得上是企业家，企业家通过创新获取利润，这就是获取价值的本质。**

经济为什么会发展？这是《经济发展理论》研究的主要问题。熊彼特认为，经济本身是不会发展的，经济发展是经济以外的现象带来的，这种现象就是企业家的创新。"创新"这个词太普通，普通到每个人好像都懂，但是我说的创新可能完全不一样。接下来我们尝试甚于熊彼特的理论指导来回答如下 4 个问题：

- 到底什么是创新？
- 创新由谁来主导？
- 利润产生的方式是什么？
- 创新的方法是什么？

创新，就是新组合

我们经常会听到各种关于创新的名词，如开拓式创新、升级式创新、破坏式创新、组合式创新等，而对创新最大的误解就是把它等同于发明创造。根据熊彼特的观点，科学发明不是创新，一种发明只有被企业家用于建立某种新的商业组合时，才能被称为创新。

当蒸汽机被发明出来时，不能称为创新，因为它本身没有解决任何问题。只有将蒸汽机开始应用于纺织、发电、交通等工业领域时，创新才真正出现，因为它推动了火车的诞生和发展，推动了英国和欧洲的工业革命，使世界进入了伟大的蒸汽时代。创新不是发明，只要发明还没有得到实际应用，那么它在经济上就是不起作用的。

熊彼特认为，所谓创新就是生产要素的重新组合。“新组合”是熊彼特理论中的一个核心概念。生产，意味着把我们所能支配的原材料和力量组合起来，每一种生产方法都意味着某种特定组合。用不同的生产方法生产相同的东西，意味着以不同的方式把这些原材料和力量组合起来，这些都属于“新组合”。

通俗点讲，企业生产某种新产品，使用了新的生产设备、新的工艺技术或者新的原材料等，都是与原有基础不同的新组合。但是，只要有新组合产生就意味着创新出现吗？并不是。熊彼特认为，把许许多多的邮车加起来，加到想要加到的地步，仍将永远得不到一列火车。也就是说，新组合并不意味着把众多不同的元素进行简单堆积。

一切创新（新组合）都是手段，目的是解决未被解决的问题。比如，阻碍电动汽车普及的一大因素是电池价格太贵，于是埃隆·马斯克把电池价格从每千瓦时 600 美元降低到不足 100 美元。

马斯克是如何思考的？他认为，不管现在的电池有多贵，我们都必须思考一个本质问题：电池是由什么构成的？无非是铁、镍、铝等金属。这些是无论如何也减不下去的成本。其他成本都是在人工协作过程中产生的，那就有优化的空间。比如：在美国生产电池可能税费比较高，那就不要在美国生产；如果某个技术路线比较昂贵，那就推动它的大规模普及应用，这样价格就能降下来；如果某种模块设计出了问题，那就改变设计。

很多商学院的教授分析马斯克拆解电池的例子，得出结论：马斯克用这种所谓的“第一性原理”的思考方式，拆解了电池最基本的构成要素，最后找到了笔记本电脑的电池结构，所以特斯拉的电池就是用一堆笔记本电池组合形成的。

难道这就是所谓创新的本质吗？问题是，马斯克为什么要拆解电池的构成要素？因为他想做特斯拉电动汽车。也就是说，重构电池要素（新组合）是手段，解决电动车供能的技术和成本问题才是目的。电池构成要素的重新组合就像蒸汽机的发明，技术本身不是创新，但是当这种电池新技术被应用在特斯拉电动汽车上时，创新就产生了，因为它解决了一个未被解决的问题，产生了新的物种、新的组合。

福特和丰田也解决了电池问题，但是却没有造出像特斯拉这样的新物种。因为福特和丰田解决了电池问题之后做出来的是电动汽车，而特斯拉做出来的是互联网智能汽车。这是两个物种，二者之间有本质不同。电动汽车从下生产线的那一刻起，功能就在老化；但互联网智能汽车从下生产线的那一刻起，功能就开始更新迭代。

当新能源汽车慢慢普及之后，电池业成为一个新的规模巨大的产业，如何提高这个产业的效率就存在很大的优化空间。比如，生产线的改进、新的生产方法、新的原材料供给来源等，都进一步催生了更多的创新（新组合）。一种新组合只有被应用于解决一个新的商业问题，才可能出现真正的创新。就像再多的飞机也无法组成一艘飞船一样，新组合不是简单的要素堆积，而是产生一个新物种。

简而言之，在熊彼特看来，“创新”是“新组合”的代名词，创新就是新组合，新组合就是创新。

主导创新的主体是企业家

谁是主导创新的主体？企业家。但是这里所说的企业家可能和传统说法不一样。通常认为，企业家就是创立或经营企业的人，是企业的经营者。而熊彼特把新组合称为“企业”，把职能是实现新组合的人称为“企业家”。他认为，只有实现新组合才能成为企业家，这一观点比传统的定义要狭窄一些，并不包括各个厂商的经理、工业家等，他们所做的只是经营已经建立起来的企业。也就是说，一个人只有在创新的时候，才是企业家，只有创新者，才是企业家。换句话说，经营者和管理者都不是企业家。

以阿尔弗雷德·马歇尔（Alfred Marshall）为代表的新古典学派（剑桥学派）认为，企业家是通过组织赚取利润的人。马歇尔说，企业家通过一个组织，从那些效率不高的行业中实现套利，赚取利润，利润是组织的报酬。也就是说，他只把企业家的职能看作最广义的“管理”和“经营”。

但按照熊彼特的定义，如果我们不能实现新组合，那么即使能让企业进入所谓的“管理”和“经营”状态，并拥有且经营着企业，我们也不是真正的企业家。企业家并不是一种职业，也不是一种持久的状态。从专门意义上讲，企业家并不形成如同地主、资本家或工人那样的社会阶级。

总而言之，企业家不是一种身份，而是一种创新的状态，是一种精神。举例来说，一家企业如果去年创新了，它的老板就是企业家；如果今年没创新，老板只是像一个普通管理者一样经营着企业，那么今年的老板就不是企业家，而只是一个经理人。这么说来，一个人在几十年的企业经营生涯中，很少能一直被称为企业家。从这个角度看，“创新”是动词，而不是名词。

企业家是一种特殊的类型，他们的行为是特殊的，是大量重要现象的源动力。企业家是一种稀缺资源，正因为稀缺，所以熊彼特认为，企业家也是不可继承的。在《资本主义、社会主义与民主》（*Capitalism Socialism and Democracy*）中，熊彼特认为企业家的功能是：通过利用一种新发明或者更一般地利用一种未经实验的技术可能性，来生产新商品，或者用新方法生产老商品；通过开辟原料供应中心来源或产品的新销路，或通过改组工业结构等手段，来改良或彻底改革生产模式。

综上，其理论逻辑是企业家通过实现新组合（创新），推动经济的发展。由此推知，企业家成批出现是社会经济繁荣的唯一原因。从这个意义上讲，与其说熊彼特创立了“创新理论”，不如说他创立了“企业家理论”。

企业家利润才是真正的利润

熊彼特把创新带来的利润称为“垄断利润”。垄断是激励创新的动力，如果没有垄断利润，就没有企业家愿意创新。通过创新所得到的垄断利润周期，被称为“创新红利期”。但是，所有高利润的行业一定会吸引一批又一批新的竞争对手出现，他们会迅速跟上模仿行业先行者，甚至反超，把多余的利润挤得所剩无几。因此，创新红利期也是短暂的。对此，企业家一方面要提高创新的壁垒，延长创新红利期；另一方面必须不断创新，不断跳出竞争，从而保证利润的持续性。

这种企业家利润是通过创新获得的，那么问题来了：很多企业并没有什么创新，不是也有利润，也能赚钱吗？虽然利润不多，但是也能维持生存。熊彼特假定，在一种所谓循环运行的均衡情况下，不存在企业家，没有创新，没有变动和发展。在这种情况下，企业总收入等于总支出，生产管理者所得到的只是“管理工资”，因而不产生利润。只有在实现了创新发展的情况下，才存在企业家，才产生利润。这时，企业总收入超过总支出，这种余额或剩余就是企业家利润，是企业家由于实现了新组合而应得的合理报酬。

张瑞敏曾经说过，海尔的家电利润薄得像刀片一样。因为缺乏创新的土壤。改革开放之初，国内商品紧缺，企业只要有生产能力，就可以把货卖出去。我们也可以将那时理解成国内市场的创新红利期，有产品就有创新。但是红利期过后，考验企业家的时刻才真正到来。这时候，能持续获取利润的，一定是那些能够持续洞察市场需求、持续创新、持续满足市场需求的企业。

没有创新，获得的微薄收益不是真正的利润，而是社会付给企业的管理工资。在传统制造业，一些工厂只是拿着“薄得像刀片”一样的利润艰难地活着。这些工厂生产的不是高科技产品，同行很多，竞争激烈，所以利润不会太高。

综上，企业的利润可以分为两种：第一种是管理工资，由社会付给企业；第二种是创新利润，也就是企业家利润，需要企业赚取。此时你不妨想一想，你的企业赚的是管理工资，还是企业家利润？

问题又来了，资本家赚取的巨大财富，算企业家利润吗？不算。熊彼特说，资本家得到的不是利润，而是资本利息。资本家通过投资企业家赚钱，利润是由企业家创造的；资本家通过出售资本获利，他们获得的只能是利息。换句话说，企业家“雇用”了资本家。

如今资本市场常有一些声音：某某企业拿到了 A 轮、B 轮融资；某某企业敲钟上市，背后的投资机构赚了几十倍、几百倍回报；等等。资本家之所以要投资一家企业，一定是因为这家企业有很大的发展潜力，未来有机会赚取巨额回报。这背后的逻辑正印证了熊彼特的观点。

让创新快于变化

一个行业之所以会衰退，其实是因为它匹配市场需求的效率下降了。企业之所以会遇到所谓的行业天花板，感觉无法突破，其实是因为它洞察市场需求变化的能力减弱了。所谓的“大环境不好”，本质原因不过是缺乏创新能力而已。企业经营者之所以会感到市场变化太快，是因为别人的创新速度太快。

思维训练

牛牛成长，持续创新突破成长边界

近几年，随着国家和家庭对孩子身体素质的重视，少儿体育市场逐渐发展起来，各种少儿体育培训机构如雨后春笋一样大量出现。不过其中存在很多问题，如运动场馆数量少、课程内容单一、教练水平参差不齐等。

牛牛成长洞察到了这些问题，开创性地将拼多多拼单模式与爱彼迎的场地众包模式相结合，切入少儿体育市场。它因此脱颖而出，并迅速成为各大资本竞相追逐的对象。

家门口的体育课

家附近没有专业的少儿运动培训场馆，或者有场馆但是培训费用太贵，这两个问题是当下少儿体育教育无法普及的重要因素。牛牛成长就从降低成本这件事入手，创造了“家门口的体育课”这个全新的场景。

如果一位用户家小区有一块可用的空地，那么他可以将场地上传到牛牛成长的平台，然后发起适合该场地的体育课程拼单。他可以和同小区或者周边的人一起拼单，拼单成功后，牛牛成长会派专业的教练上门教学。由于没有场地的高昂租金，因此，用户的费用也大大降低，价格最低只要 99 元。

因其独创的授课内容、良好的师资口碑，以及完善的平台交易机制，牛牛成长在创立的当年就迅速在上海扩张业务，随后将业务发展到深圳、广州和成都等地。

牛牛成长把场地、课程、教练和用户这几个要素进行了重新组合，形成了一种新的商业模式。当然，牛牛成长做的不只是简单的重新组合。当一个课程从专业的运动场馆搬到小区的空地时，不能简单迁移，而需要对课程内容进行重新设计，来适配相应的场景。这种适配“家门口”场景的独特内容，逐渐成为牛牛成长最核心的竞争力。

把牛牛成长商业模式的每一个要素分开看，我们会发现它们都是些传统要素。但是，当这些要素被重新组合之后，这种生产关系的重组产生了新的生产力。牛牛成长如果没有专门为“家门口”这个场景设计专门的课程，那么这个新物种就无法成立，任何人都可以模仿。

总之，所谓的创新组合只是手段，不能为了组合而组合，而解决市场未被解决的问题才是目的。

家里的体育课

2020 年初，线下教学受到重大冲击，整个体育培训行业全部停滞，但是少儿体育教育的需求并不会因此而消失，相关企业面临的问题是如何提供更高效的解决方案。

牛牛成长团队迅速行动，在短时间内完成线上课程的场景确立和商业化测试，并在适时推出了“真人直播体育课”，几乎实现了和用户的无缝对接，把家门口的体育课变成了家里的体育课，完成了一次重大的升级。因此，牛牛成长的收入不仅没有下降，反而逆势增长。截至 2022 年 5 月，其用户覆盖全球 60 个国家和地区，数量超百万。至此，牛牛成长升级为拥有线上线下完整产品线的少儿体育教育平台。

但是整个升级过程却并不简单。从家门口到家里的客厅，虽然改变的距离很短，但牛牛成长却需要完全重构整个教学体系。由于教学场地从小区转到客厅，教学方式从上门教学转到线上直播授课，线上的场景和线下的场景完全不一样，因此牛牛成长需要再一次为新场景设计适配的课程。

牛牛成长的真人直播体育课构建了一种非常有趣的场景：一个 App，一个教练，4 个来自世界各地的孩子，各种玩到停不下来的游戏，练到大汗淋漓。牛牛成长的创始人叶峰表示，适配客厅场景的课程内容设计是整个商业模式的关键要素，牛牛成长做的不是简单的排列组合，而是通过内容让这种新组合产生新的生产力。这才是牛牛成长最重要的核心竞争力，市场上至今无人可以模仿。

在课堂游戏的趣味性设计上，牛牛成长以任天堂作为学习榜样，设计出大量隔屏互动游戏。教练将游戏融入专业的少儿体适能训练中，通过丰富的场景描述和虚拟道具的组建应用，与孩子一同开始一段冒险与打怪的奇幻之旅。

无论是线上还是线下体育课，牛牛成长一直在突破行业边界：家门口的体育课，突破了场地供给的边界，平台已有近万个可用场地；真人直播体育课，突破了空间和地域的边界，推出线上课之后，教练一个月上课可以超过 250 节，教练能效提升了 300%，也为用户节省了大量培训费用。

场地、用户、课程和教练，这几个要素极其传统。如果没有想清楚要解决什么问题，那么这 4 个要素是无论如何也组合不到一起的。但牛牛成长发现了用户需求与市场供给之间的不匹配，而新组合方式正好可以解决用户的问题，最终创造出了新的需求。

企业家是一种状态，而不是一种身份。创新就是企业家的宿命，一旦不创新了，他就只是一个管理者，而不是企业家。消费者需求是一直存在的，但是满足消费者需求的手段和效率会不断发生改变。一切创新（新组合）都是手段，解决未被解决的问题才是目的。

熊彼特说："经济本身是不会发展的，是企业家的创新推动了经济发展。"**换句话说，市场本身是不会变化的，消费者需求也是不会变化的，但企业家的创新改变了市场，推动了消费者需求的变化。**

商业模式创新指南

DECODING BUSINESS MODELS

1. 只有创新才能获得利润。创新就是生产要素的重新组合，而主导创新的主体是企业家。

2. 一切创新（新组合）都是手段，目的是解决未被解决的问题。

3. 一种新组合只有被应用于解决一个新的商业问题，才可能出现真正的创新。

4. 没有创新，获得的微薄收益不是真正的利润，而是社会付给企业的管理工资。

7 如何获取价值，构建可持续的企业盈利系统

一家企业创造了独特价值，并且拥有独特的能力，此时它在市场上是否可以脱颖而出呢？还不够。如果企业经营的成本太高，无法盈利，那么即使它有独特的价值和能力，它的商业模式也依然是无法成立的。因此，企业还需要构建盈利系统。

这一章将围绕利润产生的方式，详细拆解利润构成的具体要素和交易结构的设计方法，即盈利模式的构建逻辑。我不会只讲那些让人一头雾水的收入模式或者组合设计，而是要探寻盈利模式的构成路径。有了这个路径，我们就相当于得到了一幅盈利模式的地图，从而一眼看穿所有盈利模式的路径形成规律，并且掌握盈利模式的创新方法。

围绕构建盈利系统的过程，我们将深入讨论如下 4 个问题：

- 盈利模式的困境和误区：为什么大多数人都忽略了盈利模式的创新？
- 盈利模式的结构：到底什么是盈利模式，它的底层逻辑是什么？
- 盈利模式的识别坐标：盈利模式到底由哪些核心要素构成？
- 盈利模式创新：设计一种创新的盈利模式有哪些路径？

盈利模式的困境和误区

我们来思考一个问题：麦当劳是一家快餐公司吗？从 1990 年在深圳开设中国第一家餐厅开始，麦当劳在国内就成为“洋快餐”的代名词。它真的只是一家快餐公司吗？要回答这个问题，我们先要了解一下它的经营模式。麦当劳门店经营模式主要分为两种：第一种是直营店模式，这些店面都由麦当劳直接投资和运营管理；第二种是加盟店模式，即加盟商给麦当劳交加盟费，获得麦当劳的特许经营权。

从开展特许经营之初，麦当劳就确定了发展加盟商的基本原则。比如：不发展实力雄厚的加盟商，以避免客大欺店、逆向改变麦当劳的标准；不发展区域整体授权，只做单一店面的加盟授权；等等。确定了不发展实力雄厚的加盟商制度之后，在发展加盟商的过程中，麦当劳遇到了很多问题，诸如加盟商因实力不足而难以获得足够的资金、因无法贷款而无力支付店面的房租费用和建设费用等问题。

如何解决这些问题呢？麦当劳选择先代加盟商寻找合适的店址，然后长期承租或购进土地和房屋，再出租给加盟商。这样一来，双方都受益：对加盟商来说，资金问题得到了解决；对麦当劳来说，它的资金实力和银行信用得到了充分利用，同时通过控制房产加强了对加盟商的管理。正因如此，麦当劳加盟业务的收入构成中，除了加盟费，还包括房租收入和房产投资的增值。

据公开财报显示，截至 2021 年底，麦当劳在全球的餐厅超过 40 000 家，全年总收入为 232.23 亿美元，其中，公司经营餐厅收入 97.87 亿美元，约占总收入的 42.15%，专营餐厅收入 130.85 亿美元，约占总收入的 56.35%。麦当劳对加盟餐厅主要收取加盟费和房租，2021 年加盟费占餐厅收入的 4% ～ 5%，房租占餐厅收入的 11% ～ 17%。麦当劳持有和承租着超过 50% 的加盟餐厅的房屋或土地所有权，房租收入远超加盟费收入。可见，麦当劳不只是一家快餐公司，更是一家房地产公司。

很多企业都非常关注营业收入和市场份额的增长，对企业应该如何盈利的问题却缺乏深度的思考和设计。所有企业家和创业者都知道设计一种好的盈利模式有多重要。事实上，总有人在还没有系统地思考商业模式、价值定位、经营活动组合、竞争策略等一系列经营问题时，就已经提前思考未来如何赚钱了。

然而，很多企业的收入来源单一，通常以产品或服务的收入成本差价作为单一的盈利来源，以行业内约定俗成的成本加成定价、计件定价等作为主要的盈利方式。在盈利来源和盈利方式既定的前提下，企业盈利模式大多围绕着由供求状况决定的价格水平展开，主要考虑企业成本结构、竞争对手定价及产品或服务带给客户的价值认知。而企业盈利的提升，更多的是通过客户价值认知的提高和客户规模的扩大来实现，忽略了企业盈利模式创新带来的盈利空间。在单一的盈利模式下，企业也逐渐陷入了盈利的困境。

首先，收入来源单一、基本依赖主营业务是很多企业的现状，随之而来的就是激烈竞争。创新带来的企业利润是有周期的，即存在创新红利期。而红利期也是短暂的，因为会有对手不断参与市场竞争。随着行业内竞争的加剧，主营业务进入同质化阶段，随之开始出现价格战和各种无效的促销，最后导致企业的利润越来越低，甚至亏损。

企业要想摆脱收入来源单一的现状，除了要在业务上持续创新之外，还可以在现有业务基础上设计新的交易结构、新的盈利模式，提高交易效率，创造竞争优势。通过调整盈利来源和盈利方式，企业能够拓展原有价值空间的规模和价值实现的效率。

其次，一部分人，特别是互联网创业者，似乎认为只要抓住了用户，有了一定的用户规模，就能抓住一切。至于盈利模式，他们相信现在没有也没关系，未来总会有的。按照他们的设想，等有了一定量的用户，他们就可以通过广告赚钱，可以通过增值服务赚钱，也可以通过卖货赚钱。但是，这不免又陷入另外的困境：有了用户就一定能变现吗？变现了就一定能盈利吗？很多互联网企业在拥有大量用户之后，依然无法实现很好的商业化变现和盈利。

为什么企业会陷入盈利模式创新的困境？最大的原因在于企业管理者或企业家对盈利模式产生了误解，将商业模式直接等同于盈利模式。其实，盈利模式的定义范畴本身是明确的，但是他们对盈利模式的内涵和外延并不一定清楚，所以很容易把盈利模式跟商业模式、定价策略等混为一谈。只有辨析商业模式与盈利模式、定价的区别，划定盈利模式的定义范畴，才能真正理解什么是盈利模式，才能从原理出发，更高效地设计盈利模式。为此，要明确以下两点。

第一，盈利模式只是商业模式的一部分，并不能等同于商业模式。如果盈利模式是一个人的某个器官，那商业模式就是一整个人，是一套更大的系统，包含企业创造价值、交付价值和获取价值的整个过程。而盈利模式主要关注的是如何获取价值，也就是如何获得收益、分配成本、赚取利润。

第二，盈利模式不等于定价策略。“定价定天下”“定价就是战略”曾经风靡一时。还有很多关于定价的说法，比如成本定价法、随行就市定价法、客户价值定价法等。这些定价方法都有道理，但是盈利模式并不只是定价这么简单。

盈利模式的底层结构

如何才能跳出商业模式的困境和误区？我们需要先了解盈利模式的底层结构，也就是盈利模式由哪些关键要素构成，然后才能控制这些关键要素。

基于系统论的视角，任何现象都是系统运作的结果，这也是构建商业模式的基石。系统的行为结果是由系统内部的结构决定的，从这个角度来看，盈利模式的结构是什么呢？是交易结构。

为了更好地理解交易结构，我们需要先了解清楚收入和利润是如何产生的。“收入从哪儿来”这个问题是所有企业最终都要思考的。无论企业的产品或服务多有价值，只有让客户愿意为它买单，企业才可以存活并且持续发展。任何产品或服务都需要有两个价值：使用价值和交易价值。

先来看使用价值。我们经常听到“用户量”这个词，其意义是有多少人愿意使用某产品或服务。很多企业光凭产品或服务的用户量快速增长就可以不断地获得巨额投资，它们甚至都不知道怎么赚钱。为什么它们能获得投资？因为投资人相信，只要产品或服务有用户，企业早晚会有盈利模式。

再来看交易价值。即使产品或服务有再多的用户量，企业也需要思考：如何赚钱？谁愿意为这个使用价值付费？是让用户直接购买，还是让广告商之类的第三方付费？我们需要思考如何让用户持续购买产品或服务，以免用户随时更换卖家。

利润从哪儿来？许多人谈到盈利模式时会提到收入结构，而忽略成本结构。光有收入不代表有利润。比如从理论上讲，“流水”就是收入，但是这类收入之所以叫“流水”，是因为它们进得快，出去也快，没有留存利润，或者利润很低。利润的多少在很大程度上是由成本决定的。光谈收入结构而不谈成本结构的盈利模式是有认知缺陷的。收入和利润产生的方式形成了一个交易结构。这个交易结构的功能和目的要解决 3 个问题：企业如何获得收入、如何分配成本，以及如何赚取利润。

交易结构的主体对象被称为利益相关者。简单地讲，付钱买产品的人，企业的供应商、生产商、渠道商等，任何跟企业有交易行为的主体，包括企业内部组织，都是企业的利益相关者。交易结构就是盈利模式的底层结构，北京大学的魏炜和清华大学的朱武祥两位教授把盈利模式的结构拆分成以下 3 个维度，简称“三定”。

- 定向：价值的流向。简单地说就是，收入从哪些利益相关者那里获取，成本支付给哪些利益相关者，有哪些成本可以转嫁给其他利益相关者。比如常见的互联网的免费策略“羊毛出在猪身上，让狗买单”。
- 定性：计价方式。也就是指收支是按照时间或数量计价，还是按照价值计价。比如，游乐园里那些按时计费的游乐项目，超市里按重量计价的零食，直接标价的产品或服务，等等。
- 定量：我们通常所理解的定价，主要指的就是“定量”，即确定收支来源、收支方式下的价格高低。比如，同样是按照时间计价，有的产品或服务是每天 100 元，有的是包月 500 元。

其中，定量问题主要是定价的策略性问题，在市场营销领域讨论较多，而商业模式领域主要讨论定向和定性的问题。我们可以基于两个维度来讨论盈利模式的结构：收支来源（定向）与收支方式（定性）。接下来，我们将逐一拆解收支来源和收支方式两大维度，并且提供一个盈利模式识别坐标。

盈利模式识别坐标

盈利模式，就是收支来源与收支方式组合而成的交易结构。所谓收支来源，包括两个主体：收入来自（或者成本支付给）哪些利益相关者；收入（或者成本支出）来自哪些产品、服务、独特的资源或者能力。所谓收支方式，指的是固定、剩余、分成等。为了便于理解，我们可以将它类比为按消费资格计算的进场费、按消费次数计算的过路费、按消费时长计算的停车费、按消费价值计算的油费、按价值增值计算的分享费或价值共享型的免费等。

收支来源和收支方式可以形成不同的组合，如“低固定 + 高分成”“进场费 + 油费”“剃须刀架 + 刀片”等不同的盈利模式。接下来，我们分别拆解收支来源和收支方式两个维度。收支来源包含利益相关者和交易内容两个维度，加上收支方式之后，就形成了一个盈利模式识别坐标（见图 7–1）。

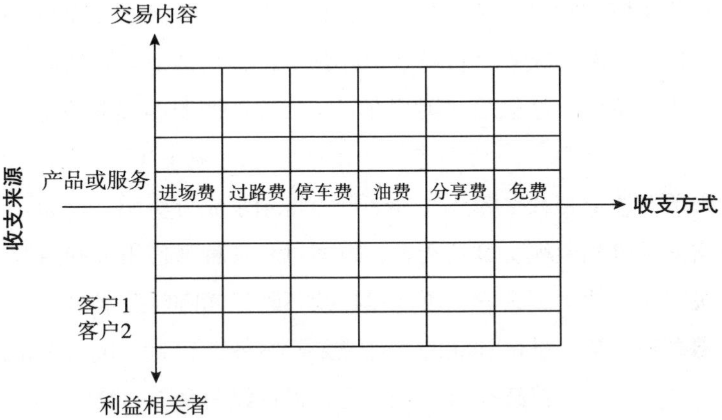

图 7–1　盈利模式识别坐标

资料来源：《商业模式的经济解释》，魏炜、朱武祥、林桂平著。

图中的纵轴表示收支来源，有两个维度：一个是利益相关者，比如 C 端用户、B 端用户、供应商、合作伙伴等；另外一个是交易内容，也就是相关的产品或服务。纵轴只列举了客户、产品或服务，我们可以自行拓展多个利益相关者和相关产品、业务或资源。横轴则表示收支方式，这里仅列举了进场费、过路费、停车费、油费、分享费和免费。我们同样可以自行拓展，比如固定、分成、剩余等。

通过盈利模式识别坐标，我们可以把企业的各种组合计价更直观地展现。为了说明这一点，接下来举个很多人都耳熟能详的“剃须刀架 + 刀片”的例子（见图 7–2）。

20 世纪初，推销员金·吉列（King Gillette）发明了可更换刀片的剃须刀架，同时创造了一种全新的商业模式：先将剃须刀架拆成刀架和可更换的刀片，再以极低的折扣销售刀架（同时附有两个刀片），以此形成一定的用户基础。刀片变钝之后，刀架却未损坏，消费者自然会购买新刀片。由于刀片的利润较高，又是易耗品，因此，成为吉列源源不断的财源，形成了利润的长尾效应。

这种营销模式叫作交叉补贴模式。它把主营业务做成亏损乃至成本中心，以锁定客户，从而形成一个较稳定的经营平台，为推销高附加值的关联产品和增值服务创造条件。这就是"剃须刀架 + 刀片"商业模式成功的秘密。

"剃须刀架 + 刀片"模式在很多行业得到了充分应用。比如，小米先以极低的价格把手机和电视卖给消费者，再通过卖各种增值服务和内容盈利；雀巢把咖啡机很便宜地卖给客户，再通过持续不断地卖咖啡胶囊盈利。从成本的角度看，"剃须刀架"是低利润的，甚至是亏本的，也就是说成本很高。但是，未来通过"刀片"的持续销售，企业可获得持续盈利。这样一来，企业的综合成本就会很低。

图 7-2 呈现出"剃须刀架"和"刀片"各自的盈利模式，并标识了它们的关联性。两者之间的关联性体现了一种组合计价方式。

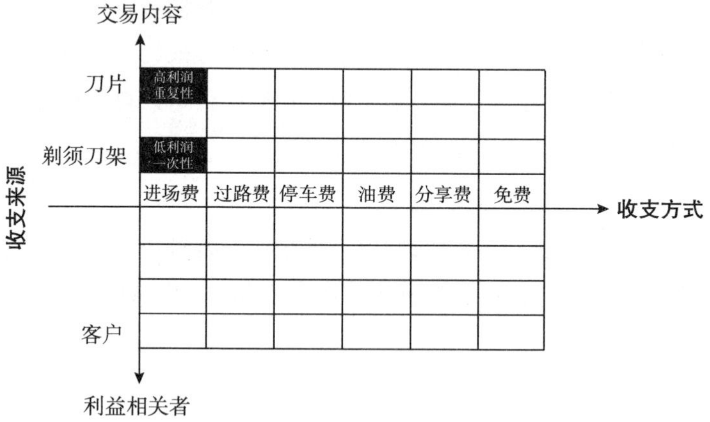

图 7-2 "剃须刀架 + 刀片"模式

资料来源：《商业模式的经济解释》，魏炜、朱武祥、林桂平著。

除了“剃须刀架 + 刀片”模式，我们也可以基于利益相关者来做分类，从而展现更多的组合方式。比如，微信通过免费策略吸引用户，积累了庞大的用户数量，再通过卖游戏、卖广告等盈利。继续拓展利益相关者，我们会发现微信用户类型也发生了不一样的变化，从 C 端的用户拓展到提供游戏的 B 端客户、第三方广告商等。当然，微信的用户类别可不止这些，我们只是列举几个。

将用户拓展后，可得到一幅盈利模式图（见图 7–3）。它清晰地展现了企业的不同收支来源和收支方式，同时也提供了一种盈利模式设计的创新思考方式。例如，直接把各种不同的利益相关者、资源能力、产品或服务列在纵轴，把各种不同的收支方式列在横轴，强制建立关系，扩大思考域。我们可以大胆假设，想想是否可以收客户过路费，是否可以收供应商进场费（如对快消品进入超市、酒水进入 KTV 等收进场费）。

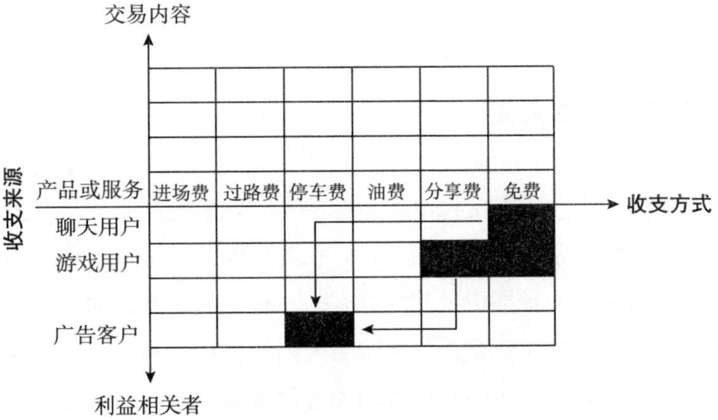

图 7–3　微信盈利模式

资料来源：《商业模式的经济解释》，魏炜、朱武祥、林桂平著。

盈利模式的设计方法与路径

通过对收支来源和收支方式的坐标分析，盈利模式的设计路径主要有如下

4 个维度：

- 收入从哪儿来？
- 成本支付给谁？
- 怎么收入？
- 怎么支出？

看似简单的几个问题，其实背后包含着多样化的结构和组合方式。假设一位发明者手上有一项技术专利，那么他的盈利来源就有很多种：采用传统销售做法，直接转让专利的所有权，他一次性收取所有费用；让渡专利的使用权，他仍然保持所有权，这样就可以像收租金一样每年收取费用；拿着专利自己创业，做成产品去销售，获取收入；把专利当成无形资产投入一个企业，借此持有企业一定比例的股权，和企业一起成长，这样除了分红，他还能享受股权增值的资本收益；等等。

收支来源的利益相关者

收入从哪儿来？成本支付给谁？这两个问题的答案指向盈利模式设计要关注的第一个交易对象，即利益相关者。在商业模式理论中，利益相关者有内外之分。内部利益相关者是指企业的股东、老板、员工等，而外部利益相关者包括企业的客户、供应商及企业的直营店、控股公司、参股公司和纯市场合作关系的公司或组织等。这些内外利益相关者的资源、能力、利益诉求不同，在某种商业模式架构下，通过各种交易活动相互关联，形成某种交易结构。

为了清晰地定义每一个利益相关者，需要从企业盈利的角度出发，以企业收支和成本的来源分别归属于哪些利益相关者为考量标准，来设计企业的盈利模式。

首先，从收支来源角度，可以把利益相关者划分成 3 个类别，分别是直接顾客、第三方顾客，以及直接顾客 + 第三方顾客。其次，从成本支出的角度，可以把利益相关者划分为 4 个类别，分别是企业，第三方伙伴，企业 + 第三方伙伴，以及零边际成本。由此可以形成一个包含 12 种盈利模式的矩阵（见图 7-4）。

成本支出 \ 收支来源	直接顾客	直接顾客+第三方顾客	第三方顾客
零边际成本	PM9	PM10	PM11
第三方伙伴	PM6	PM7	PM8
企业+第三方伙伴	PM3	PM4	PM5
企业	PM0	PM1	PM2

图 7-4　盈利模式矩阵

注：PM 即盈利模式（Profit Model）。

这个盈利模式矩阵从 PM1 到 PM11，交易结构明显比 PM0 复杂，一般至少要涉及三方利益相关者，其中存在很多盈利模式创新的空间。这里就不逐一介绍了，仅列举如下几种主要模式。

PM0：自产自销模式，这是最普遍的模式。企业支付成本，并从直接顾客那里获取收入。比如，传统制造型企业承担原材料采购、生产制造和渠道销售的成本，通过直接销售产品给顾客获取收入，收入减成本就是企业的利润。对企业而言，交易结构很简单，除了原材料，基本只涉及两个利益相关者，即企业本身和直接顾客。

PM1：企业承担成本，生产商品或服务，从直接顾客和第三方顾客那里获取收入。比如，杂志向读者收取订阅费用，同时向在杂志发布广告的商家收取广告费。在这种盈利模式中，广告商的目标受众是杂志的读者，因此是杂志的第三方顾客，而读者无疑是直接顾客。再比如，腾讯的互联网增值服务同样采取了这种模式，它提供的虚拟衣服、道具、宠物等产品都向直接顾客收费，而这些产品的边际成本几乎为零，同时腾讯也向嵌入其网络游戏或其他应用的广告商（即第三方顾客）收取服务费。

PM2: 企业承担成本，生产商品或服务，对直接顾客免费，向第三方顾客收费。比如，谷歌、百度的搜索业务，电视台、免费报刊，等等，都采用这种模式。与 PM1 相比，PM2 虽然减少了直接顾客的收入贡献，但完全有可能通过免费扩大客户规模和品牌效应，向第三方顾客收取更高的费用。PM1 和 PM2 的交易结构极为类似，在很多场合下可以相互转换，差别仅在于是否对直接顾客收费，这样的例子如今在互联网领域非常多。

PM5: 企业和第三方伙伴承担成本，向第三方顾客收费，对直接顾客免费。在这里，第三方伙伴和第三方顾客可以作为同一主体出现。以 2012 年最流行的电视娱乐节目《中国好声音》为例：浙江卫视和节目制作方作为企业和第三方伙伴，共同投入、共担风险、共享利润；中国移动同时作为第三方伙伴和第三方顾客，提供彩铃下载服务，与浙江卫视和节目制作方进行利润分成；全国手机用户作为第三方顾客，通过下载彩铃为企业贡献收入；电视观众免费观看节目。

PM6: 企业零投入，由第三方伙伴承担成本，直接顾客可以得到较低价格的产品和服务。比如，A 企业承接了一项业务，将其分包给第三方，由第三方负责成本投入，A 企业赚取纯佣金。再比如，一些商业论坛的主办方一般只负责召集参会人，具体的会场运作、服务都由企业提供和赞助，而参会人可能分层付费，VIP 座位高价，一般座位免费或者低价。

PM11: 企业承担零边际成本，提供商品和服务，向第三方顾客收费。PM9、PM10、PM11 分别从 PM0、PM1、PM2 衍生而来，关键区别只在于边际成本为零，大多来自实体经济的互联网化或移动互联网化。例如，从 PM2 衍生出来的 PM11 模式，可见于游戏软件厂商在游戏里提供广告。与在传统媒体投放广告相比，互联网或移动互联网使游戏里的广告边际成本为零。

有一点需要指出，这种盈利模式的划分只是范例，它的应用不局限于本书的划分方式。只要是按照成本、收入维度合理划分的盈利模式图，均可用于相关分析，并给新盈利模式设计以启示。

从利益相关者的角度思考盈利模式，关键在于寻找利益相关者之间的关联性，站在他们的立场思考：他们的利益诉求是什么？谁能够影响他们？在什么样的条件下他们愿意参与这个商业模式？只要在众多利益相关者之间形成价值闭环，他们的需求有人满足、成本能够承担、收益可以保证、优势可以发挥，这就是一个完整的盈利模式闭环。

思维训练

混沌学园，充分调动利益相关者的势能

2014 年初，混沌学园创办人、时任中欧创业与投资中心执行主任的李善友为中欧新生代创业领袖成长营（以下简称“中欧创业训练营”）开启了一项众筹活动，明确要求学员必须一半自筹、一半众筹学费。那次众筹活动吸引了很多当时知名的创业者，比如泡否科技的马佳佳、河狸家创始人“雕爷”孟醒、《罗辑思维》出品人申音等。他们通过各种社交媒体阐述众筹理由，众筹的参与者将获得与他们面对面交流的机会。而吸引这些创业者的，除了李善友教授，还有中欧商学院这块金字招牌。

不出所料，整个众筹过程相当顺利，活动成功完成。通过那次众筹活动，中欧创业训练营迅速出圈，为李善友后来创办混沌学园奠定

了良好的基础。

李善友充分调动了利益相关者的互利关系，先是通过中欧创业训练营这个明星产品，吸引众多知名创业者，又通过众筹的方式让中欧创业训练营迅速拓展至全国各地。那次众筹活动成功的核心是知名创业者的势能，而普通的创业者只需支付很低的费用，就可以获得和知名创业者交流的机会，这对他们来说的确很有吸引力。

在这个案例中，原本的付费主体只有这些知名创业者，通过众筹后又加入了更多的利益相关者——普通创业者。这样就结束了吗？并没有。在李善友后来创办的混沌学园中，各大分园的首批园长都是来自中欧创业训练营的学员。也就是说，他将学员变成了合作伙伴，改变了双方的利益关系。李善友再一次通过这些知名创业者的高势能，将混沌学园的产品推向全国。

企业的自有业务是盈利来源的起点。企业对自有业务进行升级，提出更有力的客户价值定位，改善客户的满意度或产品的性价比，从而带来更大的客户规模或客户更高的价值认可度，是提升企业盈利来源的最直接路径。

在传统工业时代，企业通过给客户提供商品或服务来获取利润，这是一个孤立的交易。可如果企业从利益相关者的角度来看待交易活动，那么边界就会打开，盈利模式就存在重新设计的可能性。比如，小米手机通过让用户获得“参与感”，吸引大量用户与之互动，进而从用户反馈中获得产品设计的灵感，并对产品进行快速迭代。这种盈利模式不仅可以让小米从用户那里获取利润，还可以让用户从中获利。因为它让有特长的用户参与进来成为第三方服务商，一起服务于小米的用户，如设计供用户使用的表情包、壁纸、游戏等，这样设计者也能获得收益。为了鼓励有特长的用户参与进来，小米开展了悬赏百万的活动。

用户变成第三方服务商，既可以从小米生态中获取利润，又会在利润驱动下成为小米生态的宣传者，甚至把能成为小米认证的服务商当成一种荣耀。一个简单的交易活动，就能让客户扮演三个利益相关者的角色，即用户、服务商、推广者。为了让小米生态内容足够丰富，小米开始对外投资，衍生出小米生态链企业。这么一来，小米就有了很多利益相关者，而它自身也成为别人的利益相关者，各方互相影响着。

企业的边界打开后，要素间相互嵌入，盘根错节，繁荣共生，盈利模式也必然朝着多样化方向发展。

两种收支方式

收支方式包含收入模式和计价模式两方面。收入模式可以分成 3 大类：固定收益、剩余收益、分成收益。

收支来源不同也导致收入模式和计价模式不同。比如，有的购物商场只对开店的商户收取固定的店面租金，它的收益不受商家营收的影响，这种收益是固定收益，而商户交完固定租金之后，营收都是自己的，因此获得了剩余收益；也有的购物商场通过“低租金 + 销售分成”的形式与商户共担风险和利益，商户获得的是剩余收益，商场获得的是固定收益和分成收益；还有一些人流量比较少的购物商场为了更容易招商，降低商户的经营风险，确保商场可持续经营，而完全取消租金，采用纯销售分成模式，商场和商户获得的都是分成收益，商户的营收直接影响到商户和商场的利益。

如果把商户和购物商场看作合同主体的甲乙方，那么双方的合作一般会出现 3 种收入模式：

- 甲方获得固定收益，乙方获得剩余收益。
- 甲方获得剩余收益，乙方获得固定收益。

- 甲乙双方都获得分成收益，因为它们的收益在一个总产出量中存在固定的比例关系。

所谓固定收益、剩余收益和分成收益，都是针对一组利益相关者、一个总产出量而言的。同样一个企业，在跟不同利益相关者合作时，其收益可能呈现不同的类别。以传统的服装制造业为例，工厂向供应商采购原材料，供应商获得的是固定收益，工厂生产出来的商品卖多少钱跟供应商没关系，所以工厂获得了剩余收益。但是，如果工厂只是帮助服装品牌代工生产，也就是说品牌方按照统一的价差模式向工厂采购，那么工厂获得的是固定收益，而品牌方获得了剩余收益。因此，讨论谁拿固定收益、剩余收益或者分成收益，需要结合与之合作的利益相关者。

关于计价模式，举例来说，我们在淘宝上买东西时，支付的只有商品的费用，而淘宝会针对每一笔交易向商家抽取一定额度的交易佣金。不过，淘宝的盈利模式可不只有这一种。

个人想成为卖家，只需在淘宝上实名认证即可踏出开店的第一步，第二步开始就可以用各类免费的模板完成从发布商品到店铺装修的一系列工作，还可以借助淘宝新手教程顺利开店。开通店铺后，发布商品前，卖家需要缴纳一笔保证金，作为商品发布的进场费。这笔费用是一次性缴纳的，只有当店铺关掉时才能收回保证金。如果卖家在经营店铺的过程中有违规行为，那么保证金将被平台酌情扣除，并且卖家还要及时补充保证金。

发布完产品之后，卖家如果认为店铺不好看，对免费的模板不是很满意，也可以选择设计精美的模板，不过这些模板都是收费的。为了吸引更多买家，提升店铺形象，卖家不得不选择收费模板。而这些模板通常按使用时长计费，比如按月或者按年计费。店铺光设计精美还不够，为了让更多人光顾店铺，卖家需要进行店铺推广。为此，卖家可以购买按时长收费的资源广告位，也可以购买按点击收费的搜索竞价排名。

当店铺产生了交易之后，淘宝会向卖家抽取交易佣金。如果卖家需要把赚取的钱转账到个人的银行账户，那么当转账达到一定额度的时候，淘宝会向卖家收取转账手续费。

讲到这里，我们不难发现，淘宝的盈利模式是多样化的。它的收入既有一次性的进场费，也有按时长计算的店铺装修模板使用费、广告费，还有交易佣金和转账手续费，等等。通过这个案例我们可以发现，计价模式不同，盈利模式也可以有多样化的设计组合。我们列举了以下几种盈利模式的计价模式（见表 7–1）。

表 7-1　盈利模式的计价模式范例

类别	计价模式	范例
进场费	消费资格	会员费、订阅费用、自助餐、一次性销售
过路费	消费次数	按点击收费的搜索广告、各种活动次卡、投币洗衣机
停车费	消费时长	手机通话按时长收费、各种租金、按时长收费的网吧
油费	消费价值	计件定价（一斤蔬菜、一件衣服、一顿饭）
分享费	价值增值	专利授权、加盟费、投资基金

进场费：顾名思义就是为消费者提供进场的资格，通过收取进场费，如会员费、订阅费、自助餐费等，获得收益。消费者支付了进场费就可以获得套餐式组合权益。这种计价模式的核心就是让消费者感受到权益的超值。比如，会员费分为基础会员费、专业会员费、高级会员费等，通常消费者都会选择性价比最高的会员级别。

过路费：根据消费次数而定。这种计价模式的核心是把门槛较高的价格按次数进行拆解，降低消费门槛。比如，传统健身卡通常都按半年或者年度收费，最低也是按月收费的，费用都是上千元。很多喜欢健身的人因为价格高而不愿去尝试。鉴于此，一些健身馆采取按次收费的过路费模式。

停车费：以消费时长计价。这种计价模式的核心也是将高门槛的价格按时长的方式进行拆解，降低消费门槛。比如，广告、酒店的钟点房、家政服务、各种租金等，都采用这种模式。采用停车费模式除了要降低消费门槛，更重要的是要激励消费时长的延长。比如，房东通常都希望租客可以租久一点，如果签的合同时间长一点，那么房东也愿意降低租金。停车费模式和进场费模式可以组合使用。比如，会员费也可以设置包月、半年、一年、三年，甚至终身制。

油费：大部分的商品都采取这种计价模式，如一斤蔬菜多少钱、一件衣服多少钱等。这种模式主要考虑企业成本结构、竞争对手定价，以及产品或服务带给客户的价值认知。

分享费：简而言之，就是通过帮助他人创造增值而获得利益，即成人达己。比如私募基金经理，通过投资帮助出资人创造收益，然后从收益中获取利益分成。再比如连锁超市的加盟商，最近几年诞生了很多京东小店、天猫小店，这些其实都不是京东和天猫自己开的，而是一些私人便利店转换的。传统的便利店没有品牌效应，销售额不高，供应链没优势。京东和天猫在后台的供应链、商品管理系统、收银系统、数据分析等方面为便利店赋能，顺便把这些门店的招牌也换了。便利店销售额提升，京东和天猫自然也从中分享了收益。这种分享费模式还常见于专利授权领域，别人利用了专利的价值，也和专利所有者分享一部分收益。

以上 5 种计价模式可以单独存在，也存在多种组合模式，这些都是盈利模式创新。接下来，我们看几个案例，一睹盈利模式设计创新的魅力。

思维训练

超级猩猩，开创健身计价新模式

传统健身房重销售轻运营、同质化严重、收入模式单一的痛点已经让其举步维艰。关于知名健身房倒闭的消息更是时有传出：2017 年，上海奥森健身公司的门店接连关闭；2019 年，曾经风靡一时的老牌健身连锁品牌浩沙健身的全国直营门店全线倒闭……

众所周知，传统健身房以预售健身卡和私教课为主要盈利模式，赚的是大部分办了卡却不来健身的群体的差价。据相关调研数据显示，办卡的会员中去健身房的比例不到 10%。而想要健身和常去健身的群体对过度推销产生了反感，因为利益的驱动和销售 KPI 让健身教练从技术顾问变成了销售顾问。传统健身房的盈利模式可以说已经穷途末路。它们该如何突破瓶颈？这是摆在整个行业面前的困局。

一家叫超级猩猩的健身机构开创性地提出“不办年卡，没有推销，按次卖课”的零售模式，一针见血地抓住消费者的痛点，一举打开了大众健身市场。

从消费人群来看，“Z 世代”年轻人正在变成健身消费主体。但是这个群体普遍收入不高，传统健身房的办卡模式和价格让很多想要健身的年轻人只能望而却步。

超级猩猩坚持按次付费、不推销、不要求办年卡，这种模式一方面让年轻人能通过很低的门槛参与到健身运动中来；另一方面使健身教练也不必违心地向会员不停地推销办卡和私教课，而只需接受用户的选择。

超级猩猩的主要营收来源是团课和私教课，并通过零售制销售模式构建了非常良性的盈利模式：单节团课定价范围为 69 ～ 159 元，私教课定价为 350 元和 500 元两档，均可单次约练。

据业内人士估算，超级猩猩一间店一个月大概可以开 300 节团课，年营收约 373 万元，大部分店仅靠团课收入就足以做到微盈利。超级猩猩创始人刘舒婷（跳跳）透露，正在营业中的店全部都在盈利。这足以证明其零售模式是非常成功的。

以用户痛点为切入点，超级猩猩从场地选址、环境的布置，到设计多样化、高品质的健身课程，再到选用高素质的健身教练，持续地打造良好的用户体验，真正回归帮助用户健身的初心，成为用户心中可信赖的健身品牌。

迪士尼，打造持续的盈利系统

“欢笑声不会停，想象力不会老，梦想永不停歇”，这是迪士尼的创始人华特·迪士尼生前的一句名言。迪士尼先生虽然早已去世，但他创立的百年迪士尼王国还在影响着全球的“孩子”们。

目前，迪士尼的主要业务包括娱乐节目制作、主题公园、玩具、图书、电子游戏和传媒网络，麾下拥有大量赫赫有名的公司，包括皮克斯动画工作室、卢卡斯影业、福克斯影业、漫威漫画公司、试金石影片、好莱坞电影公司、ESPN 体育、美国广播公司等，业务版图也早已遍布全球。

迪士尼的业务矩阵使其收支来源多样化，其盈利模式组合自然也是复杂多样的。由于 2020 年迪士尼的业绩受到了较大影响，因此我们不妨看看之前的迪士尼是如何构建其盈利系统的。

根据迪士尼 2018 年的财报，全年营收为 594.34 亿美元，全年净利润为 125.98 亿美元，同比上涨 40%。在全年总营收中，约有 41.22% 的收入来自社交媒体业务，约 34.15% 来自主题公园和度假村业务，约 16.8% 来自影视娱乐业务，剩下的 7.83% 左右来自消费品及互动媒体业务。从这组数据中可以清楚地看到迪士尼的商业模式，就是“内容 + 渠道 + 衍生品”的全产业链模式。

很多人根据这种收入结构得出结论：社交媒体业务、主题公园和度假村业务毫无疑问应该是迪士尼盈利的核心和发动机，原因是这两项业务的营收在总营收中占比接近 80%。

这个营收结构最容易给人误导，让人以为内容 IP（Intellectual Property，知识产权）在迪士尼的地位并不重要，因为其收入在总营收中占比不到 1/5。一些企业管理者也会犯这种对收入结构认识不清楚的错误，他们看到周边产品挣钱、延伸业务有现金流，就决定偏离主业，最后导致企业失去核心竞争力。

华盛顿大学战略学教授托德·岑格（Todd Zenger）对迪士尼的战略总结道：“迪士尼在家庭动画及实景电影方面具有无敌竞争力，通过把电影人物和形象投放在其他娱乐资产上，这些资产或是作为电影业的补充，或是作为其价值的延伸。迪士尼公司借此来不断创造价值，实现基业长青。”把这句话翻译一下就是，在迪士尼的商业产业链条中，内容才是原动力，传播渠道是内容的放大器，衍生品进一步释放了内容的价值。

看似庞大的迪士尼产业链，其核心就在内容 IP 上。内容 IP 是迪士尼具有衍生品能力的基础，也是其他一切营收的源头。高质量的内容 IP（如家庭动画及电影），是迪士尼真正的盈利发动机。而对总营收贡献最大的社交媒体业务与主题公园和度假村业务，本质上只是为扩大迪士尼公司的品牌影响力服务。

不妨以《冰雪奇缘》为例，看看迪士尼如何构建自己的盈利系统。

迪士尼最擅长的应该是讲公主类故事，动画电影《冰雪奇缘》是其中最成功的 IP 之一。这部电影自 2013 年上映后，全球票房超过 12 亿美元。在电影上映 4 个月左右，迪士尼就开始顺势发售光碟、单曲和原声专辑。这些影像产品在全球的销售量都非常高。与此同时，迪士尼又推出了一系列《冰雪奇缘》玩偶及其他周边消费品，进行线上线下全渠道销售。2014 年光电影中两位女主角的公主裙就在美国卖出 300 多万条，创造约 4.5 亿美元收入。

全球各地迪士尼乐园推出《冰雪奇缘》主题游乐项目，吸引更多的游客去消费。此外，迪士尼和索尼还联合推出了《冰雪奇缘》版的 PS4 主机和各种休闲小游戏、《冰雪奇缘》App 等，美国百老汇也借势推出了《冰雪奇缘》的歌舞剧。尽管《冰雪奇缘》已经播出多年，但其授权的衍生品还继续在全球各地热销，真正做到只需努力一次，即可获得终生回报。

按照迪士尼“内容 + 渠道 + 衍生品”的模式，其收支来源与收支方式呈现出多样化的组合。虽然自 2020 年之后，主题公园这类人流量较为密集的娱乐场所首当其冲地受到大环境影响，但是迪士尼因盈利模式的多样化组合而具有较强的抗风险能力，所以经受住了疫情考验。

迪士尼发布的 2022 年一季度财报显示：其一季度营收达 218.19

亿美元，同比增长达 34%，高于市场预期；经营利润 32.58 亿美元，同比大涨 144%，实现净利润 11.52 亿美元。

奥运会，从严重亏损到超级赚钱

如今世界各国都在争相举办奥运会。然而，曾经的奥运会却是一个不赚钱甚至亏损严重的项目。是什么样的盈利模式让奥运会从一个亏损的项目变成一场可以促进国家的文化和经济发展的盛会？

1984 年以前的奥运会，投资巨大、收入有限且维护成本高昂，往往导致举办城市或者举办国背上沉重的债务负担。例如，1976 年蒙特利尔举办奥运会欠下的债务，30 年后才还清。

1984 年的洛杉矶奥运会是历史上具有划时代意义的一届奥运会，因为它开创了里程碑式的盈利模式。当洛杉矶获得 1984 年奥运会举办权后，美国政府由于担心在经济上重蹈往届奥运会的覆辙，因此明确表示，不会提供任何财务上的支持，一切相关费用由洛杉矶奥运会组委会自己想办法解决。美国加利福尼亚州甚至还出台法律明文规定，禁止发行彩票以募集奥运会筹办资金。

不仅如此，奥运会筹办之前，洛杉矶还欠美国奥委会和加利福尼亚州政府款项。这两笔款项是以上两个组织帮助洛杉矶争取到奥运会的主办权而付出的劳动报酬。

在没有国家和城市政府经济资助的背景下，曾经是旅游公司老板的彼得·尤伯罗斯（Peter V. Ueberroth）临危受命，担任洛杉矶奥运会组委会主席，创建了完全由民间私人商业组织主办和运作的奥运会商业运作模式。

尤伯罗斯自掏 100 美元为组委会开设账户，以奥运会为平台，充分挖掘注意力经济的价值，想方设法缩小投资规模、降低运营成本、增加收益，创造了新的奥运会盈利模式。在奥运会举办成功的同时，举办国家、举办城市、赞助商等都获得了各自希望的利益。

利用商业巨头的竞争，增加赞助收入

商业赞助并非新鲜模式，以前的奥运会不乏知名赞助商，但赞助商多而杂乱，赞助收入也不多。对此，尤伯罗斯的助手乔尔想出了一个绝妙的主意：每个行业只选择一家赞助商，赞助商总数限定为 30 家。看起来很苛刻的赞助条件，反而让那些有意愿做赞助商的企业之间出现了空前的竞争，大大提高了奥运会商业广告权的价值。因为参与赞助资格竞争的企业也认为，奥运会赞助资格不应该是低价的。

例如，索斯兰公司为了成为赞助商，在不清楚要赞助建造的一座室内赛车场是什么样的情况下，就答应了组委会的条件。美国通用汽车公司一次就赞助了 700 辆奥运用车。

可口可乐和百事可乐历来是竞争对手，每届奥运会都是它们交手的战场。在 1980 年莫斯科奥运会上，百事可乐作为赞助商占了上风，并因此提高了知名度和销售量。可口可乐决心在洛杉矶奥运会挽回面子。尤伯罗斯充分利用可口可乐和百事可乐对赞助资格志在必得的心态，获得了可口可乐 1 260 万美元的赞助。

最具戏剧性的赞助资格之争要属柯达公司与富士胶卷的竞争。1982 年，尤伯罗斯经过一年多时间的努力，与柯达公司签订了价值 400 万美元的赞助合约。但因为每拖延一周时间，就能获得几千美元的利息，所以柯达公司的一位财务经理为了利息收入，故意拖延支付赞助款，导致合约无法按时履行。

富士胶卷乘虚而入，出价 700 万美元，把柯达公司挤出去了。得知在家门口失去奥运会赞助合约，柯达公司的高层非常气愤，把那位延误合约履行的财务经理炒了鱿鱼，并通过舆论攻击尤伯罗斯和洛杉矶奥运会组委会背信弃义、唯利是图，以图挽回败局，结果无济于事。

富士胶卷利用这次机会，在启动奥运会赞助计划之后一两年内，就使自己在美国市场的占有率由 3% 提升到 9%。而洛杉矶奥运会组委会仅出售商业广告承办权，就获利 2 亿多美元。

高价出售电视转播权

尤伯罗斯和他的班子对电视转播权的销售进行了研究，发现出售

广告权的收益可以达到 3 亿美元。他们经过周密研究，决定以 2 亿美元的开价出售电视转播权，并要求对方提供技术设备。美国广播公司、哥伦比亚广播公司及全国广播公司对电视转播权展开了激烈角逐。最后，美国广播公司以 2.25 亿美元买下转播权，并同意提供 7 500 万美元的技术设备，即电视转播权总成交价为 3 亿美元。

把奥运火炬接力权当商品

尤伯罗斯把火炬接力权也当作商品卖掉了。他规定，美国境内参加火炬接力跑的人，每跑大约 1.6 千米，交纳 3 000 美元。尤伯罗斯的做法引起了非议，但他仍我行我素，把火炬接力权卖了 3 000 万美元。当然，这笔钱最终捐赠给了慈善机构。

由于争议太大，因此后来举办奥运会的国家不再通过出售火炬接力权利获利。

减少投资，节省开支和运营成本

洛杉矶奥运会只是新建了 3 个场馆，其他设施利用洛杉矶市现有的场馆设施。例如奥运村由大学生宿舍临时充当，没有新建。洛杉矶奥组委采用志愿者方式，节省了大量的人员开支，正式员工只有 200 多名，远少于 1976 年蒙特利尔奥运会的员工数量。

洛杉矶奥运会只耗资 5 亿美元，就获得了 2 亿多美元盈余，远超人们预料。不过大部分盈余都归尤伯罗斯和洛杉矶奥运会组委会，国际奥委会和各国奥委会只分到一点。当然这是符合双方约定的，因为筹办奥运会之初，尤伯罗斯就向国际奥委会提出，不要国际奥委会出资，但是作为交换条件，必须把国际奥委会按照惯例从电视转播费中提取 8% 的比例再降低，国际奥委会答应了。尤伯罗斯向世人阐释了体育新理念：体育也是一种产业，而且是潜力无限的新产业。

洛杉矶奥运会的商业模式被后来举办奥运会的城市效仿。1988 年汉城（现称首尔）、1992 年巴塞罗那、1996 年亚特兰大和 2000 年悉尼都将奥运会做成了赚大钱的生意。

曾经在体坛默默无闻的尤伯罗斯，因为在洛杉矶奥运会的筹备工作中表现出了杰出的才华，而一举闻名于世，成为新一代美国人的偶像。

1. 如果企业经营的成本太高，无法盈利，那么即使它有独特的价值和能力，它的商业模式也无法成立。因此，企业还需要构建盈利系统。

2. 通过调整盈利来源和盈利方式，能够拓展原有价值空间的规模和价值实现的效率。

3. 盈利模式只是商业模式的一部分，并不能等同于商业模式，也不等于定价策略。

4. 收支来源与收支方式组合而成的交易结构，就是盈利模式的底层结构，它包含以下 3 个维度：定向、定性和定量。

5. 以自有业务为起点进行升级，提出更有力的客户价值定位，改善客户的满意度或产品的性价比，从而带来更大的客户规模或客户更高的价值认可度，是提升企业盈利来源的最直接路径。

8 增长系统，构建应对突变环境的增长路径

克莱顿·克里斯坦森早在 2001 年就提醒说：“中国企业基于低成本的竞争优势构不成商业模式，他们要获得真正的竞争力，迟早要转向对商业模式的关注。商业模式是屏蔽行业恶性竞争和整体经济低迷的最终的防御工事，是在令人绝望的冬天里置身于充满希望的春天的时间机器。”

能否经受住时间的考验，即是否具有可持续性，是衡量商业模式好坏的重要维度。价值系统、能力系统和盈利系统构成了商业模式的空间维度，这 3 个维度使商业模式具有独特性。如果加上 1 个时间维度，那么商业模式结构就从静态的变成了具备时间性的动态的。

为什么商业模式需要动态结构呢？动态的，才是真实的。《21 世纪商业评论》主编吴伯凡曾经在一篇文章中写道：

> 一个商业模式一旦被创造出来，在信息透明的时代很快就会成为一种被同行竞相征用的“类公共资源”。其横空出世的竞争优势可能因为这种征用（常常还表现为创造性征用，而且是被拥有强大资源和能力的对手征用）而迅速递减，直至完全消失。所以，成功的商业模式在独特性之外，还必须具有一种特性：对被征用具有免疫功能，即可持续性。

其实，商业模式中的“模式”一词容易让人产生误解，让人以为只要构建一种完美的商业模式，它就可以放之四海而皆准。实际上，任何一种成功的商业模式都无法脱离其成长环境，以及自身能力与环境的匹配性。

将一种商业模式移植到一个新的市场环境中，需要对其进行重新调校和修正，且需要重新理解原有的价值定位。比如，一家店开在上海很受欢迎，开到另外一个城市可能就会无人问津，因为环境变了，用户画像也变了，在零售业里甚至有一个“第二家店必败”的“魔咒”。此时，企业所需要的能力和资源也会发生相应的变化。当环境改变时，企业需要不断构建新的能力和资源来建立新的竞争门槛，匹配新的市场，甚至寻找新的盈利模式。

在一个动态变化的环境中，或许我们可以把商业模式的“模式”理解为“原型”。一个原型来到新的使用环境后必须得到调校和修正，商业模式也不例外。商业模式如何才能具备可持续性？接下来我将从如下 3 个方面逐一拆解：

- 在一个突变的生态环境中，企业需要具备什么样的思维方式？
- 如何向生态学学习构建可持续增长系统的方法？
- 是什么导致增长困境？如何突破困境？

突变思维，应对不确定性必备的思维方式

当我们讨论如何构建商业模式可持续性问题时，首先要面对的现实就是任何一个企业所处的环境都是不确定的、非连续的。由此带来一个我们不得不面对的问题：再完美的商业模式都会遭遇不确定性和非连续性，即遭遇环境突变。当环境突变成为一种常态时，如何应对突变的挑战就成为新的课题。

世界是一个复杂系统

早在 18 世纪，英国神学家威廉·佩利（William Paley）① 便以“钟表匠”隐喻生物的演变：就像手表这样精密复杂的事物绝不可能无中生有、突然出现一样，复杂程度远超手表的生物势必经由巧手特意创造而来。理查德·道金斯（Richard Dawk）② 提出了不同观点，他在《盲眼钟表匠》（*The Blind Watchmaker*）一书中写道：“物种的演化并没有特殊目的，生命自然选择的秘密源自累积，如果把大自然比喻成钟表匠的话，它只能是一位‘盲眼’钟表匠。”

“不确定性”逐渐成为当今时代的共识。20 世纪中期，随着混沌理论 ③ 的出现，人们渐渐改变了看待世界的角度。混沌理论表达的是，一个完全被数学公式精确描述的系统，即便没有外部因素的干扰，也可能变得无法预测。最典型的一种混沌现象就是蝴蝶效应，它指的是在动态系统中，初始状态微小的变化，会引起整个系统长期的巨大的连锁反应。

蝴蝶效应的提出者爱德华·诺顿·洛伦茨（Edward Norton Lorenz）曾做过两次计算：第一次是从原始数据直接算出将下雨的结果；第二次由于计算机存储原因导致初始数据的小数点后十几位被四舍五入了，损失了一点精度，然而就是这极度微小的精度差异导致算出的结果与第一次完全不同。

这里需要指出，混沌并不是指事物的复杂性超过了某个临界点后变成不可

① 英国神学家，在 1802 年出版的《自然神学》（*Natual Theology*）中阐明，心智这样复杂的机能不可能随意产生，而必然是被设计出来的。不过，佩利最终以上帝创造一切来解释心智的产生过程，显然是武断的。

② 英国皇家科学院院士、牛津大学教授。《基因之河》是其又一经典作品，该书中文简体字版已由湛庐引进、浙江人民出版社于 2019 年出版。——编者注

③ 研究确定性非线性系统的学科，研究内容主要有非线性映射的宏观特性，动力学系统的弛豫时间问题，自组织与耗散结构，等等。该理论最大的贡献是用简单的模型获得明确的非周期结果，对气象、航空及航天等领域的研究有重大的作用。

预测的混沌状态，它可以是一个非常简单的事物，也可以是一个我们非常熟悉或者非常简单的法则，其中没有任何随机性因素的干扰，但还是可能出现完全无法预测的结果。

在复杂系统中，初始状态的轻微变化都能引起巨大的不同。在复杂系统中，由于各组成要素之间内部的交互作用和外部因素的相互影响，系统具有非线性和突变性特征，因此在传统的线性研究范式内很难处理系统的相关问题。基于此，众多学者投身于该领域的研究，从而促使一个新的交叉学科——复杂性科学形成，并提出了许多新的理论。

复杂环境中的不确定性和非连续性

面对不确定性和复杂性，我们应该如何应对呢？

事物的变化多姿多彩，纷纭繁杂，但总不外乎两种基本方式，即渐变和突变。渐变是指事物连续稳定的变化，如炮弹的飞行、物体的自由下落、地球周而复始地绕太阳旋转等。而突变是指事物在短时间内完成巨大激烈的变化，如山崩海啸、台风骤至或世界各地突然发生的“黑天鹅事件”等。突变，意味着连续渐进的过程突然遭遇中断。

习惯了恒常或渐变的营商环境的企业，在突变的环境中会遭遇两大难题，也就是发展方向的不确定性和发展路径的非连续性。“往哪儿去”和“如何去”是战略管理的核心问题，而发展方向的不确定性代表着“往哪儿去”不确定，发展路径的非连续性代表着“如何去”不清楚。

如果把复杂环境下未来发展方向的不确定性和发展路径的非连续性都按“高”和“低”程度划分，那么可以分出恒常、无常、动荡和突变4种状态（见图8–1）。

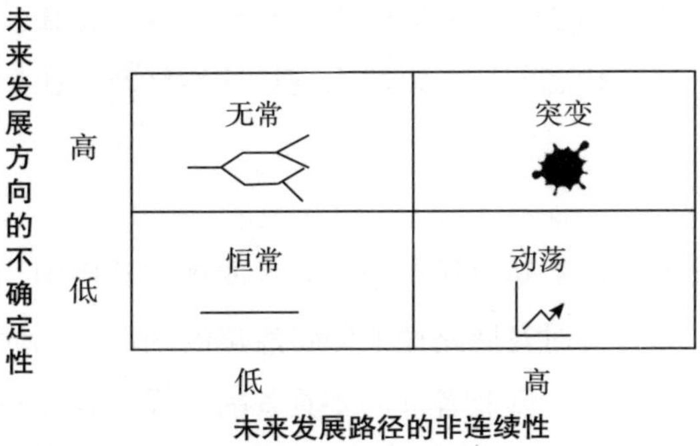

图 8-1　复杂环境中的不确定性和非连续性

资料来源：《共演战略》，路江涌著。

第一，恒常状态。大多数企业都习惯了这样的环境，发展路径很清晰，方向也很确定。它们通常处于产业链的上游，相对稳定，如棉花种植企业、纺织制造企业等。这种状态下的企业面对的最大挑战是如何防范因思维固化而形成组织惯性和惰性。

第二，无常状态。无常的状态通常发生于行业的更迭时期。以传统制造业为例，德国提出了“工业 4.0”，中国提出了“中国制造 2025”，似乎都为制造业指明了方向，但是很多企业不知哪里才是正道。大部分制造工厂其实没有太大变化，它们一边观望，一边沿着既定的方向走，发展路径还处于连续性状态。处于这种状态的企业在战略上应保持多样化和灵活度，避免把所有鸡蛋放在一个篮子里。

第三，动荡状态。动荡状态通常发生于新行业的初始阶段。比如，区块链、数字货币，从方向上看似乎确定性很高，但是会如何发展，谁也不知道。也就是说，它们发展方向的不确定性很低，但是发展路径的非连续性较高。

第四，突变状态。企业处于不稳定的突变环境中时，方向的不确定性和发展路径的非连续性都非常高。比如，共享单车和网约车诞生之初，有关部门还没有出台相应的政策和法规，所以这类新兴的企业就存在非常大的不确定性和非连续性。处于突变状态的企业可能出现结构性创新，比如微信，颠覆了过去的通信方式。

在“明天和意外，不知道哪一个先来”的现实环境中，思考如何构建可持续增长的路径，如何应对发展路径上即将遭遇的困境，如何跨越突变，让组织不断进化，是当下每一个创业者都需要具备的思维方式——突变思维。①

三曲线理论，企业增长的核心路径

很多植物都需要经历从种子发芽、生长开花到衰亡的生命过程。但在一个植物园里，不管什么季节，总有一些植物正在生长，另一些正在开花，还有一些则在衰亡……社会中也存在同样的现象，总有生命在生长，也有生命已消亡，但生态系统是永生的。企业如何构建一套系统，让自己可以如植物园里的植物一般生生不息呢？

如果我们把一家企业当成一个生命主体，那么它必然也要经历从出生、少年、青年到老年直至死亡的整个生命周期。更重要的是，这个生命周期不是连续的，而是突变的，单一生命体随时会面临连续性突然被中断的状况。企业如何才能跨越随时可能发生突变的生命周期？这是摆在每一个创业者和企业家面前的问题。一项业务就像一朵花，会经历从生长、盛开到凋谢的过程。一家企业的业务存在从兴盛到衰亡的事实，就等于这家企业必须倒闭吗？

随着外部环境的变化，一家企业的业务和收入来源会渐渐成熟直至老化。如果企业以持续增长为目标，那意味着其业务更新的速度必须快过衰亡的步伐。企业必须在发展主营业务的同时实现新业务突破，这是实现持续增长的核心难题。

① 突变论研究的是自然界和人类社会中的连续渐变如何引起突变或飞跃，并力求以统一的数学模型来描述、预测和控制这些突变或飞跃。

麦肯锡曾经花了两年半的时间，做了一个关于“增长”的大型研究项目。这项研究工作调查了四大洲的 12 个国家、10 个产业部门的数十家企业，其中既有强生、迪士尼这样的知名企业，也有一些名不见经传的中小企业。通过这项研究，麦肯锡发现，很少有企业可以保持逐年增长并长期维持超出行业平均增长率的发展速度。于是它在“增长”这个议题上持续研究了多年，又经过在世界各国的成功实践，提出了战略三层面理论，帮助众多企业跨越突变的环境，突破增长的魔咒。

随着主营业务的不断发展，企业的生存结构变得越来越复杂。发展到一定阶段后，企业将会遭遇增长瓶颈，遭遇的时间因企业各自的核心竞争力差异而有所不同。在主营业务衰退之前，企业应该启动并实现第二层业务的增长。“第二层业务”就是管理哲学家、伦敦商学院创始人查尔斯·汉迪（Charles Handy）[①] 所说的“第二曲线”。

基于麦肯锡的战略三层面理论，企业有必要在三个不同的层面同时开展积极的经营活动，以取得核心业务和新业务之间的平衡，这就是我们所说的“三曲线”。汉迪在讲第二曲线时提过“S 型曲线”。由于 S 型曲线能够更形象地描述一项业务的发展过程和生命周期，因此接下来我会继续使用 S 型曲线的说法来解释麦肯锡的战略三层面理论。

第一曲线：守卫和拓展核心业务

第一曲线业务是企业的核心业务。我把它类比成“碗里”的业务，它是企业当前的饭碗。这部分业务是企业生存的根基，是企业主要的收入和利润来源，直接关系到企业的生死存亡，也是企业发展第二曲线增长业务的能力来源。如果没有成功的第一曲线业务，那么第二曲线和第三曲线的业务很可能因为得不到足够的能力和资源支持而失败。

① 著名的管理思想大师。英国《金融时报》称他是欧洲屈指可数的“最像管理哲学家”的人，并把他评为仅次于彼得·德鲁克的管理大师。

在第一曲线业务中，企业的核心是快速找到市场破局点，快速发展以维持企业在市场竞争中的地位，并且尽可能发掘出第一曲线的所有潜能。第一曲线业务创新是沿着既有路径的创新，如对现有技术的持续改进、产品的升级迭代、流程的不断优化等，通常表现为线性增长。

在绝大部分时间里，企业做的都是这种连续性创新，走的是改良式发展道路。即便是大家十分熟悉的苹果公司也是如此，它最近一次重大的产品创新还是在 2010 年“乔布斯时代”推出的 iPad。此后的创新都是对 iMac、iPod、iPhone、iPad 等核心产品的持续升级。

但是做连续性创新的企业可能掉入创新陷阱。按常理来讲，如果第一曲线业务运转正常，看起来蒸蒸日上，那么企业管理者会很自然地希望第一曲线业务继续发展下去，有什么理由不把它当成对未来的预期呢？然而，人往往会被成功蒙蔽双眼，失去对未来的判断，在回顾过去的时候，才发现那已经是巅峰了。不幸的是，这种事后诸葛于事无补。比如，诺基亚在功能手机处于市场主导地位时，连续 14 年处于行业领先地位。但在智能手机时代，诺基亚迅速衰落，最终被微软收购。

据混沌学园创办人李善友在其《第二曲线创新》一书里所写，连续性创新很重要，但是连续性创新有一个隐含假设，即只要努力，就能持续增长。然而，沿着同一条 S 曲线的连续性创新，存在着一个致命的问题：连续性创新不可能无限持续下去，无论是技术、产品，还是组织或者公司等，都一定会到达创新极限点。

第二曲线：建立“积极求变 + 市场选择”的进化路径

第二曲线业务是市场选择的结果，而不是顶层设计的结果。进化论告诉我们，物种的进化是“随机变异 + 自然选择”的结果。对企业而言，如何适应快速变化的市场环境是生存的关键，这就需要企业积极求变，而不是等着随机变异。“积极求变 + 市场选择”就是第二曲线业务的进化路径。

我称第二曲线业务为“锅里”的业务，顾名思义，它指的是“碗里的饭”吃完了，“锅里”还有没有另一道“菜”。第二曲线业务源于第一曲线业务，但并不是第一曲线业务的延伸。

以大家熟知的微博为例：在 PC 时代，新浪做了博客，由于当时写博客文章的门槛比较高，因此大部分人无法参与创作；进入移动互联网时代之后，人人都可以参与内容创作，一句话、一张图片都可以成为创作内容，由此诞生了微博。如果新浪沿着第一曲线做产品改良优化，那么就无法做出微博，因为微博的底层结构和博客是不一样的。随着 4G 和 5G 技术的普及，短视频和直播应运而生。无论是微博，还是短视频和直播，都有结构性的变化，而不是对原有产品结构进行改良。

第一曲线业务创新是一种连续性创新。熊彼特对创新做过如下定义：“创新不是在同一条曲线里渐进性改良，而是从一条曲线变为另一条曲线的新组合。”

第一曲线业务的成功可能会让企业对潜在的新技术和新市场视而不见，从而给对手留下抢占先机的空间。然而，企业要改变自己的主营业务也不容易，因为这个过程牵扯到太多人的既得利益。比如，数码相机由胶卷巨头柯达公司首先发明，但因为企业多年以来的主营业务一直是胶卷，所以即便到了业务存亡的重要关头，公司的高层也始终不能下定决心转换到第二曲线，最终被其他企业替代。

据汉迪在《第二曲线》（*The Second Curve*）一书中所写，任何一条增长的 S 型曲线，都会滑过抛物线的顶点，持续增长的秘密是在第一条曲线消失之前，开始一条新的 S 型曲线。此时，时间、资源和动力都足以使新曲线度过它起初的探索挣扎的过程。

在第二曲线上，很多企业可能实行赛马机制，即在内部同时进行多个项目孵化竞争，看哪个项目最终可以跑出来成为第二曲线业务的核心。这就是一种“积极求变 + 市场选择”的进化路径。跑出来的第二曲线业务虽然刚开始没有第一曲线业务的规模化收入和利润，但是会呈现高速增长的态势。这部分业务，我们指望它未来几年成为企业第一曲线业务的核心，从而取代原有的第一曲线业务。这意味着，第二曲线业务代表着公司下一阶段的发展方向，甚至是对第一曲线业务的颠覆。

如果没有第二曲线业务，那么企业的第一曲线业务在发展到成熟期时，将会面临增长的瓶颈，导致企业的增长放缓甚至最终停滞。所以，在企业仍然健全、外部业务仍能保护企业在内部试验新的经营方式时，企业最高管理者就应着手实行改革。

第三曲线：构建企业未来的生存能力

第三曲线业务是企业对自身能力边界不断探索的结果。除了“碗里”的和“锅里”的，一家企业有没有未来还取决于“田里”有没有播入新的“种子”。“种子”可以是一个研究课题或者市场试点。任何成功的企业，一定都培育了很多“种子”项目。虽然大多数“种子”项目会因各种原因而失败，但是企业必须对此进行投入，以便将来有足够的选择空间。

“种子”不能随意播种，企业不能看到哪个领域有赚钱的机会就进入。在中国房地产市场发展的黄金时期，不知有多少各行业知名品牌涌向房地产市场，但这种所谓的多元化经营并不是企业第三曲线业务的希望，也不是未来的“种子”。

对第三曲线业务的探索是企业对自身社会使命和愿景的不断趋近，是为了更高效地实现企业对社会责任的承诺而采取的一系列连贯性动作。我们在讲能力系统时讲过，一切没有服务于终极目标的经营活动，都是废动作。

举例来说，360 公司诞生之初从免费杀毒软件切入市场，很快占领个人杀毒软件的头把交椅，在第一曲线上实现成功突破。随后几年，360 公司围绕个人上网安全推出各种服务和应用，如浏览器、搜索引擎等。在未来的发展方向上，360 公司逐渐将业务扩展到政府和企业的互联网安全领域，公司的使命也从“让个人上网更安全”上升到“保护中国互联网安全”的高度。围绕这一使命，360 公司构建了三曲线业务，即个人网络安全、企业网络安全和国家网络安全，实现了可持续性增长。360 公司也有些业务与三曲线业务无关，如 360 金融，这类业务的确很赚钱，但跟保护中国互联网这个使命无关。

与其说第三曲线业务代表未来的增长业务，不如说它构建的是企业未来的生存能力。有人说企业的一切行为都是为了增长，对此我不敢苟同。我认为，如果把企业作为一个会进化的生命体，那么它的一切行为都是为了生存。如果把增长当成手段，而不是目的，那增长目的还是更好地生存。当面临生死抉择时，企业选择断臂求生也是一种生存选择、一种积极求变的进化路径。

关于生存能力，有必要在这里插一个题外话，澄清一个误解。有人说将 evolution 翻译成“进化”是错的，正确翻译应该为“演化”，因为生物的演化不是一定要“进”的，为了更好地适应外部环境的变化，进化和退化都有可能发生。其实这是一种误解。北京大学已故的张昀教授在 20 世纪编写的《生物进化》一书中用了很大篇幅解释进化的“进”字。他认为，evolution 一词有两种译法，即“进化”和“演化”。“进化”一词早已被中国生物学界接受和广泛使用。进化中的“进”字不能简单地理解为“进步”，更不是“退化”的反义词，它是指某种有趋势的变化（如复杂性和有序性增长的趋势、适应生存环境的趋势），有别于无向的、循环往复的变化。而“演化”一词作为广义的概念，近年来被越来越多地应用于非生物学领域（如天文学和地质学），成为一个常用（有时是滥用）的词。但无论是生物进化，还是非生命系统的演化，都不是指一般的变化。换句话说，并非任何变化都可称为进化或演化。一种译法延用旧译，一种译法有助于区分生物与非生命系统，因而将 evolution 译作“进化”和“演化”都是合适的。

6 种常见的企业增长困境

为了持续增长，企业想尽一切办法，为什么却仍然遭遇增长困境？大多数情况下，企业甚至都不知道哪里出了问题。企业增长好的时候，莫名其妙；增长不好的时候，无可奈何。对此，我们有必要从一个较高的维度来审视企业的状况，毕竟在解决问题之前，先要找到真问题。

基于三曲线理论，我们可以组合出如下 6 种企业常见的增长困境（见图 8–2）。① 这幅图总结了大多数企业面临的现状和挑战，可用于诊断企业当下面临的挑战。

	第一曲线	第二曲线	第三曲线
困兽之斗	X	X	X
失去增长的权利	X	✓	✓
即将出局	✓	X	X
有未来，没现在	X	✓	X
有未来，没现在	X	X	✓
有点子，无方案	✓	X	✓
没有未来想象空间	✓	✓	X

图 8–2　企业常见的增长困境

资料来源：《增长炼金术》，［美］梅尔达德·巴格海著。

第一种困境：困兽之斗

第一种困境是最坏的状况，三曲线无一健全。这种困境主要存在于初创公司，也存在于业绩已经出现亏损下滑的成熟期企业。在这种困境中，初创公司连生存能力都没有，主营业务也迟迟无法突破，自以为产品很好，但是却没有多少客户愿意接受；而成熟期企业此时正在努力扭亏为盈，但由于产业环境突变或行业政

① 其中“有未来没现在”的困境有两种表现。——编者注

策突发管制，其主营业务突然遭受重创，第二曲线业务迟迟无法突破。

创业者在创业初期基于一个想法去创业，这可以理解为先有了第一曲线的想法。但是他们在创业过程中却由于种种原因迟迟无法突破，更致命的是在第二曲线上没有新的迭代方案。初创公司最常见的状态就是基于一个想法进入市场，但是后续用户反馈却充分反映出产品无法满足用户需求，或满足的只是伪需求。有的创业公司会快速迭代，开发新的产品或转换新的赛道，而多数创业公司则止步于第一曲线，无法破局。

这种困境也同样发生在成熟期企业中。成熟期企业最大的问题在于固守第一曲线业务太长时间，习惯了恒常的商业环境，形成思维惯性和组织惰性，忽视了新业务的培育。一旦主营业务所处行业环境突变或者竞争趋于白热化，企业就开始出现亏损，于是急于扭亏为盈，更顾不上第二曲线业务，由此形成恶性循环。

第二种困境：失去增长的权利

相比于第一种困境，面临第二种困境的企业虽然无法在主营业务上破局，但是已经有了新的想法和突破。问题是，企业没有持续的主营业务收入，就无法为下一阶段的增长提供支持。

这类企业过分专注于增长，在核心业务还没有夯实和突破之前，就多方向尝试，而忽略了一点：没有主营业务的支持，如何支撑下一步的发展？出现这种困境的主要是一些初创公司，它们甚至为了迎合投资人的喜好而去做数据。

我投资过一家做直播软件的初创公司。这家公司的创始人有很丰富的创业经验，团队也不错，所以靠着幻灯片（PPT）演示就拿到了天使投资。在公司发展早期阶段，这位创始人靠着自己原有的社会资源，很快就在业务上有所突破，拿到了一些订单，让公司得以存活，但是问题也随之出现。

这位创始人原来做销售，在市场开拓方面是一把好手，但是由于技术能力不够强，因此产品一直出现问题，客户接二连三地退款。此时，公司的财务状况也越来越紧张。为了让公司生存下去，创始人有些“饥不择食”，只要客户愿意付钱，什么订单都接，甚至帮其他企业做个性化开发。公司的主营业务一度因此陷入混乱。这种情况在大部分初创企业中其实是大概率事件。

成熟期企业此时已经出现主营业务亏损的情况，虽然对下一步的发展和未来的方向都有了明确的规划，但是眼下如何生存是个问题。

第三种困境：即将出局

面临第三种困境的企业拥有核心业务，实现了第一曲线业务的创新破局，并获得不菲的利润收入。但是任何行业的红利都有周期性，随着竞争的白热化，成熟期企业会逐渐出现利润下降的趋势。这时如果没有第二曲线业务衔接，那么企业就会遇到增长困境。

上市公司的市值和创业公司的估值是由其未来的增长率决定的，而不是由现在的收入绝对值决定的。企业如果在可预见的未来不再有增长空间或增长率比较低，那么即便其现在拥有再高的收入绝对值，市值（估值）也会下降。

2016 年 12 月 15 日，美图公司在香港上市。其市值最高时近千亿港元，第二年发布的财报显示其营收快速增长，亏损也大幅缩减。然而，此后美图公司的股票价格却快速暴跌，一蹶不振。截至 2022 年底，其市值不到百亿港元。最近几年，美图公司一直没能走出困境，为什么？主要原因在于用户量下降。对一家互联网企业来说，用户量下降是一个致命的打击，这意味着企业未来唯一的想象空间没了。如今，美图公司还在不断探索新的方向。

克里斯坦森提出过“增长魔咒”的概念。他在《创新者的解答》（*The Innovator's Solution*）一书中给出过一个论断：每 10 家企业中，大约只有 1 家能够维持良好的增长势头，从而能回馈给股东们高于平均水平的投资收益。但更常见的情况是，企业为了成长而付出的努力反而拖垮了自己。因此，大多数企业高管都处在一个两头不讨好的位置，公平的市场竞争要求他们推动企业成长，却没有告诉他们应该如何成长，而盲目追求进步的结果甚至比原地踏步更糟糕。

第四种困境：有未来，没现在

很多人把面临第四种困境的企业戏称为“卖 PPT 的公司”。它们大肆吹嘘下一步大动作和未来的发展前景，却没有维持生存的第一曲线业务。这种困境主要存在于初创企业中。

这类企业畅想着美好的未来，却缺乏维持其生存的主营业务。我做投资时发现，很多创业者认为只要讲一个足够吸引人的故事，就可以拿到融资。恰恰相反，我总是跟身边的创业者建议：不管过去的历史多么辉煌，都要做好一个假设，那就是现在可能融不到资。只有这样，创业者才会考虑企业当下的生存问题。毕竟，一家企业能像特斯拉那样多次濒临破产还能起死回生的概率太小了。创业者只能学习其精神，不能模仿其动作。

除了初创企业，这种情况也会在大企业里发生。有时候，一些产业会受到“断层”的震动，使得企业第一曲线业务受到致命的打击。所以大企业也要有危机意识，正如任正非在《华为的冬天》开篇所写：“公司所有员工是否考虑过，如果有一天，公司销售额下滑、利润下滑甚至会破产，我们怎么办？我们公司的太平时间太长了，在和平时期升的官太多了，这也许就是我们的灾难。泰坦尼克号也是在一片欢呼声中出的海。而且我相信，这一天一定会到来。”

第五种困境：有点子，无方案

第五种困境主要发生在成长期企业中。面临这种困境的企业，其主营业务一直处于盈利状态，即第一曲线业务是成功的，但如果没有第二曲线业务的突破，就将面临增长瓶颈的问题。在这种情况下，企业虽然在积极寻找突破口，但是依然没有较好的落地方案。

在给企业做咨询的过程中，企业负责人经常跟我说："你说的这个方向我们曾经也考虑过，但是……"企业为了增长往往会研究各种突破的方向，但也存在两大问题：一是方向太多，不知道如何选择，等于没有方向；二是有方向，没有实施路径。这两大问题其实是一个问题。这种情况经常出现在一些高科技公司中，它们有各种技术研发项目，但这些技术都只是躺在实验室里，无法商业化。它们缺的从来都不是点子，而是如何选择和如何做到的问题，即缺少战略。

什么是战略？按照德鲁克的说法，战略规划的不是未来要做什么，而是规划现在要做什么才有未来。从发现一个机会，到制订方案，到规划实施路径，再到针对可能面临的挑战和困境进行预演，这才是战略的整体面貌。这里的"战略"不是名词，而是动词。可是总有人把目标当战略，懒得去思考如何做，却声称自己有了战略。

第六种困境：没有未来想象空间

面临第六种困境的通常是成熟期企业。它们经历过高速发展，第一曲线和第二曲线的业务都非常成功，但是未来的方向并不明确。

2018 年，达利食品实际控制人许世辉家族以 627.9 亿元的身家，第一次超越娃哈哈实际控制人宗庆后，成为福布斯中国富豪榜的食品业首富。达利食品和那些勇于"第一个吃螃蟹"的企业不同，其创始人许世辉采取的是"敢为天下后"的跟随模式。达利食品成立多年，在三四线城市和乡镇市场积累了庞大的销售渠道和客户资源。如何扬长避短，发挥自己渠道的优势呢？它把"敢为天下后"的跟随模式复制到了食品行业几乎所有的主流品类上。

第一个被它盯上的跟随对象是好丽友派。好丽友派自 1995 年进入中国内地后，占据了派品类市场超过 70% 的份额。这也证明了派的工艺和口感受到当时国人的欢迎。于是达利食品以好丽友派为目标，开始跟进，推出了达利园派。在价格上，达利园派只有好丽友派的 60% 左右。在市场推广上，达利园避开了好丽友派在一二线城市的主战场，而从自己的优势战场三四线城市及乡镇市场切入，做到一定市场规模之后，才正式进入一二线城市市场，利用价格优势逐渐占据更多市场份额。仅用了几年时间，达利园派就反超好丽友派，成为派品类的第一名。在第一曲线业务的突破上，达利食品是成功的。

在“派”上取得成功之后，达利食品将“敢为天下后”的跟随模式复制到其他品类上，接连推出可比克、好吃点等零食品牌，以及和其正、优先乳、乐虎、豆本豆等饮料品牌。在市场份额上，达利园派是糕点类第一，可比克是薯类膨化食品第三，好吃点是饼干类第二，和其正是凉茶类第三，达利园花生牛奶是复合蛋白饮料类第二，乐虎是功能饮料类第三。很有意思的是，它的绝大部分产品的市场占有率都不是品类第一，但是所有种类加起来的市场占有率就是第一。

虽然达利食品的主营业务近几年平稳增长，但是其股价和市盈率都非常低，最大的原因是投资人对它的未来没有太高的预期，认为它没有想象空间。

如何平衡三曲线业务

具备健全三曲线业务的企业可谓凤毛麟角。对大多数企业而言，健全是一种愿望，而不是现实。

一个悲观的人可能会把上面描述的 6 种困境视作企业病症诊断书，而那些理性的、乐观的创业者则会把这些困境看成是企业能够实现持续增长的新起点。

从资本市场上看，第二曲线和第三曲线的业务哪怕当下并不赚钱，它们仍能左右投资者购买企业股票的意愿。就像特斯拉，虽然汽车年产量不足丰田的1/3，但它的市值是丰田的5倍。

尽管第一曲线业务是企业现金流的主要来源，但它在决定股票价格方面只占很小的比重，而投资人对企业未来的期望值才是决定企业股标价的主要因素。这在高科技行业尤其常见，尽管高科技上市企业第一曲线业务的营收可能很糟糕，但投资者对其未来业绩增长潜力存在较高的预期，所以它们的市盈率才能达到50～100倍。

初创期企业其实暂时不用过多考虑第二曲线和第三曲线的业务问题，因为如何突破第一曲线业务问题可能已经让它焦头烂额了。而成长期企业和成熟期企业则要思考，如何才能平衡三曲线业务，实现可持续增长。实现平衡并不等于在3条曲线上拥有数量相当的业务量。换句话说，任何成功的产品和业务都是小概率事件，企业无法一推出产品就受到市场欢迎，也不能假设客户一定会购买自己的服务。面对这些不确定性，企业可能需要播10颗第三曲线的“种子”才能得到一个第二曲线的业绩增长业务，也有可能在5个业绩增长业务中只有一个成为核心主营业务。没有人可以给出3条曲线如何实现理想平衡的结论。

如果没有一个标准来确定理想的平衡状态，那么我们该如何界定三曲线？其实，平衡意味着有另一部实现业绩增长的“发动机”备用，一旦需要，随时启动。不同行业、不同企业都存在差异，无法一概而论，但是都需要考虑如下3个核心因素。

第一个核心因素是产业演进的步伐。在演进飞快的产业里，3条曲线的更新速度有可能很快。小米创始人雷军曾经说，他从来不计划半年后的工作，因为市场变化太快。如果我们简单地把行业按创新类型做分类，那么行业可以分成无限创新型和有限创新型两大类。

像手机、互联网行业就是无限创新型的，这些行业的企业每天都要创新，每天都要面对新的待解决问题。对这些企业来说，在第二曲线和第三曲线上有多样化的业务储备远比当前业绩重要。它们的研发能力也是投资人评估其核心竞争力的核心要素。

像可口可乐这样的企业，就处于有限创新型行业。这类企业的产品创新速度比较慢，一款产品可以卖上百年。一些做基础材料的企业，如服装类企业，可能几十年都做一种面料，其中比较典型的是上百年也没有太大变化的牛仔面料。对这类行业中的企业来讲，行业的周期长，变化也慢，企业并不迫切需要第二曲线和第三曲线的业务创新。

第二个核心因素是不确定程度。与产业演进步伐相关的，就是产业的不确定程度。产业不确定性很高，意味着环境变化可能威胁到产业的核心业务。所以在投资一个企业之前，投资机构通常都会评估它所在行业的不确定程度。不确定性较高的行业，竞争态势更为复杂，但并不是只有风险而没有机会。事实上，这类行业可以说是危与机并存的。

比如高科技行业，不确定程度比较高。再比如网约车、共享单车等创新型行业，它们刚出现时，行业的不确定程度非常高。这些行业里的创业者大部分都失败了，不过，最终活下来的企业都成为制定行业标准的参与者。

不确定程度比较低的行业往往是传统行业。比如消费行业，不确定程度相对较低，参与者众多。不过，随着消费人群、技术等的变化，传统的消费行业也会有很多新的机会出现。消费市场的一大特点是并非赢家通吃。比如服装行业，可以容纳很多营收达十亿元、百亿元的企业，不存在一家独大的情况。

第三个核心因素是投资者期望值。有一种创业，叫风险资本（Venture Capital，to VC）的创业。这类创业者非常了解投资人喜欢什么项目和数据，会为了迎合投资人的喜好而去经营企业，甚至对数据造假。比如：投资人在投资项目之前想看看产品原型，创业者就花钱去做产品；产品出来之后，投资人可能又想看数据，于是创业者又花钱去做数据。总而言之，创业者所做的一切都是为了证明给投资人看，而不是真正从市场的角度去考虑产品是否真正满足消费者的需求。这是极其短视的行为。

对以上市企业为代表的成熟期企业的第二和第三曲线业务的预期，决定着投资者的投资意愿，也决定着企业的股票价格和市值。对这类企业来说，平衡好企业的正常经营和投资者预期也是其重要的工作内容之一。

把增长当成手段，而不是目的

杰弗里·韦斯特（Geoffrey West）在《规模》（*Scale*）一书中，分析了标准普尔数据库中，1950—2009 年美国市场上进行交易的 28 853 家公司，得出了这样的结论：截至 2009 年，在这 28 853 家公司中，共有 22 469 家公司已经消失，比率约为 77.9%。在这些消失的公司中，有 45% 被其他公司并购，9% 破产清算，3% 被私有化，0.5% 经历了杠杆收购，0.5% 被反收购，剩余的则是其他原因导致了消亡。

在此基础上，韦斯特提出了公司"死亡曲线"的概念，并绘制了一系列数据图。图 8-3 是这些数据图中的一个，表现的是因破产清算而消亡的公司的死亡曲线。在图中，50 年内消亡的公司几乎占到了公司总数的 100%，其中 50% 在不到 10 年的时间里便宣告"死亡"，上市 30 年后还存活的公司不到 5%。由此，韦斯特得出了一个并不乐观的结论：一家公司能够连续存在 100 年的概率，只有 4.5%；而连续存在 200 年的概率，仅为十亿分之一。

在韦斯特的研究成果中，还有一个十分有意思的结论：无论随意跟踪多少家企业，每经过 10.5 年，这些企业就会消失一半。这个结论或许会让许多企业管理者感到不那么愉快。与此同时，韦斯特还发现上市企业的平均"寿命"

正随着技术的不断提升而变得越发短暂（见图 8–4）。

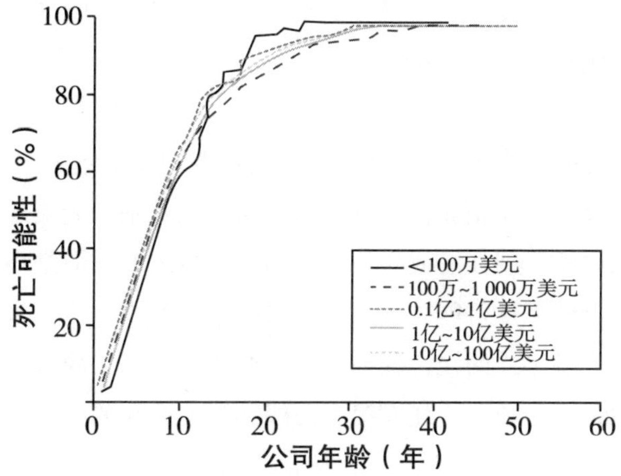

图 8–3　因破产清算而消亡的公司的"死亡曲线"

资料来源：参考自杰弗里·韦斯特的《规模》一书。

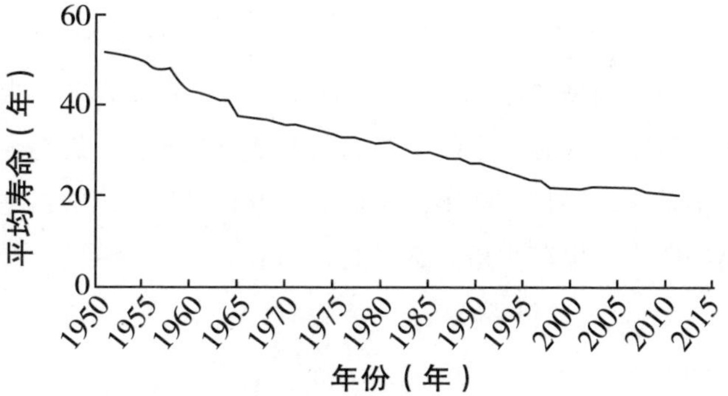

图 8–4　上市企业的"寿命"不断缩短

资料来源：参考自杰弗里·韦斯特的《规模》一书。

有人说企业经营的一切行为只有一个目的，那就是业绩增长。他们认为，只要业绩增长，就能掩盖一切问题。其实，这是误解了业绩增长的本质。如果企业的经营行为都是为了业绩增长，那么企业发展就被业绩增长绑架了，战略也被业绩增长绑架了。比如：上市企业为了每年财报的增长曲线，战略眼光只有一年；资本市场上讲的市值管理，也是为了业绩的增长。这些都是把业绩增长当成了企业经营的目的，是对业绩增长本质的误解。而实际上，业绩增长只是手段，不是目的。比如，可口可乐先是把首席营销官改为首席增长官，后又重新任命了首席营销官。

常有企业家说要打造百年企业。什么是百年企业？是百年业绩增长吗？不，是百年生存。一家企业，最危险的时候，往往是在业绩达到巅峰的时候，为什么？因为惯性。现在的成功是过去的惯性带来的，但是环境在变化，市场也在变化，现有的惯性可能支撑不了未来的业绩增长。企业未来要靠什么实现业绩增长？或许是第二曲线，又或是第三曲线。那第二曲线和第三曲线的本质是什么？不只是新的业务，还有第二曲线和第三曲线的能力。

新的能力可以带来新的机会和业务，而能力是发展出来的。所以，对企业来说，比业绩增长更重要的是能力的发展。企业为什么要不断发展新的能力？不是为了业绩增长，而是为了生存。

商业世界的规则是“适者生存”，而不是“强者生存”。当环境突变时，当“黑天鹅”不断出现时，企业要考虑的不是业绩增长，而是生存。百年企业的最高境界不是业绩增长 100 年，而是生存 100 年。业绩增长是第一层次，能力发展是第二层次，生存才是最高层次。

DECODING BUSINESS MODELS

商业模式创新指南

1. 能否经受住时间的考验，即是否具有可持续性，是衡量商业模式好坏的重要维度。

2. 价值系统、能力系统和盈利系统构成了商业模式的空间维度，这 3 个维度使商业模式具有独特性。如果加上 1 个时间维度，那么商业模式结构就从静态的变成了动态的。

3. 任何一种成功的商业模式都无法脱离其成长环境，以及自身能力与环境的匹配性。

4. 在现实环境中，思考如何构建可持续增长的路径，如何应对发展路径上即将遭遇的困境，如何跨越突变，让组织不断进化，是当下每一个创业者都需要具备的思维方式——突变思维。

5. 企业必须在发展主营业务的同时实现新业务突破，这是实现持续增长的核心。

6. 对企业来说，比业绩增长更重要的是能力的发展，比能力发展更重要的是生存。

DECODING
BUSINESS MODELS

第二部分

商业模式高效运行必备的 4 大动力系统

在第二部分，我将讲述 4 大子系统的内容：进化系统、协同系统、耗散系统和免疫系统。

在进化系统中，我们将用一种新的视角来看待企业。也就是把企业看作一个生命体，从生命本质的角度探讨企业的进化。生命的本质是什么？是不断地增长吗？并不是。增长是手段，生存才是目的。生存并不是永生，而是不断进化成更高级的物种，这才是生命的本质。

在协同系统中，我们将探讨商业模式如何高效运行，也就是探讨企业如何构建高效的内部和外部协同机制，从而揭开组织管理的本质。管理的本质并不是复杂的管理制度，而是创造简单的、有序的协同规则。对于正处于激烈的外部竞争环境中的企业，这部分内容给出了启示：竞争优势无法给企业带来长期的生存价值，协同共生才是生命的本质和企业的唯一生存之道。

在耗散系统中，需要解决的是组织的活力问题，也就是解决如何让组织保持高效的创新活力、如何让组织自发地实现从无序到有序的进化及这个过程需要什么样的机制等问题。我将以华为的耗散结构为例，讲述建设组织活力的本质逻辑。

在免疫系统中，我们将回归现实，把企业置于大风大浪的环境里，去探讨企业的生命力问题。毕竟再完美的理论都要面对现实的检验。如何做强是商业世界的永恒命题。在这个一味追求业绩增长的商业世界里，企业如何才能构建一个认知多样化、可以抵抗风险且越挫越勇的组织体系？

如果将第二部分的核心思想总结为一句话，那就是："企业的一切行为都不是为了业绩增长，而是为了获得生存的能力，是为了生存。"

9 进化系统，跨越复杂性，像生命一样进化

凯文·凯利（Kevin Kelly）在《失控》（*Out of Control*）里写了这样一句话："钟表般的精确逻辑，也即机械逻辑，只能用来建造简单的装置。真正复杂的系统，如生命、种群，更如商业世界的经济体、市场环境，都需要一种地道的非技术逻辑。"这种非技术逻辑是什么？是进化。

在漫长的进化历程中，生命应该遭遇过我们所能设想和无法设想的所有类型的挑战。而一代代生命前仆后继，进行了无数次随机试错和路径选择，也应该遍历了所有我们能设想和无法设想的解决方案。所以，我很赞同一种说法："进化论可能是地球上唯一可靠的成功学"。

生命延续的本质，就是进化。进化有没有方向？进化是不是随机的？进化的目的是什么，由什么决定？进化思维能为我们理解社会、商业、人生提供什么样的视角？从进化中能否找到我们需要的成功案例和失败教训，能否找到面向未来的指路明灯和交通工具？围绕这些问题，本章将着重讨论如下 3 个问题：

- 为什么要向生命学习组织进化？
- 阻碍组织变革和进化的因素是什么？
- 如何突破障碍，让组织持续进化？

我们要为企业构建一套进化系统，让企业可以像生命一样，突破增长的极限，持续进化。

向生命学习，构建生命型组织

生命是如何产生的？现代分子生物学揭示，基因里的遗传信息先由 DNA 传递给核糖核酸，再从核糖核酸转移到蛋白质上，蛋白质变成身体的催化剂。人体内以蛋白质为核心的催化反应变化每秒可能发生数百亿次。一秒的变化都如此大，就算用超级计算机去计算下一时刻会怎么变，也是无法做到的。

生命的形成如此复杂，到底什么是生命？世界著名的复杂性科学研究机构美国圣塔菲研究所对生命的定义是：性状相对稳定，能够自我复制。“自我复制”是生命的本质特征，生命的存续繁衍是一套自我复制的系统。而“性状相对稳定”这个特征会被很多人片面理解为生命体的形状特征。比如，他们会认为两只眼睛、一张嘴、一个鼻子、五官端正就是性状相对稳定，也就是在繁衍过程中延续了原来的相对一致性。

其实，性状相对稳定不单指形状稳定，还包括面对外部环境的变化和冲击，依然能够保持稳定状态和自我修复能力。为了保持稳定状态，生命会想方设法适应环境的变化。比如：皮肤被刀割破了，伤口处皮肤立刻开始自行修复；地震了，人会产生自我保护的本能反应，赶紧跑。换句话说，“性状相对稳定”就是“存在性”，可以自我复制，变成更多且顽强、生生不息的存在。

从 DNA 到形成一个人的过程复杂而混沌，完全无法预测。但是令人惊讶的是，最后的结果却都是相对稳定的，比如我们的长相往往与父母相似。可见，这整个过程既有复杂的变化，又有稳定的发展。因此，从理论上讲，我们可以通过基因编辑改变人的 DNA，可以让一个人的眼睛变成蓝色的，或让一个人的头发变成卷发，这一切是相对可控的。

蝴蝶效应这样的混沌理论无法解释生命的复杂性变化，因为生命是一种跨越复杂性和非连续性的存在。同样，企业也处在复杂系统里，那么企业如何找到具有确定性的规律，实现可持续性进化呢？向生命学习。企业是一种组织形态。在工业时代，我们把组织视为机器，科学管理的兴起让人成为“机器”的一部分，成为可以替换的“零件”。当组织遭遇困境时，首先想到的就是裁员，以降低组织的成本。在知识经济时代，组织成为有机生命体，其构成基础是人，最重要的能力是学习力。

组织如何像生命一样运作呢？或者说，组织如何才能像生命一样具备性状相对稳定且能够自我复制的特征呢？

是什么阻碍了组织变革与进化

性状相对稳定的核心是面对外部环境的变化和冲击时，依然能够保持稳定状态和自我修复能力，能够快速适应环境变化。然而，大部分企业首先面对的挑战，就是无法快速适应新的环境并产生改变，它们甚至拒绝改变。这是为什么？因为固化的心智模式难以改变。

有一项医学调查研究显示：心脏科医生告诉有严重心脏病的患者，如果不改变一些不良的生活习惯，如抽烟、喝酒等，那么他们将必死无疑。即使医生发出这样的警告，确信这些患者都知道自己应该怎么做，也只有 1/7 的患者会真正改变自己的不良生活习惯，而 6/7 的患者就是改不了习惯。

人在生命受到威胁的情况下都很难做出改变，更不要说为了利害关系不够大、回报也不够高的生意去推动组织的变革了。很明显，站在新的角度，才能理解什么是阻碍和促成组织变革的核心原因。

企业既有的成功是由过去的行为惯性带来的，惯性思维模式是企业的组织心智模式或企业的基因。当环境突变，企业遭遇方向上的不确定性和路径上的非连续性时，问题就出现了。痛则思变，当企业面临路径非连续性时，一些企业管理者的脑海中出现的第一个念头就是转型。转型成功的概率有多大？著名组织管理大师玛格丽特·惠特利（Margaret J. Wheatley）在其著作《领导力与新科学》（*Leadership and the New Science*）① 一书中，给出了一个令人悲观的数据：75% 的组织转型以失败告终，实现自我突破的少之又少。

为什么企业遭遇非连续性时，转型会这么困难？最大的困难在于组织心智模式难以改变。这就像冷兵器时代的军队，士兵们个个练就了一身高强的武艺，但却不愿承认火炮的威力，反而去寻求刀枪不入之法，最终只会酿成悲剧。为什么人们不愿意改变呢？根据心理学分析，主要有以下两个原因。

第一个原因：人是拒绝接受变化的。有心理学家认为，人对变化有一种本能的抵制，这种抵制一般是有益的，对个人或社会都是如此。然而，当生存受到威胁而不得不改变时，这种抵制就必须被克服，而克服的唯一途径就是经受痛苦。

但问题是，外部的环境一直在变化，为什么我们总是看不见？为什么只有当生存受到威胁时我们才意识到环境已经发生了变化，才开始有所改变？随着认知心理学和心智模式研究的发展，一些心理学家认为，人们只能“看见”自己经历过的事物。如果要让来自外界的一个信号被我们接受，那么它必须与我们大脑中已经存在的某种模式相符。这种模式以前发生过并在大脑中存储下来。

20 世纪初，一队探险家在马来西亚半岛上一个与世隔绝的山谷中发现了一个部落。毫不夸张地说，这个部落仍处于石器时代。探险家们决定做一个试

① 这本书从科学理论中提炼了一些原则，它们一起构成了领导力的“新科学”。这一新的世界观能够告诉我们该如何感知世界。该书中文简体字版已由湛庐引进、浙江人民出版社于 2016 年出版。——编者注

验，他们把这个部落的酋长带到了新加坡。当时新加坡已经是一个相当发达的国家，和酋长的部落比起来就像是另一个世界。他们让酋长在新加坡度过了 24 小时，让他感受一下新世界的变化并接收有可能给他的部落带来变化的各种信号。随后他们就把酋长送回了原来的部落。

然而，当探险家们问酋长对新世界的感受时，他似乎觉得只有一件事情很重要：一个人运输的香蕉远比他想象的多得多。酋长对高楼大厦、码头和巨轮丝毫没有兴趣，但当他看到一个市场小贩推着一车香蕉走过时，却有了不小的触动。从他的经历来看，所有其他潜在变化的信号都过于遥远，所以他看到了也没反应。

第二个原因：不愿看到的总是看不到。我们总是喜欢预测未来，即使一次次预测失败，也依然信心满满，但我们只会看到符合自己对未来看法的东西。

在 2010 中国（深圳）IT 领袖峰会上，很多业界知名企业家谈了自己对云计算的看法。李彦宏表示："云计算其实就是新瓶装旧酒，没有新东西。从早先客户端与服务器的关系，到后来基于互联网的 Web 界面服务，再到云计算，本质上都是一样的。"马化腾则认为："云计算是一个比较有技术性、比较超前的概念，要过几百年、千年后才有可能实现。"后面的事实我们也看到了，云计算成为支撑互联网发展的最重要的基础条件之一。其实并不是这些企业家不聪明，而是因为每个人都被自己固有的认知束缚了。

为什么人们只能看到自己想看的、自己愿意相信的东西？瑞士精神病学家赫尔曼·罗夏（Hermann Rorschach）于 1921 年创建了一种人格测验，被称为"罗夏墨迹测验"（Rorschach Inkblot Test）。这个测验的做法是：先将不同颜色的墨水泼洒在一张纸上；再将纸对折起来，这样纸上就形成了两边对称的规则图形；然后让被测试者回答问题。为什么要用对称的规则图形呢？因为如果图形一点规律都没有，那么被测试者辨认不出就会拒绝回答，所以图形要貌似有些规律又似乎没有。

罗夏请被测试者看着这些图形，让他们回答图像看起来像什么。有人说像蝴蝶，有人说像身体的某个器官，有人看到了情侣之间的样子，也有人看到了暴力的影子。这项测验最早是作为一种研究工具来揭示人格的无意识感知，从而为一些精神疾病提供初步诊断。罗夏认为，我们心里有什么，就会看到什么。当然，对于我们不愿看到的，也就看不到了。

企业为什么看不到变化，或者说为什么不愿意接受变化？因为组织心智模式的固化。有人要看到才相信，有人因为相信而看到。当一种认知没有带来行动时，一个人的认知水平是不足的，因为他还无法意识到问题背后的严重性和重要性。所以，没有行动的认知是有缺陷的。

红杉资本合伙人迈克尔·莫里茨（Michael Moritz）有一句名言："一个企业在最初创立的 18 个月中的基因，决定了一个企业的成败。" **组织的思维惯性为企业带来了过去的成功，形成了最初的组织心智模式。然而，面对快速变化的复杂环境，固化的组织心智模式也会阻碍组织的进化，成为企业发展的绊脚石。**

思维训练

亚马逊，自我颠覆

纸质书在几千年前是一种先进产品。几千年后的今天，能否将纸质书再向前推进一步，是贝佐斯一直思索的问题，而数字化阅读正是他找到的答案。接下来考验贝佐斯的则是谁来做和如何做，这是亚马逊面临的关键选择。

在《一网打尽》（*The Everything Store*）一书中，布拉德·斯通（Brad

Stone）写下了这样一段话："那时，贝佐斯和高管们正在激烈并入迷地讨论一本书——《创新者的窘境》（*The Innovator's Dilemma*），这本书大大影响了亚马逊公司的战略。"

克里斯坦森指出，大公司之所以失败，并不是因为它们想避免颠覆式的变化，而是因为它们不愿意接受大有前途的新市场。而它们之所以不愿意接受新市场，是因为新市场可能会破坏它们的传统业务，而且可能无法满足它们短期增长的需求。

例如，西尔斯公司未能成功地从百货商转换为折扣零售商，IBM 没有及时地把大型机转变为小型机。在《创新者的窘境》的影响下，贝佐斯坚定了自己打造数字化阅读品牌的决心。他对此寄予厚望，将这项业务命名为 Kindle（点燃），希望以此点燃大众的阅读热情。

贝佐斯选中的项目带头人是史蒂夫·凯塞尔（Steve Kessel）。凯塞尔是亚马逊 10 位高管之一，也是一位极富远见的元老级人物，自 1999 年起就与贝佐斯密切合作，当时主管亚马逊的线上图书业务。凯塞尔对新业务 Kindle 也抱有极大的热情，觉得这项业务开始时并不会占用自己太多的时间和精力，反倒可以从传统图书业务中借力。他认为自己完全可以兼顾这两项业务。

然而，贝佐斯并不这样认为。他从《创新者的窘境》中吸取了教训，坚持认为凯塞尔无法同时管理纸质媒体和数字媒体两种"基因"完全不同的业务，并对凯塞尔说："你未来的工作就是干掉你现在的生意，你的目标是让所有卖纸质书的人都失业。"大家要牢牢记住这句话，在做出关键决策的时候，它一定会给我们带来巨大的力量。凯塞尔听从贝佐斯的安排，开始组建 Kindle 项目。

2004 年，贝佐斯解除了凯塞尔在亚马逊线上图书部门的管理职务，让他在加利福尼亚州的硅谷建立了一家子公司，远离亚马逊位于西雅图的总部，并从硬件部门中抽调精兵强将，重新组建了一个团队，命名为亚马逊硬件设备实验室（Amazon Lab 126）。

亚马逊硬件设备实验室不但在资源、团队、地理位置等方面都与亚马逊原有的组织相隔离，而且连项目本身都处于严格保密状态。在

2006 年的一次亚马逊全体员工大会上，有位女员工站起来问贝佐斯："您能告诉我们亚马逊硬件设备实验室是什么吗？" 贝佐斯粗略地回答道："它是加利福尼亚北部的一个研发中心，请继续下一个问题。"

这就是 Kindle 诞生的故事，如今的 Kindle 已自成生态，成功地孵化出电子书这个商业领域的新物种，改变了全球数以亿计读者的阅读习惯。

对很多企业来说，如果用原有的"老臣"去做新业务，那么失败的可能性会非常大，因为他们往往只是简单重复固有流程而已，不具备创新能力，又缺乏创新训练，很难主导创新业务。所以，企业必须找到那些具备创新能力、拥有专业技能且具有创业精神的人来做新业务，这一点非常重要。

摆脱价值网依赖，重构外在生存结构

前面提过，生命的特征之一是性状相对稳定。这种稳定是指，面对外部环境的变化和冲击时，依然能够保持稳定状态和自我修复能力。而生命型组织需要具备如下两大核心能力来维持自己的性状稳定性。

第一大核心能力：敏锐的洞察力。快速变化的时代对组织的洞察力提出了相当严峻的要求。如果不能及时感知外部环境的变化给组织带来的巨大影响，那么组织就会逐步陷入困境而不自知。没有所谓的行业衰退，如果企业认为行业在衰退，那是因为自身满足市场需求的效率下降了。没有所谓的行业天花板，如果企业认为碰到了行业天花板，那是因为自身洞察市场需求的能力下降了。

第二大核心能力：强大的适应和调节能力。生物界最古老最耐久的"活化石”生物往往是那些特化程度不强的种类（特化指的是物种适应某种独特的生活环境、形成局部器官过于发达的一种特异适应）。因为特化程度强的生物在高度适应一种环境的同时，也丧失了对其他环境的适应力。一旦外部环境突变，它们就无法适应。而那些非特化的生物（尤其是我们所说的低等生物），在不占相对优势的情况下保全了自己适应新环境的能力，也就不容易灭绝。

2012 年，马化腾向腾讯公司的合作伙伴发出一封公开信，信中称：

> 很多人都知道柯达是胶片影像业的巨头，但鲜为人知的是，它也是数码相机的发明者。然而，这个掘了胶片影像业坟墓、让众多企业迅速发展壮大的发明，在柯达却被束之高阁。
>
> 为什么？我认为是组织的僵化。在传统机械型组织里，一个“异端”的创新，很难获得足够的资源和支持，甚至会因为与组织过去的战略、优势相冲突而被排斥，因为企业追求精准、控制和可预期，很多创新难以找到生存空间。这种状况，很像生物学所讲的“绿色沙漠”：在同一时期大面积种植同一种树木，这片树林十分密集而且高矮一致，结果遮挡住所有的阳光，不仅使其他下层植被无法生长，本身对灾害的抵抗力也很差。要想改变它，唯有构建一个新的组织形态，所以我倾向于生物型组织。

这封信里所描述的“绿色沙漠”就是一种生存结构。当企业依赖于一种生存结构时，它是脆弱的。这被称为“价值网依赖”，即企业的生存依赖且仅服务于现有的生存结构。所谓价值网，就是企业所拥有和依赖的资源。这些资源过去帮助企业实现了成功，但是也把企业的生存能力牢牢束缚住了，成为阻碍企业发展的重要因素。企业曾经引以为豪的客户、供应商、技术、资本等，都在阻碍着它的变革。企业拥有资源，同时也被资源拥有。企业赖以生存的价值网主要有 4 种类型。

第一种，技术价值网。 我们过去有一种想法，认为只要技术好，企业就一定有未来。这种想法忽略了一点：我们选择了某种技术路径，这种技术路径本身是有生命力的，它牢牢地把我们未来的产品、商业模式、未来的发展方向都与它捆绑在一起。技术有生命周期，企业应该把自身当成创新的主体，而不应依附于技术。

第二种，竞争价值网。作为企业的负责人，我们不妨问问自己是在竞争对手身上花的时间比较多，还是在消费者身上花的时间比较多。换句话说，当我们在做决策的时候，是从用户端出发，还是会先参考同行做了什么？大部分情况下，我们会参考行业里其他竞争对手的做法。无可否认，竞争对手这个价值网是影响我们决策的重要因素之一。我们不能忘了贝佐斯的提醒，要关心竞争对手，但是不要过度关心，毕竟竞争对手不会给我们钱。

第三种，客户价值网。推动企业发展的方式主要有两种，一种是需求侧驱动的增长，另外一种是供给侧驱动的增长。在第一曲线的连续性创新周期里，影响价值网走向的最大力量来自客户。熊彼特将这个阶段称为客户为王阶段。这很容易理解：谁给我们面包，我们就替谁唱赞歌。客户购买了企业的商品，从另外一个角度看，他的需求也影响着企业。

在第一曲线周期里，客户为王，需求侧驱动业绩增长，所以我们要不断从客户身上发现痛点，寻找需求，然后满足需求。在第一曲线到第二曲线的转换期，熊彼特发现，这个阶段不应该以客户为王，而应该以创业者为王，这一阶段的业绩增长是供给侧驱动的。他认为，只有创业者才有可能把资源从第一曲线里拉出来，转换到第二曲线里。创业者只有不断创造需求，才能摆脱对客户价值网的依赖。

第四种，资本价值网。2000 年前后，中国从美国华尔街引入了风险投资，这是自中国互联网创业兴起以来影响最大的价值网，在某种意义上甚至超过客户价值网对中国的影响。因为很多时候，客户的钱还没到，资本已经提前来了。

在资本市场里，企业是带来收入与利润增长的工具。企业的市值取决于其未来的现金流在今天的折现，也就是市盈率（假设企业的年净利是 1 亿元，市盈率 100 倍，市值就是 100 亿元）。资本市场看的是企业未来的增长速度。如果一家企业今天的体量和规模很大，但是资本市场认为它未来的增长空间有限，那么它也不会受到资本追捧，市盈率自然不会高。

上市企业的回报主要在于市值的变现，而不在于利润分红。企业想获得较高的市值，就要有超出资本预期的业绩增长速度。于是一个很诡异的现象就会出现：假如企业实现了增长，但是增长速度没有达到资本市场的预期，那么企业市值就会下降。所以在资本市场里有一种现象，叫市值管理。如果自身的业绩增长速度不够，企业就会通过兼并收购等方式来增加利润。

克里斯坦森说过，企业的业绩增长率必须超越社会舆论对它预测的数值，才能使企业股价大幅上扬，于是这成为一个沉重的、无法摆脱的负担。这个负担压在每一个执着于提升股东价值的企业高管身上，我们称它为“增长魔咒”。他在《创新者的窘境》里讲过一个经典的硬盘驱动器的例子，我们来看一看。

思维训练

硬盘供应商的价值网依赖

1975 年，硬盘驱动器行业的主要客户是以 IBM 为代表的大型计算机制造商。当时，这些大型计算机制造商需要的是 14 英寸的硬盘驱动器，这种硬盘驱动器的主要供应商是数据控制公司。

1978—1980 年，昆腾公司（一家以制造硬盘闻名的美国公司，现已淡出硬盘市场）等几家新兴企业开始生产尺寸更小的 8 英寸硬盘驱动器，容量只有几十兆。当时，IBM 这样的计算机制造商对此是毫无兴趣的，因为它们需要的是 300 ～ 400 兆容量的硬盘。

数据控制公司作为成熟的硬盘供应商，难道没有 8 英寸硬盘的技术吗？是资源的问题，还是管理的问题？都不是。事实上，它比昆腾公司还早两年设计出了 8 英寸的硬盘。为什么没有推向市场呢？因为像 IBM 这样产大型计算机的客户不需要。于是，昆腾公司等几家新兴企业把产品卖给了当时一个新兴的小众市场——微型计算机市场。数据控制公司对这样的小众市场根本没兴趣。

8 英寸硬盘驱动器虽然起点低，但是进步快。到了 20 世纪 80 年代中期，8 英寸硬盘驱动器的容量已经能够满足大型计算机的要求，并且成本更低。于是，以数据控制公司为代表的 14 英寸硬盘驱动器制造商，很快就都被淘汰出局。经此一役，8 英寸硬盘驱动器成为市场主流。它的制造商拥有颠覆性创新的成功经验，是不是就可以避免被颠覆的命运呢？答案是不能。人类从历史中吸取的唯一教训，就是从来都不会从历史中吸取教训。很快，同样的故事又发生在 8 英寸硬盘驱动器的制造商身上。

1980 年，希捷公司推出了体积更小的 5.25 英寸硬盘驱动器。刚开始，这种硬盘驱动器容量很小，只有 10 兆左右。当时的主流市场客户——微型计算机制造商，对硬盘容量的需求是 60 兆，它们对 5.25 英寸硬盘驱动器不感兴趣。

以希捷公司为代表的生产 5.25 英寸硬盘驱动器的公司，只好将产品卖给当时新兴的小众市场——台式计算机市场。再后来，台式计算机时代正式到来。

当我们拥有一样东西的时候，其实也被它拥有了。这就是价值网依赖。正如《人类简史》里所写的那样："不是我们征服了小麦，而是小麦驯化了我们。在没有征服小麦的时候，我们的祖先可以到处去狩猎，而有了小麦之后，在解决了食物问题的同时，人居住的家园也禁锢在小麦的周围了。”

向鸟类学习：推动进化的三个方面

生命的第二个特征是能够自我复制。企业如何像生命一样自我复制？我们来看一个故事：

在英国，山雀和知更鸟很常见。20 世纪初，英国的牛奶配送系统已经很成熟，送奶工每天把瓶装牛奶送到各家门口。那时候的瓶子都是没有瓶盖的，山雀和知更鸟都发现了牛奶，并且很快都学会了从瓶口吸食牛奶。

牛奶让山雀和知更鸟获得了更丰富的营养，也使它们的消化系统发生了变化。然而好景不长，在二战期间，英国奶制品生产企业为了更好地储存牛奶，用铝箔封住了瓶口，也因此切断了鸟类获得牛奶的途径。这对山雀和知更鸟来讲，实在是巨大的打击。怎么办呢？

有个别山雀不死心，尝试着用嘴去啄那个铝箔封口。在多次尝试之后，它们居然成功刺穿了铝箔封口。这些山雀迅速把方法教给同伴。最终，整个山雀家族再次获得牛奶，从而在生存斗争中赢得了优势。

知更鸟就没这么幸运了，虽然也有个别知更鸟成功刺穿了铝箔封口，但是它们并没有跟同类分享，而是自己享用。几年后，英国的山雀数量继续快速增长，而知更鸟的数量却急剧下降。

美国加州大学伯克利分校的教授、生物学家艾伦·威尔逊（Allan Wilson）在研究之后认为，这个过程只能在社会传播过程中找到合理的解释。也就是说，山雀群体能够相互传播技能。而知更鸟是一种有领地意识的鸟类，它们习惯于保持固定的领地而不互相交流。威尔逊认为，那些群居的鸟类，学习得更快，生存机会得到了提高，因此也进化得更快。

一个物种是怎样在有限的时间内超越其他物种进化水平的呢？威尔逊提出了“代际学习”的假设，他认为不是环境的变化促进了物种的进化，而主要是物种的行为推动了进化。换句话说，某一物种进化得更快，是因为它在某个事件发生变化时，做出了一种特殊的行为。威尔逊的研究成果指出，具备以下 3 种特征的物种在进化中会加速。

- 创新性：不论是个体还是群体，都有能力（或至少有潜力）做出全新的行为。它们通过创造新技巧，采取新方式或利用环境来学习新的技能。
- 社会传播：个体所学到的新技能通过某种确定的程序向整个群体传播。这种程序并非来自基因传递，而是通过直接交流的方式进行。
- 流动性：有能力四处活动，并且是成群结队地生活和开展各种活动，而不是在相互隔绝的领地中小范围活动。

从山雀和知更鸟的例子来看待企业的组织行为，可以发现，任何具有一定规模的企业肯定会有一些不循规蹈矩的创新者和开拓者，他们会像山雀发现牛奶那样去开创新的事物，学习新的技能，给团队带来不一样的东西。但如果整个组织一直停留在少数人的创新，那对组织学习来说是不够的，无法构成组织进化的条件。

为了避免少数创新者像那些知更鸟一样只把学习到的新方法用于增加自己的生存机会，企业要想办法激励他们传播新思想和新行为。除了要鼓励创新，企业更要建立人员流动性和社会传播的有效机制。这些都是组织学习的关键所在。或许我们也可以从以下 3 个方面思考自己的公司或者团队是否具备进化型组织的特征。

- 创新方面：是否有那么几个不安分、富有好奇心、不走寻常路的创新者？公司是否为这些创新者留出空间？比如，谷歌有著名的“20% 时间”，在这段时间内允许员工做自己想做的事。

- 社会传播方面：有的公司可能花了不少钱去培训团队，但是团队听完课就算完成任务，过段时间又把学过的东西全部还给老师了。所以，我们要考虑公司是否建立了制度化的集体学习体系，学习完了，是否知行合一了？毕竟“行为”才是进化的条件，而不是环境。
- 流动性方面：工业时代把人当机器，诞生了科层制的分工管理体系，每个人按部就班地工作。流水线式作业提高了生产效率，同时也让员工丧失了进化能力。公司鼓励人员内部流动，鼓励部门间协同合作，旗帜鲜明地反对画地为牢，反对部门间有层层壁垒，这样才能实现集体进化。任正非认为，人在一个位置上待久了，必然会怠惰，因此必须有人员流动。为了让人员流动起来，为了在内部激发组织创造力，华为曾经多次大裁员，也曾经破格提拔过上千人。

与动物进化不同，人类进化具有双重性，即生物进化和文化进化。人类之所以能进化成地球上最高级的动物，除了生物层面的进化，更重要的是通过文字、艺术、信仰等形式，经过一代代人的学习和知识累积，形成了文化进化。文化的继承和发展速度远快于生物遗传，这也是人与其他物种拉开距离的本质原因。

在生态系统中，学习现象一直在发生。**能在动荡的、复杂的生态系统中生存下来的群体，是那些能够根据环境变化及时调整自己、产生新行为、建立新文化的生命型组织。这样的组织不是靠创新性、社会传播、流动性等单一要素组合成的，而是在高效的协同中进化出来的。**

如果“行为”是物种进化的推动力，那么“协同”就是组织进化的催化剂。

1. 生命型组织需要具备两大核心能力：敏锐的洞察力，强大的适应和调节能力。

2. 在知识经济时代，组织成为有机生命体，其构成基础是人，最重要的能力是学习力。

3. 组织心智模式的固化，会让组织看不到变化，不愿意接受变化，从而阻碍组织进化。

4. 企业必须找到那些具备创新能力、拥有专业技能且具有创业精神的人来做新业务。

5. 价值网就是企业拥有和依赖的资源，这些资源过去帮助企业实现了成功，但是也把企业的生存能力牢牢束缚住了，成为阻碍企业发展的重要因素。

6. 具备创新性、社会传播和流动性特征的物种在进化中会加速。

10 协同系统，建立高效的组织协同机制

生命存在的本质：协同共生

碳元素是所有生命体最基本的构成元素，根据目前的科学定义，地球上已知的所有生物都是碳基生物。也就是说，以碳元素为有机物质基础的生物都是碳基生物。但如果只有碳元素，地球上就不会有生命。只有当碳元素与氢、氧、氮等元素结合起来时，地球上才有了最原始的生命形式——原始单细胞生物。随着生命的进化，出现了不同的生命形式。不同生命形式的构成元素也各不相同。就人体而言，必需的元素有很多种，如果没有这些元素以特定的形式产生联系、结合与互动，生命便不可能形成。

生命为了存续和繁衍，还必须通过与体外的空气、阳光、水、土壤及其他生命体的接触和联系，不断地获取、吸收这些元素，否则生命就会停止运行。也就是说，生命的特征在于能够通过物理作用或化学反应与外界环境进行物质、能量的交换。只要生命仍在持续，这种物质和能量的交换就会一直持续下去。任何生命都无法孤立存在，必须依存于更大的、由各种生命连接而成的系统，这套系统就是生态系统。各种生物在生态系统中各有角色，通过物质和能量的交换维持生态系统的平衡。

生命存在的本质就是协同共生，如果敌对竞争，就会两败俱伤。比如，在草原生态中，狼是牧民的敌人，牧民曾经大规模捕杀狼，结果引起了一系列生

态反应。在没有狼的环境里，兔子无节制地繁殖，与羊争草，使羊的养殖严重受限。兔子的窝变成了隐秘的陷阱，容易被马踩到，导致马骨折。那时候，马一旦骨折，就只能被杀掉。狼没有了，旱獭成灾，旱獭跟兔子一样与羊争草。更糟糕的是，旱獭的窝是一条条隧道式的洞穴，这些洞穴是蚊子过冬和大量繁殖的温暖舒适窝。一到夏天，蚊子就会倾巢出动，严重危害草原居民和牲畜的健康。

可见，生命之间往往存在着间接的、隐性的甚至看似神秘的协同共生关系。看不到、看不懂或不相信这些关系，都将影响我们的决策和行为。在商业世界，如果我们创建了一种商业模式，那么这种商业模式内部各个要素之间要如何协同才能更高效？有没有一个原则性的、像路标一样的东西给予我们指引？接下来，我们将通过如下 4 个问题来挖掘协同的本质，构建企业的协同系统。

- 协同效应：为什么需要协同，协同可以带来什么？
- 群智涌现：一个组织内部要如何协同才能更高效？
- 被动协同和主动协同：作为一个生命体，企业如何与外部生态协同共生？
- 通过协同系统看到组织管理的本质。

协同效应：群体智慧涌现

古典经济学家、英国政治学家大卫·李嘉图（David Ricardo）在他的《政治经济学及赋税原理》（*On the Principles of Political Economy and Taxation*）一书中写道，如果两个具有不同能力的人各自专注于自己的特长，那么他们创造出来的价值在互相交换后合起来反而更多。这可以用数学公式 $1+1>2$ 来表示。交换的人越多，市场越大，创造出的增量就越多。英国科普作家马特·里德利（Matt Ridley）在他的《理性乐观派》（*The Rational Optimist*）一书中，把这种思想交换带来的创新比喻成“思想交配”。

美国喜马拉雅资本创始人及董事长李录在此基础上提出了更进一步的观点。他认为，人的知识积累对社会分工和交换所产生的增量具有放大作用。他用数学公式 1+1 ＞ 4 来表述："不同的思想交换的时候，交换双方不仅保留了自己的思想，获得了对方的思想，而且在交流中还碰撞火花，创造出全新的思想。"

协同，使得现代科学技术不断进步和创新。当现代科技与自由市场结合时，效率的增加、财富的增量和规模效应都成倍放大。当外部环境出现动荡与不确定时，协同共生几乎是唯一的选择，因为协同共生的方式可以使整体效益大于个体效益总和。古希腊哲学家亚里士多德提出"整体大于部分之和"的观点，概括了协同共生效应的本质特征。协同共生效应在系统中有明显体现：系统的要素因为各种规则和关系组合在一起，产生了单个要素无法产生的作用，最终产生某种功能，达到某种目的。为什么会出现"整体大于部分之和"效应？

一般系统论和理论生物学创始人路德维希·冯·贝塔朗菲（Ludwing von Bertalanffy）① 认为，组织性是系统具有整体性的核心原因。正是由于系统中各组成要素之间的关联性与相互作用，系统才具备了整体性特征和规律。系统是由相互依赖的各元素、子系统组成的，它们通过组织性产生一定的结构和功能，并展现出特定的目的、秩序与协调关系。组织性有什么特征，如何发挥组织性效应？

苏联哲学家、经济学家亚历山大·亚历山德罗维奇·波格丹诺夫（Alexandria Alexandrovich Bogdaanov）在阐述组织形态学与系统思想时提出了 3 种表现形式，即有组织行为、解组织行为和中立组织行为。

有组织行为可以理解为强组织行为，反映了"整体大于部分之和"的特征。

① 美籍奥地利生物学家，20 世纪 50 年代提出抗体系统论及生物学和物理学中的系统论，并倡导系统、整体和计算机数学建模方法及把生物看作开放系统研究的概念，奠定了生态系统、器官系统等层次的系统生物学研究基础。

波格丹诺夫的解释是，原有的整体实际上要大于部分的简单之和，并不是因为产生了新的要素，而是彼此间的连接组合产生了单个要素本身不具备的结构和功能。比如，碳元素既可以通过四面体骨架连接结构组成坚硬的金刚石，又可以通过平面层状连接结构形成柔软的石墨。

解组织行为可以理解为弱组织行为，就是一种分解系统或整体的表现形式。整体开始分解、丧失一些要素，虽然整体本身还可能存在，但与之前的整体相比，已经失去了部分功能，所以实际上出现了“整体小于部分之和”的结果。比如，当一个团队内部出现了分歧和冲突，无法产生凝聚力时，就出现了弱组织行为，也就是 $1+1<2$。

中立组织行为可以理解为无组织行为，指的是要素之间没有任何相互作用。从宏观角度看，任何要素都与环境有相互作用。但是从微观角度看，无组织行为就好比一堆汽车零件，各零件之间没有组织关系，也就无法发挥系统功能。

在协同共生的体系下，实际上是通过强组织行为实现“整体大于部分之和”。

组织性如何实现“整体大于部分之和”？比如一栋房子，虽然是由砖块等建筑材料组成的，但它并不是这些建筑材料的总和。这是因为建筑材料通过组织性产生一定的结构和功能，并展现出特定的目的、秩序与协调关系。

贝塔朗菲认为，对象是作为一个有机整体而存在的，整体产生了孤立部分所不具备的崭新性质。也就是说，“整体大于部分之和”的“大于”不是数学意义上的“大于”，也不仅仅表示一种非线性叠加关系。更准确地说，它应该被理解为质的突破、新发生和突然发生的改变或者新功能的涌现。就像我们常说的“团结就是力量”，这股“力量”的本质就是群体智慧的涌现。

那么，一个组织要想实现群体智慧的涌现，需要具备什么条件呢？这一点对于理解组织协同的本质非常关键。**据科学家研究，群体智慧的涌现需要具备如下 3 个条件：**

- 系统内存在大量个体。
- 存在一组简单的规则，适用于系统内的个体。
- 个体间基于规则产生互动。

1986 年在墨西哥举行的世界杯上，“人浪”首次得到全世界的关注。这种现象开始被称为 La Ola，也就是“波浪”的意思。一群群观众按照顺序双脚起跳，举起双臂，然后快速坐回座位，用人体组成了海浪的形态。虽然每个观众只是简单地站立和坐下，并没有四处乱跑，但人浪却实实在在地环绕全场运动着。有几个物理学家本来是研究液体表面的波浪的，后来被神奇的人浪深深吸引，于是决定研究人浪。他们对墨西哥体育场的人浪视频进行分析，注意到，这些人浪通常都沿着顺时针方向滚动，总是以 20 个座位 / 秒的速度前进。

为了搞清楚人浪是怎样开始和传播下去的，科研人员应用了激励介质的一个数学模型。激励介质的行为特点是能够根据周围个体的动作将自己从一种状态调整到另一种状态，就像玩多人传话游戏一样。这一模型对人浪现象做出了准确的预测。

如果仅仅研究某个人站起来或者坐下去的动作，就无法理解人浪的本质。人浪的形成，不是某个人拿着扩音器统一指挥实现的，它本身具有生命特征，是一种自组织行为。

什么是自组织行为？科学家在研究鸟群和鱼群的行为时发现，它们之间虽然不存在中央控制，但却能表现出一种群体智慧，群体智慧帮助群体中的个体逃避或者阻击外来入侵者。群体行为并不存在于个体之中，而是一种群体属性。这就是自组织。

鸟群从天上飞过，时而排成一字形，时而排成人字形，不断地变换着队形，而且特别有组织有规律。它们之中是不是有一只头鸟或者领导？其实没有。美国计算机图形学家克雷格·雷诺兹（Craig Reynolds）对此进行了研究，并且提出了“鸟群算法”。[①]他尝试在计算机上模拟出鸟群的飞行动态，在经过大量的模拟实验之后，发现并提炼了以下 3 条最简单的规则。

- 分离（排斥性）：保持一定距离，避免与群体内邻近个体发生碰撞。
- 对齐（同向性）：趋向与邻近个体采用相同的速度方向。
- 靠近（凝聚性）：向邻近个体的平均位置靠近。

仅仅根据这 3 条简单的规则，雷诺兹就在电脑上完全重现了鸟群的飞行状态。当他用鼠标冲击电脑上的鸟群时，鸟群还会根据这些简单的规则自动避开外部入侵者的冲击。

鸟是如何“决定”向哪里飞的？研究表明，鸟群的飞行要依照所有鸟的意愿进行。更重要的是，飞行的方向往往是整个鸟群的最佳选择。只要每只鸟发挥一点点作用，鸟群的集体选择就会好于个别鸟的选择。

无论是鸟群、人群，还是其他种群，这些群体的新特性都可以通过个体之间的互动体现。生命诞生以来，已经发生了很多次进化。在大多数情况下，合作互动都是生命进化最为突出的特征。我们的思想也不是由某个特定神经元产生的，而是产生于神经元的连接。而且，这些神经元形成了一种网络拓扑结构，彼此互相影响。

---

① 1987 年，雷诺兹发表了一篇名为《鸟群、牧群、鱼群：分布式行为模式》的论文，描述了一种非常简单的、以面向对象思维模拟群体类行为的方法，并称之为 Boids，即鸟群算法。

如果把企业看作一个有机生命体，那么企业潜在的优势就是通过有序组织集合个体力量，完成个体无法做到的事情。组织还能通过分工取长补短，从而产生比个体效果之和大得多的整体效应。这就是协同共生所产生的效应：群智涌现，价值增效。

思维训练

向海豹突击队学习组织协同

特种兵的训练和考核都非常严格，以便在执行任务的时候配合默契，行动快速且高效。海豹突击队员是其中的佼佼者。他们是如何做到在各种突发状况下都能高效协同的？企业能否从海豹突击队员身上学到高效协同的方法？

海豚突击队的负责人马克·欧文（Mark Owen，化名）在退役后写了《协同》（*No Hero*）一书。他在书里分享了海豹突击队的协同机制。

协同建立在简单规则之上

电视节目对特种兵的介绍多少有些夸大，将他们刻画得无所不能，而实际如欧文所说，“海豹突击队成员必须掌握的核心能力只有 3 种：射击、移动、交流”。这 3 大能力和简单的规则让海豹突击队在执行任务的时候能够实现群智涌现、高效协同。

海豹突击队员的训练成本巨大，训练内容几乎都围绕着培养这 3 种核心能力展开。比如：射击训练，培养的是在任何恶劣环境和突发状况中准确命中目标的射击能力；移动训练，培养的是在任何复杂环境下出现在正确的位置和队友高效协同的移动能力；交流训练，也就是训练队员用手势、眼神、暗号等战场语言高效传达信息，从而培养他们的战场交流能力。

协同的困境：团队作战的最大障碍

当然，事情并没有那么简单。欧文提到，海豹突击队在执行复杂任务时，经常遇到3大困境：失控感、存量干扰和协作困境。

失控感是怎么产生的？当一个人面对一个复杂问题时，如果看不到问题的边界，那么他很容易产生失控感，觉得这个问题超出了他的能力范围。换句话说，当一个任务足够复杂时，人们会误以为它很难，于是就会产生失控感，不知如何是好。

欧文曾经参加过一次实战演习，演习任务是往一艘军舰上安装炸弹。他刚潜入水中，就发现海面上飘着一具被撕咬过的海象尸体。他根据经验判断，能给海象造成这种伤害的只有虎鲸。海象的伤口还在往外渗血，明显是刚死不久。也就是说，虎鲸可能就在附近。

除此之外，为了防止军舰受到水下偷袭，军方在附近的海域还设置了大量带刺的铁丝网。偷袭者一旦被铁丝网刮到，伤口里流出的血，马上就会把虎鲸引来。即使没有引来虎鲸，只要潜水服被刮破，海水立刻就会灌进去。这时偷袭者就算生命不会受到威胁，也会很快被抓住，因为每艘军舰都配备了最先进的回声定位和声呐系统——海豚。

参加这次演习的特种兵或许不会被真的武器袭击，但却要面对来自真实的虎鲸、海豚、铁丝网的威胁，真有丧命的危险。这样的任务很艰巨吧？欧文认为并不艰巨，它其实是一个复杂问题。眼前的路充满各种变量，一旦有微小的失误，任务就会失败。当人无法掌握问题可能导致的结果时，就会产生失控感，误以为它很难。

如何战胜失控感？欧文采用的是海豹突击队的第一条行动准则，即三英尺原则。简单地说，三英尺原则就是找到离自己最近的威胁，并在可控范围内找到解决方案。

对当时的欧文来说，最近的威胁有哪些？虎鲸和铁丝网都在海里，显然不是距离最近的威胁。军舰的探照灯，也照不到岸边。所以，离他最近的威胁，其实是海豚。海豚的声呐探测可以在他下水的那一刻就发现他。找到最近的威胁之后，他该如何寻找最近的解决方案？

当时，欧文身边可以利用的东西有很多，如炸弹、手枪、匕首、备用氧气瓶等。但是对付海豚的声呐探测，必须有能持续发出噪声的东西。欧文灵机一动，把氧气瓶打开，扔到水里，让它持续喷射氧气，从而在海水里形成噪声，干扰海豚的声呐。就这样，离他最近的、整个任务中最大的威胁——海豚，就被解决了。

任务进行到这一步，我们可以看出，在面对复杂问题没有头绪的时候，三英尺原则可以让人摆脱失控感，冷静下来，找到离自己最近的突破口。

然而，复杂任务的特点就是变量多、链条长。在执行任务时，海豹突击队需要经过很多不确定的路径，因而有可能遭遇第二个困境：存量干扰。也就是说，队员们在上一步行动中积累的存量，包括情绪、经验、个人感受等，都会干扰他们下一步的行动。

比如，在战场上面对各种暴力场面，队员们当下的情绪都会受到影响。但是，任务还要继续，他们可能会把情绪带到明天，这就形成了存量的负面情绪。

除了负面情绪所带来的干扰，成功的经验也会带来干扰。如果把胜利的喜悦带到明天，那么队员们会放松警惕，在后面的行动中付出惨重的代价。原因在于，今天有效的方法，到明天可能就会因为战场不同而失效。

如何应对来自存量的干扰？欧文采用的是海豹突击队的第二条行动准则，即清零原则。做法是，在完成一个阶段的任务后，把所有可能干扰下一步行动的因素全都清零。

清零原则不是真的要让队员们忘掉今天发生的事，而是要把下一步的任务作为过滤器，让队员们放弃那些可能对下一步任务产生干扰的主观因素，只留下那些有用的因素。从这一点来看，就算说海豹突击队员们是冷血动物，也一点不为过。

海豹突击队在执行任务时有一个环节，叫复盘行动。不管这一天的任务有多累，获得了多大的胜利，或者损失有多惨重，执行任务的队员们都必须聚在一起交流，或通过无线电沟通，对整个行动中的所有细节进行复盘。复盘的目的是总结其中的经验和教训，并让队员们放下所有可能对下一步行动产生干扰的情绪、经验、感受等。

解决失控感的三英尺原则和对抗存量干扰的清零原则，作用其实都是提升单兵作战能力。然而，海豹突击队的行动都是有组织的集体行动，在执行复杂任务时，会遭遇第三个困境——协作困境。当队员之间的想法不同步时，他们如何协作？

很多公司经常会通过一些团建活动来加强团队成员之间的信任和协作，但是在海豹突击队里，协作与默契不是被打造出来的，而是筛选出来的。海豹突击队从一开始，就建立了一套庞大的筛选机制。通过这套机制，海豹突击队筛选出那些价值观和思维方式都高度一致的人。高度相似的一类人，合作起来当然更容易。这才是高效协同最重要的基础，后来的训练则是锦上添花。

这就是海豹突击队的第三条准则，即思维一致性原则。它意味着团队只接受那些思维方式和价值观都高度一致的人。从征兵到日常的训练，再到实战考核，海豹突击队无时无刻不在对队员进行筛选。这样做是为了确保进入团队的人在价值观和思维方式上高度一致。因为这个团队要做的不是经商，也不是赚钱，而是在战场上夺取最终的胜利。在面对生死考验时，要想让团队保持默契团结，靠的不是利益关系，而是价值观一致。

海豹突击队的价值观，可以用 3 个信条概括：唯一容易的事情发生在昨天，明天只会比今天更艰难；最终的胜利高于一切，你要为此忍受最难熬的痛苦和悲伤；和你的战友一起，活着回来。

海豹突击队面对的往往是复杂的作战环境，战局变化多端，充满不确定性。在这种作战环境下，队伍没有固定的领导，谁知道下一步该怎么做，他就会成为领导，其他人无条件地服从于他的命令，这就要求队员之间高度信任。队员之间不管认不认识，只要合作过一次，就会成为莫逆之交。欧文跟另一个部队的人合作过，当时他只和对方聊了几句，就确定，假如对方有危险，自己一定会冒着生命危险去救他，而对方也一定会为他这么做。

与外部生态协同共生

企业并不独立于市场，每一家企业都是市场中的一分子。生态学里有一个概念叫“生态位”，指的是一个种群在生态系统中，在时间空间上所占据的位置及其与相关种群之间的功能关系和作用。它表示生态系统中每种生物生存所必需的生境最小阈值。低于某个最小阈值，某种生物就活不下去。

生态位的本质是共生，一个种群需要在一定生态环境中寻找适合自己的位置，根据自己的能力和资源优势，为生态环境中的其他种群创造价值，学会互相支持、互相成就，实现和而不同、和而共生。

如果把企业比作生命体，那么企业在市场中的位置就是生态位。处在什么样的生态位，决定了其需要用什么样的协同机制与外部生态系统互动。常用的协同机制有两种，即被动协同和主动协同。

什么是被动协同？在某些行业，由于资源相对有限，因此同行之间的关系通常以竞争为主。如何理解竞争，如何让竞争变成推动企业发展的力量，是企业需要面对的问题。良好的竞争关系，就是一种被动协同，但企业甚至要主动创造这种竞争关系。

以华为为例，它自始至终都非常注重竞争关系给企业带来的帮助。任正非在 2019 年接受美国《财富》杂志采访时表示，督促华为进步的鞭子在他手里，但未来他将把这根鞭子交给美国公司，美国公司将成为华为强大的竞争对手，逼着华为 19 万人心惊胆战地努力前进。他希望华为永远有危机意识，这种危机意识可以时刻鞭策自身成长。他表示自己很担心华为下一代领导人会被胜利冲昏头脑，所以宁可扶植起几个强大的美国竞争对手，拿着鞭子抽打华为下一代领导人。

迈克尔·波特认为，“好”的竞争对手虽然会给企业带来挑战，但也可以防止企业滋生安逸情绪。有“好”的竞争对手时，企业不但可以在竞争中取得稳定、有利的产业地位，而且内部不会陷入长期冲突之中。

竞争关系带来的一般是争夺资源的对抗行为，因而处理竞争关系也包括对抗、冲突及差异化管理。竞争关系促使企业被动协同的另一个逻辑就在于，通过对抗、冲突及差异的管理激发组织的整体创造性，并帮助企业构建独特的竞争力。比如，企业微信与阿里旗下的钉钉是多年的竞争对手，却在竞争关系中找到了共生的价值。

张小龙说过，如果只把企业微信定位为公司内部的沟通工具，那么它的场景和意义会小很多。只有当它延伸到企业外部的时候，才会产生更大的价值。企业微信希望自己可以成为企业员工对外服务的窗口。腾讯有 11 亿个微信用户，可以通过将个人微信和企业微信进行打通，实现高效服务，从而在社交连接和服务上给用户更佳的体验。

阿里的核心优势之一是组织管理，拥有众多中小商家的存量资源。钉钉实际上也是阿里向外输出管理方法和理念的一种渠道，所以它更像业务中台系统，基于阿里云计算的巨大优势构建应用服务生态。在谈到钉钉与企业微信的差异时，钉钉原 CEO 陈航曾说过，张小龙追求个人自由最大化，而他自己追求的是集体自由最大化。

对抗与冲突客观存在于竞争关系中。围绕冲突和对抗，我们需要思考的是如何在竞争中创造独特的差异化价值，让竞争成为激发组织成长的催化剂。

什么是主动协同？如果企业总是以竞争视角看待自身的生存环境，那么就会成为孤立而封闭的系统。协同理论[①]认为，合作优于竞争，它是秩序形成的

① 协同理论也称协同学或协和学，是 20 世纪 70 年代以来在多学科研究基础上逐渐形成和发展起来的一门新兴学科，也是系统科学的重要分支理论。其创立者是斯图加特大学教授、著名物理学家赫尔曼·哈肯（Hermann Haken）。

主流现象。企业之间的关系最终应该由竞争转成基于合作的竞争，甚至应转为合作而抛弃竞争。

2019 年 8 月 19 日，181 家美国顶级公司的 CEO 在华盛顿参加了商业圆桌会议，并签署了一份“公司宗旨宣言书”（Statement on the Purpose of a Corporation，以下简称“宣言书”）。该宣言书对公司运营宗旨进行了重新定义，这意味着“股东利益最大化”从此退出了历史舞台。宣言书还提出，企业除了要实现自身的目标外，还要为创造更美好的社会做出贡献。企业的目标要致力于以下几点：创造客户价值，投资员工，促进多样性和包容性，公平且合乎道德地与供应商打交道，支持工作的社区，保护环境并积极投身于社会公共事业，为股东创造长期价值。简而言之，企业的目标是实现更大的社会价值，建立更广泛的共生关系。

主动寻求共生关系是在当前经济环境下发展的主旋律。企业不能一味追求竞争而变得越来越封闭而孤立，否则就有可能面临倒闭。

“植物病理学之父”德巴利（Heinrich Anton de Bary）在 1879 年提出共生的概念，指出共生就是生物在长期进化过程中逐渐与其他生物走向联合，共同适应复杂多变环境的一种生物与生物之间的相互关系。因此，适者生存里的“适者”并不是指个体，而是指种群。一个种群通过和其他生物合作而逐步适应了外部环境的变化，获得生存能力。例如，小丑鱼也叫作海葵鱼，因为它们跟海葵存在着共生关系。小丑鱼身体表面有特殊黏液，可保护它们不受海葵的影响而安全自在地生活于其间。海葵使小丑鱼免受其他大鱼的攻击，同时给小丑鱼提供食物残渣，而小丑鱼也可利用海葵丛安心地筑巢、产卵。对海葵而言，小丑鱼自由进出一方面可吸引其他鱼类靠近，从而带来更多捕食的机会，另一方面可除去海葵的坏死组织及寄生虫。此外，小丑鱼的游动也可减少残屑沉淀至海葵丛中。而对小丑鱼来说，它们可以借着在海葵触手间的摩擦除去身体上的寄生虫或霉菌等。

在共生关系中，各单元要素通过内外协同，相互促进和激励，共同合作进化，从而有效应对外部环境的变化。小丑鱼和海葵之间存在的是一种生死相依型共生关系，即一旦共生关系形成，一方就会丧失独立生存的能力。这种关系对企业来说，风险很高，因为企业在发展过程中如果过度依赖某一方，就会出现被利益绑架的情况，如中国在一些高科技技术领域被外方“卡脖子”。所以，企业应该与合作伙伴建立一种动态的共生关系。共生伙伴之间的行为逻辑是既合作又竞争，其互动的结果总是呈现为动态平衡状态。动态共生关系更强调在竞争中产生新的、创造性的合作关系。

2014 年，马斯克对外宣称，将开放所有特斯拉电动汽车的专利。如果以竞争的视角来看待这件事情，那么特斯拉将面对全行业的竞争。竞争对手包括燃油汽车和电动汽车，特斯拉获胜的难度极大。但是它开放专利，让其他电动汽车厂商使用自己的技术专利，相当于与其他电动汽车厂商结成同盟，共同对抗燃油汽车。通过这种做法，特斯拉主动与其他电动汽车厂商建立互利共生的关系，它们既竞争又合作。

共生关系并不排斥竞争，而是强调通过“合作性竞争”实现各单元组织之间的相互合作与成长。“产业共生”在管理学中很早就出现了，它描述了产业之间的合作关系：传统产业之间，传统产业与高科技产业之间，都可以通过“交叉嵌入”的模式实现通力合作，从而获得应对环境变化的生存能力和竞争优势。比如，小米和格力存在产品竞争关系，但是它们意识到了共生合作的重要性，于是在 2020 年 9 月 3 日和中信银行签署了战略合作协议，三方约定在产业基金、金融服务、产业投资、项目合作、资源共享等方面开展深度合作。

协同共生正在成为未来商业合作的主旋律。

思维训练

华住集团，打造协同共生的生态合作模式

酒店品牌要快速规模化，最快的方式是什么？是把别人的酒店变成自己的。华住集团就开创性地蹚出一条路，缔造了庞大的华住酒店体系。

如果一位做传统酒店的老板，投资数百万元经营一家酒店，但因缺乏专业的酒店管理经验而不知道如何经营和提升服务品质，那么华住集团就会向他抛出橄榄枝，通过加盟联营模式和他共同经营这家酒店。由于前期的酒店建设投资已经完成，因此经营的重点只需放在如何提升酒店的入住率和服务品质上。华住集团吸引加盟商与其合作的因素是什么？

截至 2021 年底，华住集团全渠道拥有超过 1.9 亿名会员。其获客能力已达到甚至超越在线旅行社（Online Travel Agency，OTA）水准，通过直销优势获得的客流量，大大降低了酒店对 OTA 的依赖。如果双方达成合作，就可以瞬间将这家酒店推送给所有会员。

从酒店管理的角度看，华住集团的体系化系统为酒店的筹建、采购、品控、运营、营销等各个环节提供相应解决方案，以专业视角解决行业中最难解决的痛点。基于这两个条件，酒店不仅获得了流量，还有人协助管理，加盟商只需要等着分红即可。

华住集团得到了什么？它通过把自己的经营体系赋能给加盟商，一方面分享了加盟商的经营利润，另一方面迅速扩大了规模，实现品牌效应和网络协同效应，从而获得了数量庞大的会员。也就是说，华住集团通过打造协同共生的生态合作模式，激活了大量生存不佳的小酒店，为价值链上下游赋能，将原本的竞争对手转化成队友。

一家酒店从选址到装修再到开业，至少需要 3 个月左右的时间。而华住集团采用整合的方式，酒店只需 15 天即可开业。以这样的方式，华住集团迅速在国内进行扩张，截至 2021 年 6 月 30 日，其经营的酒

店数量已经突破 7 000 家，待开业酒店还有 2 000 多家。

华住集团创始人季琦曾说，他们的酒店发展不是循规蹈矩地重复前辈们的道路，而是要在不长的时间内达到上万家甚至几万家。华住集团的目标是依托独创的模式和平台优势，拓宽在中国乃至全球的市场布局，加快升级为创新型、未来的、新型酒店集团。要做到这一点，它就需要从竞争战略思维转向协同共生的思维。

协同的底层逻辑，从无序到有序

所谓的“企业管理”“组织管理”等，到底是在管理什么？如果没有理清楚这个问题的本质，那么“高效协同”就是空中楼阁。在本章最后，我想诠释一下协同的底层逻辑。

我们如果一直保持产生问题时的意识水平不变，就解决不了问题。如果工业时代采用的是以流水线、分工为核心特征的模式来解决问题，那么数字化时代一定会采用一种新的、不同于流水线与分工的模式来解决问题。这种新的模式已经伴随着数字化技术而来，我们需要一种新的意识、新的世界观和新的方式来重构组织及其运行模式。

当我们提到“组织协同”时，往往指的是“组织管理”。管理的本质是什么？是通过他人取得结果。管理的过程就是让无序变得有序，让有序变得有为。让好的结果有序地、自发地发生，这个过程其实就是协同。协同理论的创立者哈肯对协同的界定是，系统的各部分之间相互合作，使整个系统形成微观个体层面所不存在的新的结构和特征。

举例来说，一个小孩想知道自己的玩具车为什么能跑，就把它拆成零件。

通常情况下，拆解的过程是很顺利的，但最后小孩很可能看着眼前一堆零件而手足无措，痛哭流涕，因为他还是无法搞清楚玩具车为什么会跑，他甚至无法将这些零件完整地装回去。于是，小小年纪的他，第一次感受到了“整体大于部分之和”的深刻哲理。

玩具车的各部分零件如何协作，这个社会如何协作发展，世界万物如何共生共存，等等，都是协同理论要探讨的问题。哈肯认为，世界万物都普遍存在有序、无序的现象。在特定情境下，有序与无序能互相转化，无序就是混沌，有序就是协同。虽然协同理论在创立之初主要用于解释物理学中激光形成的原理，但由于自然系统和社会系统中普遍存在协同作用，因此，协同理论也成了人们认识和研究复杂世界的基本方法。

接下来，我将基于协同理论的核心思想，介绍协同的内在逻辑，帮助企业的管理者和领导者真正理解协同的本质。

混乱不等于无序

近几年“熵”这个概念非常流行，熵增定律被大量应用于商业界。很多人只是大概了解熵是什么，如“熵是系统的混乱程度”。用熵来指代企业内部的混乱程度，的确是一个理解组织管理的新视角。但如果把这个概念直接套用在组织管理上，那么就有一个问题：混乱是如何形成的？

我们如果对一个概念只是知其然，却不知其所以然，就会陷入认知的陷阱，导致行动缺失，甚至动作变形。所以，了解一个事物、一个观念形成的过程，比知道它是什么更重要。只有这样，才能真正洞察本质。接下来，我想用几个例子来讲解熵是如何形成的。理解了熵的概念，我们才能明白，组织协同到底要协同什么。

第一个例子（见图 10–1）：加热铁棍的一端，刚开始被加热的一端是热的，另一端是凉的，经过一段时间后铁棍各部位的温度会趋于均匀，最终整根铁棍的温度相同。

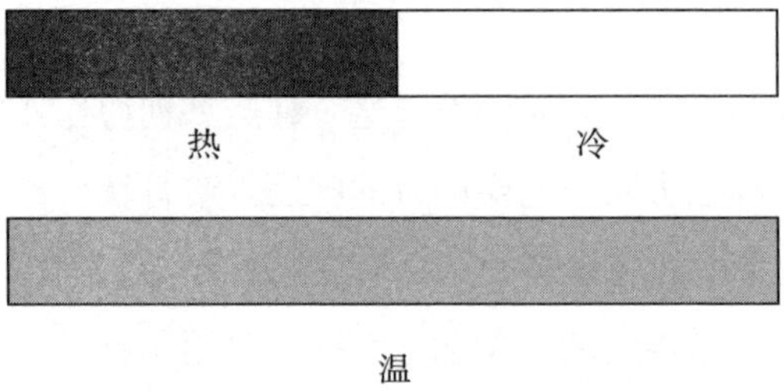

图 10–1 加热铁棍的一端，最终整根铁棍的温度相同

第二个例子（见图 10–2）：把一个充满气体的容器与另一个空的容器并列密封放在一起；抽掉两者之间的分隔物，气体就会涌进另外一个空容器，直到均匀地充满两个容器为止。

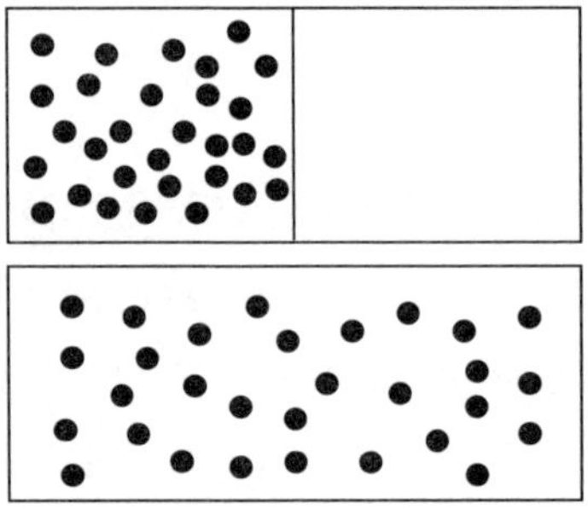

图 10–2 抽掉两个容器间的分隔物，气体均匀地充满整个容器

所有这些自然变化都只朝着一个方向进行，这个变化的过程是单向的，也被称为不可逆过程。对此，热力学和统计物理学奠基人之一玻尔兹曼（Ludwing Eduard Boltznmann）认为，自然变化之所以总是朝着一个方向进行，是因为变化过程总是朝着有增无已的无序方向进行。

什么是无序？物理学中无序的概念与日常生活中人们熟知的杂乱无章这个概念密切相关。比如房间很乱是因为没收拾，或者也可以用很文雅的说法：因为各种物品没有摆放在它们应在的位置上。

在一个混乱的房间里找一本书，如果书不在书架上，那么它可能在地板上、椅子上、床上、马桶上或者任何地方，总之，可能性非常多。在一个无序的环境下寻找所需的物品之所以困难，就是因为存在多种可能性。我们把可能性的多少称为可能性空间。反之，所有的东西都各就各位，书在书架上，衣服挂在衣柜里，被子整齐地叠好，即所有物品摆放位置的可能性空间被缩小到只有一种，则呈现出有序的状态。

也就是说，有序和无序的状态其实跟可能性空间相关。可能性空间越多，越无序。我们再来看另外一个例子（见图 10–3），这是一个只有 4 个分子的气体模型，分子的编号依次为①、②、③、④，分别放在两只盒子中。如果 4 个分子只能放在一个盒子里，那么可能性空间只有一种，见（a）图。如果在两个盒子里各放两个分子，那么将会呈现出（b）图中的 6 种可能性空间。

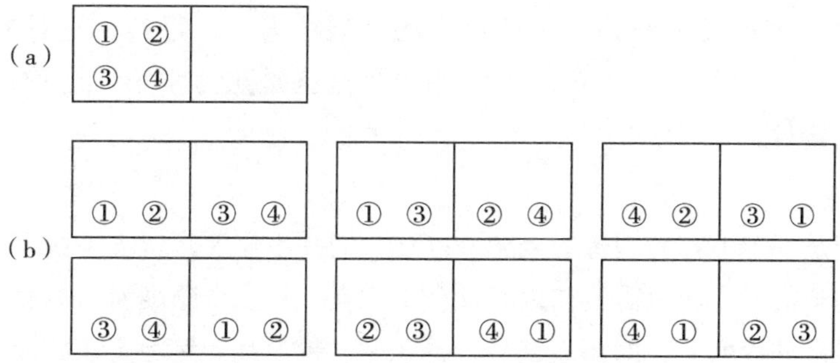

图 10–3　分子分布的 6 种可能性空间

玻尔兹曼认为，自然界总是力图实现可能性数量最多的状态。然而，只看这一点，我们还无法理解玻尔兹曼的原理。上例呈现的只是分子静态随机的分布，我们还需要把运动过程考虑进去，才能真正理解可能性空间大小与无序的关系。这时，我们需要思考一个问题：混乱就代表无序吗？并不是。

假设有个学生走进一位科学家的实验室，实验室里看起来很乱，各种实验器材和资料也都没有摆放在它们应在的位置上。学生看不下去，就请了一位保洁阿姨来打扫。她把所有物品都摆放整齐，将实验室收拾得一干二净。然而，被收拾过的实验室却处于一种无序的状态，因为实验室物品位置的可能性空间变大了，这位科学家可能找不到自己想要的物品。虽然原本凌乱的实验室看起来混乱无序，但由于科学家很熟悉各种物品的摆放位置，即物品所处位置的可能性空间很小，因此实验室实际处于有序状态。如果实验室只是被收拾过一次，那么它会随着科学家对物品位置的熟悉度提高而慢慢变成有序状态。但是，如果实验室的物品不断地被搬动，那么它就会趋向越来越无序的状态。

回顾上文所做的分子分布实验，假设这些分子是室温下的氧分子，每秒的运动速度是 460 米，它们不断在盒子里翻滚，互相对撞，不断实现新的分布。在这种情况下，由于分子不断占有新位置的运动是毫无规律的，因此它们分布的可能性空间非常大。这种无序性是运动的变化（即物理学家所称的“热运动”）造成的。而且，热运动的每一次变化都在增加新的无序性。物理学家由此得出一个结论：世界竭力趋向于一种最为无序的状态。热力学主要奠基人之一克劳修斯把这种无序定义为熵，无序性的大小便是熵值。他认为，宇宙会不断趋近熵值最大的极限状态，一旦达到这种状态，宇宙就处于无变化的死寂（热寂）状态中。这就是热力学第二定律，也被称为“熵增定律”。

熵是一个不容易理解的概念，好在我们并不需要真正去了解熵和熵增定律的物理学定义，而只需要知道其社会学意义。从这个角度看，熵就是无序的程度（混乱的程度），即熵值越高，越无序、越混乱。熵增定律如今被很多人应用在商业上，特别是用在组织管理上。但是，它的适用范围是一套封闭的系统，如果把它应用在企业的管理上，那么背后有一个隐含假设，即假设企业是一套封闭系统。这个假设成立吗？从微观的角度看，企业是一个生命体，生命体却是一套开放系统。用封闭系统的理论来指导开放系统，真的适用吗？

熵增定律的失效边界

薛定谔曾在剑桥大学做了一场“生命是什么”的主题演讲。他当时提到，自然万物都趋向于从有序到无序，即熵增。而生命需要通过不断抵消其在生活中产生的正熵，使自己维持在一个稳定而低水平的熵值上。所以，生命以负熵为生。

熵增定律揭示了自然界在时间上具有方向性。也就是说，在没有外界条件影响和干预下，任何一套物质系统内部的熵总是随着时间的流逝而增大，最终该系统处于完全混乱的状态，即熵值最大化。克劳修斯由此推导出一个十分荒谬的结论。他认为，按照熵增定律，宇宙也是一套孤立的系统，必然会从井然有序走向完全混乱无序，最终达到热寂状态。这个世界没有永动机，所有系统最终都会因为熵增而走向平衡静止，即熵死。这么看来，一切都没有意义了。

但是，克劳修斯的观点无法解释这样一些客观事实：在宇宙中，随着时间的流逝，出现了有严密结构的太阳系和各种河外星系。随着太阳系的发展，地球上逐渐形成了具有高度组织结构的生命体。根据进化论思想，自然界中的一切生物都在生存斗争和自然选择的过程中不断进化和发展。为了适应周围的环境，它们的构造越来越复杂。整个生物界正是在与环境的斗争中，不断由低级向高级、由简单向复杂进化。由此可见，生物界的进化并不是沿着混乱、灭亡的方向发展，而是如进化论所揭示的那样，生物越向高一级进化，其体内构造越复杂和有序。

随着人类的出现，有组织的人类群体活动的社会出现了，而社会的演化也是从简单到复杂地发展着。随着人类的物质生产活动和精神活动的复杂化，社会组织的层次越来越多，分工越来越细。这些都说明，宇宙中不仅存在向简单化方向的演化，即存在向混乱、熵增方向的演化，也存在向复杂化方向的演化，即存在向有结构、有次序、熵减方向的演化。这似乎给人们带来了另外一种认知：在热力学中描述的物理运动与生物学中描述的生物运动是相互矛盾的。如何解释这种矛盾？当我们把熵增定律用于组织管理时，其实忽视了一个前提：熵增定律适用于物理学意义上的封闭系统。我们的生活和工作是封闭系统吗？显然不是。我们需要新的、适用于开放系统的理论来指导企业经营管理。

商业模式创新指南

DECODING BUSINESS MODELS

1. 当外部环境出现动荡与不确定时，协同共生几乎是唯一的选择，因为它可以使整体效益大于个体效益总和。

2. 让好结果有序、自发地发生的过程就是协同。

3. 处在什么市场生态位，决定了企业需要用什么样的协同机制与外部生态系统互动。

4. 常用的协同机制有两种，即被动协同和主动协同。

5. 组织协同往往指的就是组织管理，管理的过程就是让无序变得有序，让有序变得有为。

11 耗散系统，通过耗散获得新生

我们经常听到一些大企业说要构建狼性文化，驱逐企业里的“小白兔”。这意味着企业失去了活力，失去了在市场中的竞争力。如果说企业是一个生命体，是一套开放系统，那么当我们在讨论诸如“996”工作制、关键绩效指标、目标与关键成果法、狼性文化的时候，其背后的本质是什么？其实我们谈的是如何才能让企业这套开放系统不断地保持组织活力。

物理化学家普里戈金（Prigogine）认为，关于热力学，人们只知道熵增的原理，而对熵是从哪儿产生的并不关心，甚至觉得“不可逆现象”作为一种自然现象是没有研究价值的。在研究不违背熵增定律的情况下生命系统自身的进化过程时，他提出了耗散结构理论。这个理论回答了物理界与生命演化过程中的某些重要问题。他也因此而获得1977年的诺贝尔化学奖。如今，耗散结构理论被越来越多的企业当成了组织管理的基础指导理论。

普里戈金认为，在生命系统中，不可逆过程既包含着死亡的趋势，又包含着形成高度组织结构的趋势，这两者是同时存在的。从微观层面看，不可否认，任何生命都是逐渐消亡的，这就是一套不可逆的封闭系统。虽然生命的个体会逐渐消亡，但是种群却在不断的进化中存续下来，形成了更复杂、有结构、有次序的生命系统。从宏观角度看，这又是一套开放系统。而且正如普里戈金所说，生命是一套耗散系统。

这一章，我将从如下 3 个部分来详细介绍如何构建企业的耗散系统，才能让组织充满活力。

- 我们生活在封闭系统中，还是生活在开放系统中？
- 为什么要建立耗散结构？
- 企业如何建立拥有耗散结构的组织体系？

企业是一套开放系统

人类曾经幻想有一个这样的世界：没有贫穷，没有疾病，不存在饥荒，不存在资源不足，一切都是充足的，一切都是美好的。这就是乌托邦最基础的定义，也是人类最终的梦想。

二战结束后，美国经济蓬勃发展，进入城市化阶段，很多人担心城市中密集的人口会造成严重的后果。为此，20 世纪 60 年代，美国生态学家、动物行为学家约翰·卡尔霍恩（John B.Calhoun）在有关机构的资助下，设计了一个"老鼠乌托邦"。老鼠乌托邦设在一个农场的仓库中，面积很小，最早的"居民"是 4 雄、4 雌共 8 只老鼠。卡尔霍恩称它为"25 号宇宙"。

在 25 号宇宙中，有专人负责喂养老鼠和打扫卫生，还有专业的医生负责老鼠的健康问题，没有疾病，也没有天敌，可是老鼠的种群数量仍然出现了很大的问题，没有出现想象中的"人口爆炸"。当老鼠的数量达到 2 000 只的最高峰后，开始快速减少。实验进行了 1 780 天后，所有老鼠都死去了。

没有疾病，也不需要担心食物，为什么 25 号宇宙里的老鼠还会灭绝呢？卡尔霍恩认为，老鼠和人类一样，也是社会性动物，并且老鼠的智商很高。最初的 8 只老鼠进入这个乌托邦后并没有急着投入完美的幸福生活，而是在完全探索整个区域后，为划分领地而相互斗争。直到明确了各自的领地区域，老鼠才以家庭为单位形成一个个小团体，为了繁殖和领地而争斗。

随着时间的推移，新生代老鼠的行为越来越诡异：它们开始攻击同类，被攻击的一方甚至不会反抗；雌性老鼠不再依靠雄性老鼠；雄性老鼠没有了繁殖的欲望，寻找距离地面很远的地方生活，越来越散漫，对领地保护不上心；雌性老鼠为了保护幼崽变得攻击性极强，频繁更换居住地，却常常遗忘幼鼠。最终这个老鼠乌托邦中的繁殖行为完全停止。

卡尔霍恩观察发现，当新生代老鼠在群体中找不到自己的位置时，它们宁可选择结束自己的生命。如果生活在野外，那么这些新生代老鼠可以去寻找自己的梦想，开拓新的领地。但是在 25 号宇宙中，居住地被各种团体迅速占领，它们找不到自己的社会定位。没有家庭愿意收留它们，它们就像不属于这个社会，不属于这个老鼠乌托邦一般，在“完美”的 25 号宇宙中迷失了自我。

在企业的发展过程中，随着企业规模的不断扩大，管理层级越来越多，各种信息的流通越来越慢，管理的效率也越来越低，甚至出现了大企业病。这个词指的是企业发展到一定规模之后，内部管理及运行机制等方面滋生出阻滞其继续发展的种种危机，导致企业逐步走向倒退甚至衰败。那些臃肿的大企业就像 25 号宇宙一样，试图控制一切。它们误以为人类社会就是一套封闭系统，一切皆可按顶层设计和计划执行，但结果往往事与愿违。老鼠乌托邦的失败恰恰反映了一个事实：人类社会不是封闭系统。

普里戈金认为，封闭系统只是物理学意义上的概念，在现实世界中并不存在。封闭系统理论无法解释为什么生命会在现实世界中不断进化存续下来，并且形成更复杂、有结构、有次序的生命系统。我们需要一种适用于开放系统的理论来解释和指导现实世界。耗散结构理论满足了我们的需求。为了更好地理解耗散结构，我们有必要先了解物理学和生物学视角下的系统形态和几个基本概念：孤立系统、封闭系统和开放系统。

孤立系统是指，与外界环境不发生任何相互作用的系统（见图 11–1）。也就是说，外界的物质和能量不能进入该系统，系统内部的物质和能量也不能向外界耗散。它完全遵循熵增定律，最终走向纯粹的无序状态。

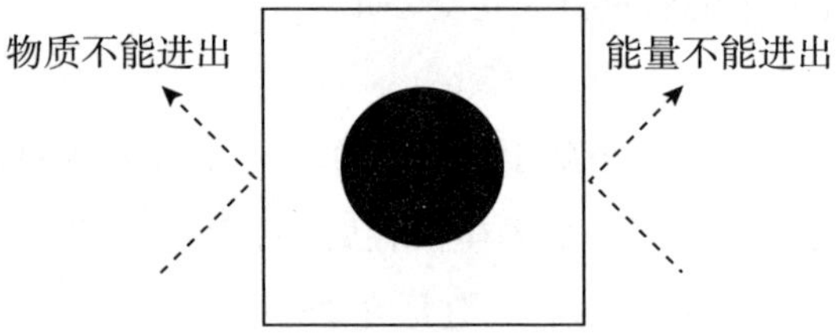

图 11-1　孤立系统

资料来源：《控制论与科学方法论》，金观涛等著。

所谓封闭系统，是指与外界环境有能量交换但没有物质交换的系统（见图 11–2），例如地球可以近似地被看作是这样的系统。如果我们忽略从太空向地球降落的流星和宇宙尘埃，那么地球只和其他天体发生能量交换的关系，即不断和太阳及其他恒星产生能量交换关系。

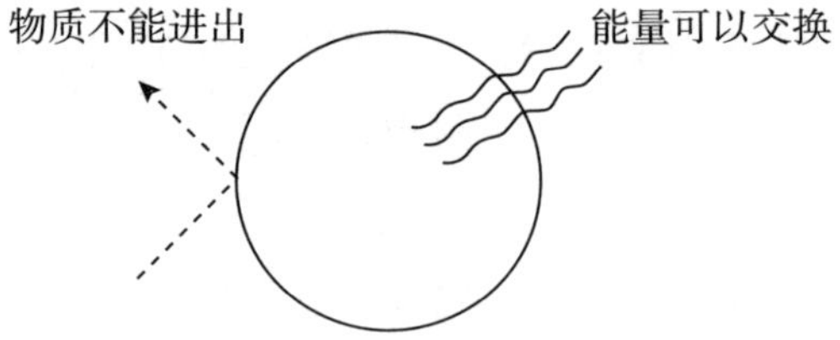

图 11-2　封闭系统

资料来源：《控制论与科学方法论》，金观涛等著。

所谓开放系统，是指与外界发生物质交换和能量交换的系统。我们生活的世界就是开放系统，生命、城市、社会等都是开放系统。开放系统最显著的特征就是，它与环境发生密切的关系始终处于与环境相互作用的活动状态。比如，一座城市既要不断从外界输入食物、燃料、不同的人，又要向外界输出产品、垃圾和废料等。

普里戈金指出，在自然界中，任何系统原则上都是开放系统。事实上，像孤立系统这类完全与环境无关的系统是不存在的，它只是物理学家在进行科学研究时设想的一种理想状态，就像老鼠乌托邦一样。他还认为，社会和生物结构的一个共同特征是产生于开放系统，而且，从严格意义上讲，熵增定律只适用于孤立系统和封闭系统。这种组织只有与周围环境的介质进行物质和能量的交换，才能维持生命力。

企业是一个生命体，是一套开放系统，在生态环境中无法独立存在，需要与外界进行物质和能量交换以维持生命力。**我们在规划和管理一家企业时，不是在对一套封闭系统进行顶层设计和规划，而是要设计一套具有耗散结构的开放系统。**当企业与外界进行物质和能量交换时，环境中存在非常复杂的相互关系，并不遵循我们平日里所熟悉的那种“如果……就……”的机械逻辑。我们不仅无法预测某一变量改变会产生什么结果，也无法为某一结果找到准确的原因，因为背后涉及的因素太多，复杂到让人难以理解。

当我们逐步放弃对企业的精确控制时，企业就会产生自适应、自学习和自我进化的能力，会像生物一样，形成群落，互相共生，自我进化成更好的物种。

建立耗散结构，让有序结构自发出现

协同的底层逻辑是从无序到有序，而建立耗散结构的目的就是让有序结构自发出现。

接下来我想先做一个试验，看看什么是有序的结构，它是如何出现的。这个试验很简单：准备平底锅和若干个鸡蛋，往锅里加水，等水快烧开时，像煮荷包蛋一样把打开的鸡蛋放进锅里，多放几个，慢慢加热，仔细观察锅里的变化。平底锅的水面会逐渐出现一些六边形蜂巢状的结构（见图 11-3）。锅里有几个鸡蛋，就可能出现几个这种结构。鸡蛋明明是圆形的，出现的结构也应该是圆形的，怎么会是六边形的？这种著名的物理现象是在混沌系统中产生的一种自组织模式。

图 11-3　六角形蜂巢状结构

资料来源：《控制论与科学方法论》，金观涛等著。

1900 年，法国物理学家亨利·贝纳德（Henry Benard）做了一个试验，这个试验也被称为“贝纳德对流实验”。通过它可以发现：无须太复杂的开放形式，只要有简单的能量交换，系统就能够自发地产生有序的结构。煮鸡蛋形成六边形的原理和贝纳德对流实验的原理一样。均匀加热水平容器中的液体，当液体上下层的温差超过一定阈值时，稳定的热传导就会被不稳定的对流模式取代（上面冷，下面热），从而自发形成正六边形的蜂窝状结构，每个六边形中间的液体向上流动（热向上），边界处液体向下流动（冷向下）。这样液体就形成了一种上下对流的新结构（见图 11–4），即耗散结构。耗散结构的形成是一个从无序（混乱运动）到有序（规律运动）的过程。

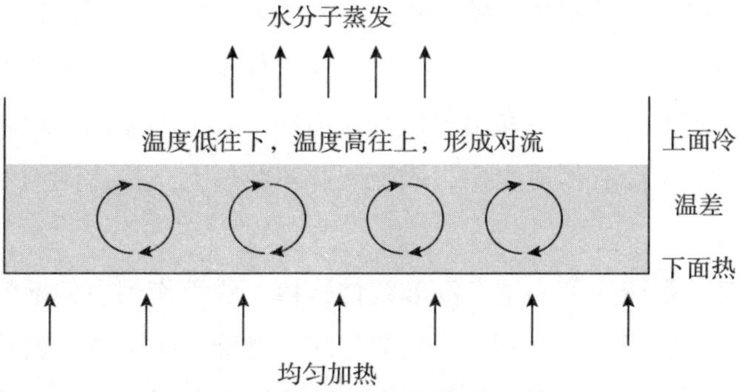

图 11–4　液体对流结构

“耗散”的叫法源于这个结构存在的目的，即把能量释放掉，而且是快速释放掉。为什么温度差必须达到一定的阈值？因为如果温度差不够大，那么液体通过热传导作用往上传递释放能量的过程会是渐进且缓慢的。而当温度差达到一定阈值时，仅靠热传导作用已经无法快速释放能量，所以必须通过集体运动来快速释放能量。在耗散过程中，原来的无序状态转变为有序状态，形成新的有序结构，即耗散结构。普里戈金认为，耗散结构的形成需要具备三个基本条件。

第一，必须是开放系统，可以与外部进行物质和能量交换。这个问题在前面已经讨论过，孤立系统在自然界中几乎是不存在的，因为其内部只有熵增，所以必然从有序走向无序的熵值最大化状态，走向热寂状态。而开放系统可以与外界交换物质和能量，从外界输入负熵流来抵消本身的熵增，使系统的总熵值逐步缩小，实现动态平衡。只有这样的系统才可能从无序走向有序。所以，耗散结构必须建立在开放系统的基础上。

第二个，系统必须远离平衡态。处于平衡态的系统，只要没有外力的作用，无论经过多少时间，其自身都不可能出现有序结构。养鱼的人都知道，鱼缸里的水长期不换就会发臭，鱼会死，因为水底缺氧，发出臭味的厌氧微生物大量繁殖。在这种情况下，哪怕换了水，水很快又会发臭。根本原因在于鱼缸是封闭系统。解决方法其实很简单，就是在水底装一个小水泵，让水底充满氧气。我们经常用“一潭死水”来形容一成不变、故步自封、因循守旧的状态，这就好比当一个湖泊的进水口和出水口都被堵住了，湖泊变成了封闭系统，和外界只有能量交换而没有物质交换，熵值因此不断增大，最后湖泊变成一潭臭水。

第三个，系统内部必须存在非线性作用。线性作用引起渐变，非线性作用引起突变。只有当渐变达到一个临界值时，才能发生突变。就像水从低温到高温的加热过程，如果没有持续加热到 100 度这个临界值，那么不管加热多长时间，水只会保温，而不会沸腾。

前面提过，系统内部的要素按照一定的规则连接，并且产生正反馈和负反馈的动力机制。而按照耗散结构的理论，要素与要素之间的相互作用又分为两种情况：线性作用和非线性作用。线性作用的特点是具有叠加性，也可以被称为“整体等于部分之和”。熊彼特曾说过，无论把多少辆马车连续相加，都不能造出一列火车出来。因此，线性作用无论有多大的积累都不会产生新的性质，当然，也不会形成新的结构。非线性作用具有相干性，也就是对象之间存在着相互作用，不是简单的数量叠加，而是相互制约，相互耦合，形成一种完全不同于各部分的整体。当相互作用达到一个临界值的时候，新的整体效应就产生了。

比如，一个人从小学开始读书，背了很多诗词，好像没派上什么用场，直到上大学之后，才学会了独立思考，看问题更加有深度，思考更有逻辑，做事更加有方法，这些其实都是他读过的书、经历过的事所产生的非线性作用。“腹有诗书气自华”这句话或许是非线性作用最好的表达。如果只是线性叠加，那么一个人背再多的古诗也只是在堆积知识而已，只有当这些诗词阐述的道理成为他言行举止的一部分时，他才可能产生优雅气质。

再比如，激光是在光子的非线性作用下产生的。如果没有非线性作用，那么再多的普通光叠加在一起，也只能被称为“一束光”，而无法产生激光。因此，非线性作用是形成耗散结构的重要条件之一。

企业如何才能构建具有耗散结构的组织体系呢？

接下来，让我们回到 25 号宇宙的案例中。在某种程度上，它映射出某些企业的封闭形态，它们一旦脱离政策的扶持和保护，将立刻失去竞争力。我们试着做一个思想实验：如果引入形成耗散结构的 3 个基本条件，那么 25 号宇宙是否可以形成有序的耗散结构？

首先，如果 25 号宇宙从封闭系统变成开放系统，那么更多的老鼠就会进来（暂时忽略其他高等动物），它们会带来不同的物质和精神财富。要想引入更多有能力的“鼠才”，系统就需要提供多样性吸引条件，而 25 号宇宙已有的各种稳定福利对外部的“鼠才”来讲的确很有吸引力。

开放系统会让 25 号宇宙变得更加开放和包容，对外战略也将从竞争变成合作。前文提到过，协同共生将是未来商业的主旋律，而协同意味着开放，既竞争又合作，企业必须在自己的生态位上为整个生态系统提供服务。

其次，当开放系统与外界发生资源交换时，如果系统输入的资源大于排出的资源，那么系统就达到了远离平衡态，从而不断迸发活力。

某些企业里存在“晋升天花板”，当员工升到某个位置时，无论怎么努力也不可能再得到职位晋升。这也意味着企业处于平衡态，进入温水煮青蛙模式，失去活力。所以，这类企业需要改变“铁饭碗”机制，让员工意识到没有一个人的位置是绝对稳固的，甚至连董事长的位置都可能不是固定的。

在资源有限的 25 号宇宙中，当更多有能力的“鼠才”进来之后，竞争态势必定变得越发激烈。老鼠们为了生存就需要提升自己的竞争力，同时耗散掉多余的能量。也就是说，系统不仅要有“鼠才”引入机制，还要设定淘汰机制，就像企业设定绩效考核一样。有了淘汰机制，那些跟不上发展的、想躺平的老鼠就会被淘汰出 25 号宇宙，老鼠们将真正明白适者生存的道理。总的来说，让系统远离平衡态，就是要让组织流动起来。

最后，系统内部的各个要素之间产生非线性作用，从而形成协同作用和相干效应。开放系统和远离平衡态会使 25 号宇宙生存环境产生不确定性。在这种情况下，为了提高生存能力，不被淘汰，老鼠们会既竞争又合作，形成更多社群或者自组织。为了解决一个问题，它们会自发形成组织，找到最佳解决方案，实现群智涌现。

还记得前文讲过的向鸟类学习组织进化吗？ 25 号宇宙中的老鼠们为了获得生存能力，会去尝试新的行为，从而影响群体，形成集体进化，甚至可能创造出 26 号宇宙。这就是非线性作用，它是结果，是开放系统和远离平衡状态的过程产生的群智涌现的结果。

在中国，把耗散结构发挥得淋漓尽致，甚至把它当成经营哲学的企业，非华为莫属。接下来，我们一起了解任正非眼中的耗散结构。

上文提到耗散结构形成的条件有 3 个核心特性：开放系统、远离平衡态、非线性作用。接下来，我们分别从这 3 个维度分析华为的耗散结构。

向华为学习如何构建耗散结构

熵增定律只适用于孤立系统和封闭系统。这告诫我们不要让自己或者组织变成封闭系统，否则就会熵增。当我们生活在微观层面的开放系统中时，面对的问题将不再是单纯的熵增或者熵减，而是如何平衡无序和有序，因此需要寻找更有指导意义的方法论。一个企业想要避免熵增，就要建立耗散结构的组织体系。

有一次任正非与中国人民大学教授黄卫伟交流了管理话题。黄教授把熵增定律介绍给了他。任正非发现，自然科学与社会科学有着同样的规律。他认为，企业发展也会随着熵增而逐步走向混乱，最终失去发展动力。自此之后，熵增定律成为他领导华为的核心指导思想之一。

任正非认为，企业要想生存，就要逆向做功，把能量从低到高抽上来，增加势能，这样就发展了。人的天性就是要休息、舒服，追求天性的企业是无法发展的。由此，华为诞生了“厚积薄发”的管理理念和“以客户为中心，以奋斗者为本，长期艰苦奋斗”的价值观。

他在一次市场大会上提到：华为长期推行的管理结构就是耗散结构。有能量就一定要消耗掉，通过耗散使公司获得新生。什么是耗散结构？一个人每天去跑步锻炼身体，就是耗散结构。为什么？因为耗散掉身体多余的能量，就能增加肌肉量，促进血液循环。能量消耗掉，人就不容易得糖尿病，也不容易肥胖，身材苗条，人变漂亮了，这就是最简单的耗散结构。

任正非说过，不是耗散结构的组织，终将灭亡。他反对自主创新，不认同一些企业把自主创新当成口号天天喊的做法。他认为，自主创新会把华为变成封闭系统。封闭的系统最终是要走向熵死的，所以华为坚持的是开放合作的理念。

那么，华为是如何打造耗散结构的？可以把华为的耗散结构分为企业宏观和个人微观两个层面来探讨。从企业宏观层面看，如果把华为视为一个生命体，那么它在战略层面上做了什么能产生熵减的事情来对抗战略层面的熵增？从个人微观层面看，华为在全球有 20 万名员工，每名员工都是华为这一系统的构成要素。如何激发这 20 万人的组织活力，对抗组织心智固化和熵增问题？如何判断企业处于有序还是无序、熵增还是熵减的状态？判断标准即是否能为客户持续创造价值。

开放性战略：厚积薄发，开放合作

华为的开放性在战略层面上主要体现为两点：厚积薄发和开放合作。2019年5月，美国政府先后打出两记绞杀华为的“组合拳”：一是签发总统令，禁止所有美国企业购买华为设备；二是美国商务部工业与安全局将华为列入一份威胁美国国家安全的实体清单中，禁止华为从美国企业购买技术或配件。

5月16日晚，华为发表声明，反对美国将华为列入实体清单的决定。随后曝光的两封华为内部邮件显示，华为对此早有准备。这两封邮件中的一封来自华为总裁办，其中指出：“公司在多年前就有所预计，并在研究开发、业务连续性等方面进行了大量投入和充分准备，能够保障在极端情况下，公司经营不受大的影响”。

另一封邮件来自华为旗下的半导体企业海思，海思总裁在邮件中写道：“多年前，还是云淡风轻的季节，公司做出了极限生存的假设，预计有一天，所有美国的先进芯片和技术将不可获得，而华为仍将持续为客户服务。为了这个以为永远不会发生的假设，数千海思儿女走上了科技史上最为悲壮的长征，为公司的生存打造‘备胎’。”海思用这封信件正式对外宣告“备胎转正”。一夜之间，“备胎转正”的邮件被各大社交媒体争相转载。

“居安思危，思则有备，有备无患，敢以此规”。华为的准备不止于海思，早在2012年成立的华为诺亚方舟实验室，已经说明华为具有做好最坏打算的危机意识和求生欲望，所以才修炼内功以待不测。而这些准备都源于厚积薄发战略。华为的厚积薄发战略体现在把物质财富密集投入研发领域，在战略聚焦领域，进行多路径、多梯队、“范弗里特弹药量”投入。[①] 华为财报显示，

① 范弗里特弹药量，原指不计成本地投入庞大的弹药量进行密集轰炸和炮击，以向对方实施压制和毁灭性打击，从而高效歼灭对方有生力量，使其难以组织有效的防御，最大限度地减少己方人员的伤亡。

2021 年华为的研发费用为 1 427 亿元，占总收入比重约为 22.4%。在此之前的 10 年里，华为在研发领域的累计投资已经超过 8 450 亿元。这种厚积薄发战略，把企业物质财富转化为企业发展势能，强化了内生动力。

“厚积薄发”这个词本身像在描述能量守恒系统，用在企业身上，则偏重于强调企业内生动力的循环往复。任正非有一次接受采访时称，华为最大的问题在于赚钱太多。他也意识到，钱太多意味着公司积累的能量太多，会造成组织“富贵病”，形成熵增，所以一定要想尽办法把能量消耗掉。消耗的方法不是把钱分给员工或股东，任正非说：“我们不会分给员工，员工变得肥肥胖胖的，就跑不动了；也不能分给股东，股东太有钱，太重视资本利益，不行，要合理。我们要把钱更多放到前端投入中。”这样做可以消耗掉物质财富储备，避免企业因过度积累财富而失去危机感，进而失去发展动力。

开放性战略：协同创造共生价值

能量守恒系统本质上是封闭系统，而耗散系统必须开放。华为的开放性战略体现出的特点是“创造共生价值”。

“一个人不管如何努力，永远也赶不上时代的步伐。只有组织起数十人、数百人、数千人一同奋斗，你站在这上面，才摸得到时代的脚。”任正非强调，自己创建华为时，不是亲自去做专家，而是做组织者。因而华为不断从国际上引进 IBM 咨询、埃森哲、波士顿咨询公司等机构提供的高效管理经验，推动自身管理变革，不断积累组织能力方面的势能。吸收经验之后，华为采取了诸如集成产品开发、集成财经服务等多方面的管理变革，在管理创新、组织结构创新、流程变革上不断进步，从而为成为一家国际化公司奠定了强大的根基。

在业务和产品创新上，华为也充分展现出了开放性态度。2019 年 5 月末，任正非签发了组织变动文件，正式决定成立华为智能汽车解决方案事业部（简称“BU”）。BU 被定位为智能汽车领域的端到端业务的责任主体，提供智能汽车信息与通信技术（Information And Communication Technology，ICT）部件和解决方案。在这封文件的最后，任正非还幽默地写上一句让车企安心的话：“华为不造车，华为只帮助车企造好车。”

华为把自己定位为“增量部件供应商”，其现任副董事长徐直军表示，未来有自动驾驶能力的电动汽车，除了底盘、4 个轮子、外壳和座椅外，剩下的都会是华为拥有的技术。这种做法用毛主席的话来讲，就是团结一切可以团结的力量。

任正非经常说，华为要建立开放的结构，促使数万公司一同服务于信息社会，以公正的秩序引领世界前进。在一次采访中，他进一步提出：“第一，热力学讲不开放就要死亡，因为封闭系统内部的热量一定是从高温流到低温，水一定从高处流向低处，如果这个系统封闭起来，没有任何外在力量，就不可能再重新产生温差，也没有风；第二，水流到低处不能再回流，那是零降雨量，那么这个世界全部是超级沙漠，最后就会死亡，这就是热力学提到的熵死。社会也是一样，需要开放，需要加强能量的交换，吸引外来的优秀要素，推动内部的改革开放，增强势能。外来能量是什么呢？外国的先进技术和经营管理方法、先进的思想意识冲击。”

开放性战略：组织势能的开放性

2013 年，任正非发表讲话，说自己把“热力学第二定律”从自然科学引入社会科学中，就是要拉开差距，让组织中数千中坚力量带动 15 万人的队伍滚滚向前。华为要不断激活自己的队伍，防止熵死，不允许出现组织“黑洞”（怠惰），不能让怠惰吞噬了组织的光和热及活力。

2007 年 5 月，华为在人力资源上做了一次惊人的调整：补偿 10 亿元人民币，鼓励 7 000 名员工辞职再竞聘上岗。对此，华为的解释是：由于公司逐渐出现“工号文化”，因此对内部分配的不和谐做一些调整，让公司更有活力。

这次调整所涉及的 6 687 名高中级干部和员工中，有 6 581 名重新签约上岗，此外共有 38 名员工自愿选择了退休或病休，另有 52 名员工出于个人原因自愿离开公司，还有 16 名员工因绩效及岗位胜任等原因与公司友好协商一致后离开。

把人的活力充分激发出来，这个过程是痛苦的，也是反人性的。这就是为什么企业需要耗散结构。对此，任正非的解释是公司通过多付钱换来员工热爱，不一定能持续，因此要把这种对企业的热爱耗散掉，用奋斗者和流程优化来巩固。奋斗者是先付出后得到，与先得到再热爱有一定的区别，这样就进步了一点。华为要通过把潜在的能量耗散掉，形成新的势能。华为把组织的耗散结构称为“人力资源水泵”。

“人力资源水泵”的工作原理是价值分配撬动价值创造。任正非认为，企业的活力除了来自目标的牵引，来自机会的牵引以外，还在很大程度上受利益驱动。因此，价值分配系统必须合理，只有使那些真正为企业做出贡献的人才得到合理的回报，企业才能持续迸发活力。

华为对价值分配系统的打造，主要体现在两方面。第一，让员工 100% 持股，充分调动员工的积极性和活力，用利益分配驱动人性。任正非说华为永远不上市，因为上市了就会被资本市场绑架，每天都得为了增长而努力。华为采用了全员持股机制，使整个组织的内生动力更强，避免了能量分流，让员工能长期坚持。第二，让劳动者获得更多价值分配，在分配方面打破平衡、不拘一格。在薪酬分配方面，华为通过及时和破格提拔优秀人才来拉开员工薪资待遇差距，冲淡员工的怠惰情绪。这就是任正非经常说的“要给火车头加满油”，即在利益分配上向创新者和奋斗者倾斜。

远离平衡：华为的微观永动机模型

系统的状态可分为平衡态、近平衡态和远离平衡态。具有耗散结构的系统是远离平衡态的系统，当系统处于平衡态和近平衡态时，熵值会不断增大。当开放系统与外界发生资源交换时，当输入系统的资源大于排出系统的资源时，系统就远离了平衡态，从而不断迸发活力。

生物能够不断进化的核心不是某种生物越来越强壮、越来越聪明，而是不断淘汰不能适应环境的个体生物。开放竞争是生物进化的不二法则，同样的法则也适用于企业。换句话说，就是企业必须远离平衡态。华为正是这样做的。华为有一个“微观永动机模型”，顾名思义，永动机就是要让系统自我循环，永不停歇。但华为的不停歇不是要保持平衡态，而是要不断打破平衡态，主要体现在两方面。

第一，在组织结构上炸开人才金字塔的塔尖，实现全球能力中心的人才布局，华为的人才机制经历了从原来封闭式的金字塔结构到炸开金字塔塔尖的转变，因为只有把组织结构从封闭的变成开放的，才能容纳世界级的人才。为了吸引和留住人才，华为可以在外籍专家所在地设立能力中心。比如，在俄罗斯设立数学算法研究所，在法国设立美学研究中心，在日本设立材料应用研究所，在德国设立工程能力中心……华为在吸引人才方面可以说是不惜一切代价，不仅高薪聘请大学应届的“天才少年”，还为了引进人才不设薪酬上限。

第二，干部流动和赋能机制制度化，培养未来领军人物。人在一个位置上待久了，必然会产生惰性，如何对抗这种组织熵增？让人员流动起来。比如前面提到的鼓励 7 000 名员工辞职再竞聘上岗，据说连任正非的工号都因为重新上岗而改变。

非线性作用：打造华为的活力引擎

如果水一直在低温状态下加热，那么水永远不会沸腾。只有当温度达到一个临界点时，水才能形成一种新的状态和结构。这就是系统的“涌现”，也称为“突变”。

华为的价值观强调的是“以奋斗者为本”。这个价值观界定了它不是一家“以股东利益最大化”为己任的公司，而是一家以“奋斗者优于股东”为标准进行价值分配的制度创新型企业。过去 30 年，华为员工的年平均收入之和与股东分红的比例大致是 3∶1。

徐直军曾经说，华为作为一家民营企业，走的都是爬北坡的路，完全不是一般人理解的民营企业应该走的路。2013 年，一位企业家接受采访时所说的话从侧面给予了印证：“任正非比我敢冒险，他确实从技术角度一把就敢登上去，他是走险峰上来的，他摔下来的时候会很重。我基本上都是领着部队行走 50 里，然后安营扎寨，大家吃饭，再接着往上爬山……”别人该上市的时候上市，华为不上市；别人该投房地产的时候投房地产，华为不投；别人有钱就投到其他领域，华为天天投研发。徐直军所说的正是让华为这盆水能够到达沸腾的临界点，实现非线性发展的原因。

根据贝纳德对流实验，到达临界点时，微观的无序运动会自发地在宏观尺度上变得有序，形成一个新的结构——六边形对流花纹。

华为所处的信息与通信技术产业本身充满了非线性发展的不确定性和挑战，它无须刻意营造非线性环境。从耗散结构的角度看，非线性作用引起了突变。只有在一种新的结构下，才能产生突变。这就好比电脑的操作系统，在一套旧的操作系统下，增加再多的程序也只是线性提升。只有在一套新的操作系统下，才能产生新的结构和范式的转变。线性系统发生变化，往往是逐渐进行的。而非线性系统发生变化，往往有性质上的转化和跳跃，也就是有我们所说的“从量变到质变”。

当受到外界影响时，线性系统会逐渐地做出响应，非线性系统则很复杂，有时对外界信号拒不理睬，有时又反应激烈。这时，为系统构建一定的容错机制就很重要，因为没有容错机制的系统是脆弱的、没有免疫力的，将随时面临系统瘫痪的结局。

商业模式创新指南

DECODING BUSINESS MODELS

1. 我们需要一种适用于开放系统的理论来解释和指导现实世界。

2. 人类社会是一套开放系统，企业也是一套开放系统，在生态环境中无法独立存在，需要与外界进行物质和能量交换以维持生命力。

3. 建立耗散结构的目的就是让有序结构自发出现。

4. 形成耗散结构需要具备 3 个基本条件：必须建立在开放系统的基础上，系统必须远离平衡态，系统内部必须存在非线性作用。

12 免疫系统，构建企业的容错机制

我们身边可能会有很多易怒、易暴躁的人，他们像一台搭载着被病毒感染过的系统的计算机，大脑随时可能失控、“死机”。第一个把人的大脑比喻成计算机系统的，是“现代计算机之父”冯·诺伊曼（John von Neumann）。晚年的他有一本未完成的书，后来由耶鲁大学出版社结集出版，书名是《计算机与人脑》（*The Conputer and the Brain*）。在这本书中，他提出了“容错”概念。如果一套系统不能容错，那么它是脆弱的。毕竟任何在现实世界里运转的系统所面对的，必然是不完美的、不理想的、各种意外都有可能发生的现实状况。遇上一点问题，就直接停止运转，那样的系统基本上就是废物。

举例来说：我经常在不同平台上发表文章，由于众口难调，因此文章下面肯定会有赞同和反对的评论。不过，我提前给自己设置了如下容错机制：

- 跟支持我观点的人交流。（点赞）
- 如果对观点有误解的人比较多，那么我会有选择地加以解释。（换种方式沟通）
- 对那些有建设性的意见，虚心接受。（反馈迭代）
- 对那些不经思考就否定的评论，一概不理。（停止沟通）

这就是一种简单的容错机制。小到个体，大到一个企业、一个国家，都需要有容错机制。企业有了容错机制，就不会因为一个人或者一件事而停止运转。**容错机制是企业的免疫系统，让企业在抵抗外部环境的不确定性时，可以确保内部系统不会瘫痪。**有的企业甚至可以在抵抗外部不确定性的过程中获益，从而进一步提升自身的免疫力。

本章我们将围绕如何建立企业的免疫系统，讨论如下 3 个部分：

- 不确定性就一定是风险吗？
- 容错机制的本质是什么？
- 在不确定性环境下，企业如何构建免疫系统？

不确定性一定是风险吗

我们通常认为未来是不确定的，所以常常焦虑，为钱焦虑，为家庭焦虑，又或是为健康焦虑……虽然焦虑的对象不同，但是归根结底，都是对不确定的未来的焦虑。为了抵抗焦虑，我们努力工作赚钱，增加储蓄，锻炼身体以防生病……其实，我们所做的种种努力，都是有计划的预防措施，是为了让自己在危机来临时有能力抵抗风险。

只不过，我们不得不面对一个现实：真正给我们的人生带来巨大影响的，恰恰是那些无法预估的事情。1997 年的亚洲金融危机、2001 年的“9·11”事件、2007 年的美国次贷危机、2017 年的英国脱欧等，都是无法预估的事情。人类的智慧再高，也无法逃避一个事实：风险是无法提前预测和规避的。只有理解风险，提高自身的免疫力，才有可能利用风险，获得收益。

虽然畅销书《黑天鹅》（*The Black Swan*）里对美国次贷危机做了预警，但华尔街的分析师们没把预警当回事。不久，美国次贷危机爆发，影响迅速蔓延至全球金融市场。后来，“黑天鹅”成为那些难以预测的罕见重大事件的代名词。

有人把不确定性等同于风险，其实这是不对的。约翰·梅纳德·凯恩斯（John Maynard Keynes）说过，所谓风险，是知道会发生什么，只是发生的可能性是随机的，是有一定概率的。比如掷骰子，可以肯定的是不管怎么掷，骰子的数字都是 1~6，且每个点数出现的可能性为 1/6，但究竟会掷出什么点数则是随机的，这就是风险。而不确定性是指我们不知道将会发生什么，可能发生好事，还可能发生坏事，也可能维持现状。与风险相比，不确定性让我们更加恐惧和不安。

"黑天鹅"代表小概率的重大事件，特点是不可预测、影响重大。比如二战、日本核泄漏事件等，都是"黑天鹅"，都在一定程度上对整个世界的格局产生了重大影响。《黑天鹅》的作者纳西姆·尼古拉斯·塔勒布（Nassin Nicholas Taleb）认为，人类历史不是缓慢爬行的，少量的"黑天鹅"引导着社会从一个断层飞跃到另外一个断层，也决定着每一个人的生活走向。

企业身处充满不确定性的世界中，面对的不一定是风险，也有可能是随时可能出现的各种无法预测、影响重大的"黑天鹅"。而企业应对不确定性的唯一方式就是建立应对"黑天鹅"的容错机制，打造自身的免疫系统。

容错机制的本质是多样性

在回答容错机制的本质是什么之前，我们先来看一个例子。2021 年，樊登读书一年的收入达 10 亿元，仅"双 11"期间，樊登读书的会员卡就卖了 4 亿元。著名商业顾问刘润问樊登："你是怎么做到的？抖音上哪儿来这么多粉丝？"樊登说："我不知道。"刘润又问："那你们公司有多少个抖音号？'双 11'期间哪个地区的会员卡销售得最多呢？"面对这些问题，樊登的回答全部都是"我真的不知道"。

刘润感到非常诧异，一个什么都不知道的老板，是怎么把营业额做到 10

亿元并让公司运转得不错的？樊登的回答是这些事都是团队在做，公司的CEO负责管理。他说："我之所以能够放手让团队去决策大小事，自己不太参与公司的管理，是因为我首先克服了恐惧和自负。很多创始人不愿意放手让别人管公司，主要是来自恐惧和自负。恐惧就是我老怕这帮人坑我，没办法真正相信别人。自负就是总觉得自己很聪明，自己是对的。"樊登认为，老板恐惧和自负，一看到员工犯错就无法接受，但是自己犯错就觉得别人应该理解他，其实都是因为他不能容错。

只有在一个具有容错机制的企业里，团队才能自我学习，变得更加强大。如果企业因为某一件重大事情出了问题而迅速走向衰败，那么根源可能在于缺少容错机制，即缺少多样性设计。容错机制的本质是多样性。

工程学里有一个概念，叫"冗余"，是冯·诺伊曼在20世纪50年代提出的。冗余设计是多余的设计或者备份设计吗，就像汽车的备胎一样？都不是。冗余设计的核心是让系统在有缺陷的情况下依然能够正常运转。

举例来说为了让一个机器（或者系统）在非正常情况下也能运转，一些关键的组件需要配置一个以上。这样万一其中一个组件坏了，机器依然能够正常运转，甚至可以在运转过程中修复或者替换那个坏掉的组件。比如飞机的发动机，中小型民用客机一般挂两三个发动机，大型民用客机一般挂四五个。再比如大型货车的轮子，一辆货车有很多组轮子，并且每一组轮子由两个并列构成，任何单个轮子坏掉，都不会影响货车的正常功能。

没有冗余设计的系统是很脆弱的，就像容错能力不高的电脑操作系统，一出现bug就死机，遇到伤害性大一点的病毒，系统就直接瘫痪。冗余设计越多，是否就代表容错能力越强？显然不是。因为任何冗余设计都是有成本和代价的。比如，普通汽车只需要4个轮子，配置8个轮子的汽车，其成本自然更高。再比如，一架飞机可以配置四五个发动机，但是战斗机通常只配置一个，重型战斗机也才配置两个，因为配置过多反而影响飞机在战场上的灵活性和反应能力，这种影响就是成本，或者叫冗余设计的代价。

容错能力特别强，是不是一定好？不一定。有时候在某些事情上是需要零容忍的，就像消防警报一样，该报错就报错，否则会产生严重的后果。冗余设计很多时候会被视为一种资源浪费，因为需要付出一定的成本和代价来维持。但是在不可预测的环境中，冗余策略却可以帮助企业抵抗不确定性所带来的风险，让企业可以适应环境，从而降低发展的风险。

借用塔勒布的观点总结就是，在“黑天鹅”频发的时代，选择权可以让企业具有反脆弱性。

如何构建企业的免疫系统

尼采有句名言：“凡不能毁灭我的，必使我强大。”这句话就是对免疫系统最好的诠释。提到免疫系统，我们很容易将它跟病毒联系起来。 病毒是自然界中非常让人讨厌的一种存在，不断威胁人类的生命，所以科学研究者一直在寻求消灭病毒的方法。虽然不是所有的病毒都能被消灭，但是有的病毒已经不存在了，比如世界上第一个被消灭的天花病毒。天花病毒会引起非常恐怖的烈性传染病。这种病毒早在 3 000 多年前的一具木乃伊上就存在，直到 1980 年 5 月才由世界卫生组织正式宣布已被人类消灭。人类对付天花病毒的方式是打疫苗，实现群体免疫。

人体免疫系统能察觉并抵御外来入侵，保护机体。免疫系统的功能越强，机体越不容易受细菌、病毒、真菌等的侵害。当一个人的身体被病毒入侵之后，他的免疫系统不会马上学着如何适应这种新的病毒环境，与病毒和睦相处，而是会拼死抵抗。在免疫系统与入侵病毒激烈交战时，人的体温上升，病毒难以在体内存活。不过，这时候人不舒服，感到头痛、疲惫，消化系统也不舒服。而当免疫系统成功抵抗病毒的入侵之后，人体内就会产生相应的抗体，提高对该病毒的免疫力，不容易被再次入侵。

企业如何像人体一样建立自己的免疫系统呢？答案是构建具有反脆弱能力和认知多样性的组织体系。

让组织具备反脆弱能力

既然“黑天鹅”不可预测，为什么塔勒布好像能成功预测未来要发生的事呢？1987 年 10 月 19 日，美国爆发股灾，道琼斯指数单日跌幅超过 22%。塔勒布对此做了预判，通过做空股市，第一次实现了财富自由。2001 年“9·11”事件发生，股市大跌，塔勒布又靠着做空美股大赚一笔。2007 年再次从次贷危机中获益的塔勒布凭着《黑天鹅》走向大众视野。业界形容塔勒布像买彩票一样做股票，但跟普通人不一样的地方在于，他一买就中，而且中的还是头奖。

在塔勒布看来，这种百发百中的成绩主要源于他对“不确定性”的研究。他后来写了另外一本书叫《反脆弱》（*Antifragile*），风靡一时。书里把所有事物分成 3 类：脆弱类、强韧类和反脆弱类。脆弱类事物像玻璃杯，掉到地上就会摔得粉碎；强韧类事物比脆弱类的强一点，像塑料杯，掉到地上不会碎；而反脆弱类事物就像弹力球，掉到地上不仅不会破碎，还会弹起来。

脆弱类事物喜欢稳定的环境，经不起折腾。环境一旦有变化或者有不确定性发生，这类事物就很容易被摧毁。就像希腊神话里的达摩克利斯（Damocles），他头上悬着一把随时可能掉下的剑，处在这种状态下的达摩克利斯就是脆弱的。强韧类事物不太依赖环境。这类事物就像塑料杯，不管有没有掉到地上都不会破碎，环境的变化对它们几乎没有影响。最为突出的，就属反脆弱类事物。面对外界的环境波动、混乱，它们不但不会受到伤害，反而能利用波动的环境茁壮成长，甚至越挫越勇。它们好比传说中的九头怪，长着数不清的头，每次被砍掉一个头，马上就能长出两个，不仅没有被消灭，反而会因此更加强大。

在公司里，我们总是习惯解决问题。老板们就像救火队员一样，出现问题先“救火”，事后再分析原因，然后提出预防方案。虽然这是亡羊补牢，为时不晚，但也是一种脆弱性做法。我们之所以这么做，一方面是因为有追求确定性的本能，另一方面是因为面对任何问题都惯于寻求当下最好的解决方案（最优解）。但是在充满不确定性的环境中并不存在所谓的“唯一最优解”，而只有“当前认知下的最优解”。如果真有最优解，那么从理论上来讲，漏洞是可以被补上的，但历史总是一再重演。2008 年全球金融危机爆发，时任美联储主席的艾伦·格林斯潘（Alan Greenspan）在美国国会发表的致歉声明里提到，2008 年的金融危机是之前从来没有发生过的。

历史之所以会一再重演，有一个关键原因是，复杂系统中变量太多，它们相互作用，因和果之间的关系不是线性的，而是非线性的。也就是说，找到一个因，无法推出一个必然的果，而一个小小的因，也可能带来我们无法承受的严重后果。

“像生命一样，而不是像机器一样生存”是建立反脆弱系统的核心，只有反脆弱系统才可以从不确定性中获益。

从个体的角度看，一个脆弱的人如温室里的花，无法抵抗外部恶劣的环境。所以，我们通常会鼓励孩子去经历一些困难和挫折，他只要扛住了困难，经历过失败，就会逐渐形成反脆弱能力。从群体和组织的角度看，面对风险，个体的失误反而是好事，因为个体的失误和学习能为整个群体带来可供借鉴的经验和教训，从而使组织具备反脆弱能力。前面提到的英国山雀和知更鸟的例子，就是典型。

我们把范围扩大一点，站在自然科学的角度上看，即使一个物种因为某个极端事件完全灭绝了，也不是大事，因为它只是自然的一部分。大自然的演化不服务于某个物种，而是服务于整个自然。反脆弱性的存在，给系统向更完善的阶段进化提供了一种可能。组织如何才能具备反脆弱能力，构建企业的免疫系统？

首先，正如塔勒布的观点，要避免把自己暴露在负面“黑天鹅”中。换句话讲，就是尽量不要进入那些看起来收益不高、投入很大、可能会付出很大代价的领域。比如，对大多数创业公司来说，活下来是最重要的，先不要考虑赚大钱的事。

其次，利用杠铃策略来培养组织的反脆弱能力。也就是把大部分资源投入线性关系强、收益确定、风险相对较小的领域，同时把少量资源投入风险比较高、收益也很高的非线性区间。不要把时间花在那些中等收益和中等风险的事情上。如果用一句话来形容杠铃策略，那就是追求低风险、高收益。

有人说风险和收益成正比，风险越高，收益越大。其实，这是误解。有的外行人会认为风险投资就是高风险的投资，事实恰恰相反，职业投资人追求的正是低风险、高收益的投资。在投一个项目之前，我们需要做几个月的尽职调查，从业务、财务和法务等环节对项目进行深入调查，最后还要由多人组成的投委会对项目进行投票。做这些的目的就是把投资风险降到最低，从不确定性中寻求确定性，正如资本圈流传的那句话“宁可错过，不可投错”。

与此同时，也有人在做着高风险、低收益的事情，如大部分散户。试问有几个散户知道买的那只股票的公司地址在哪儿？更不用说他们做了多少调研了。媒体常散布一些投资传说，如某个著名投资人见了谁几分钟就投了几千万美元，这些真的只是传说而已，千万别当真。

最后，如果企业想在培养反脆弱能力的过程中更进一步，那就选择在正面的“黑天鹅”领域中理性积极地试错，控制损失成本，不断提高自己成功的概率，进而提高自己在不确定性事件发生时获益的概率。比如做一个 MVP 模型，小规模测试，然后快速迭代。

有人可能会困惑，创业不是要全力投入，一切尽在掌握吗？其实不是“一切尽在掌握”有错，而是我们往往对它有误解，主要原因在于没有彻底理解“不确定性”这个词。创业是从不确定性中寻找确定性，一切尽在掌握的前提是“确定性强”。但人的认知是有限的、不全面的，也不可能是全面的。这就带来一个新问题，我们所认为的“确定性”只是一个假设，而不是事实上的确定性，所以才需要理性积极地试错。

虽然“黑天鹅”无法预测，但是我们依然可以学会如何应对“黑天鹅”，甚至从中获益。为此，我们必须培养反脆弱能力，避免把自己暴露在“黑天鹅”中。比如，可以应用杠杆策略来培养反脆弱能力，选择在正面“黑天鹅”的领域中积极地试错。

组建具有认知多样性的团队

如何把这种反脆弱能力迁移到企业，让企业拥有免疫力？反脆弱能力的核心是拥有选择权，这意味着企业需要组建具有认知多样性的团队。

一些企业大谈使命、愿景、价值观，招聘的时候严格淘汰掉与企业价值观不符的人，而更喜欢招有行业经验的人。因而招聘过程中会出现一种“同质趋向”现象：招聘者总是倾向于雇用那些思维方式接近于自己的人，并且会因为所谓的“认知同频”而感到高兴。这当然比较容易理解，人们总是希望面对外在事物时身边的人与自己有相似的看法。殊不知，当一个行业的整体思维都趋于同质化时，何谈创新？

《多样性团队》（*Rebel Ideas*）一书里指出：当下各领域中的组织都有专业化趋势，但如果每个成员看待问题的参考框架高度重叠，那么精英团队也会做出平庸、错误甚至灾难性的决策。所以管理者要依靠多样性团队做出长链条的判断和决策，警惕“集体失明”。书里还讲到一个案例：

> 美国中情局自成立以来，在招聘人员时可谓是万里挑一。候选的情报分析师不仅要经历严苛的学术能力测试、背景调查、测谎、财务

和信用审查，还要接受一系列心理测试和身体检查。候选者与入选者的比例大概是 20 000 : 1。这个团队由数万名职员组成，他们的职位和身份各不相同。它肯定是一个多样性团队吧？并非如此。

美国中情局曾收到恐怖分子头目在山洞中录制的视频，它对此不以为然，因为不相信这会对美国这样的科技巨头构成威胁。实际上，美国人没能理解山洞的文化含义：山洞代表了成功脱身。在那个头目的追随者心里，山洞本身就带着光环，是一种信仰的象征。由于缺少文化多样性，文化隔阂成了美国中情局低估该头目的重要影响因素。而团队成员不够多样化，也是外界对它的批评和反思。

如何破除“集体失明”的魔咒？《多样性团队》给出了答案：组建多样性团队。多样性既指性别、种族、年龄和宗教等的多样性，也指认知层面的多样性，也就是每个人的视角、见解、经验和思维方式等方面的差异性。团队成员的多样性可弥补单一思维的局限性，但多样性团队要解决的问题是如何把想法不同的人聚集在一起发挥作用。

关于多样性的研究，存在两个理论视角：信息决策理论和社会分类理论。信息决策理论强调信息和资源在团队中发挥的关键作用，指出认知多样性程度高的团队可以获得更多更全面的资源和信息，从而全面了解任务并推进任务的进展。而社会分类理论认为，团队成员会根据个人属性差异将人进行归类，将与自己有某些相同特质的人归为“圈内人”，而将与自己差别较大的人归为“圈外人”，并在日常工作和交往中区别对待组织内部的圈内人与圈外人。

根据信息决策理论，多样性团队可以较容易地获取异质化的资源和信息，因此会有更多的机会和可能性跟他人分享他们的知识与经验，从而掌握更为全面的知识与信息，并在此基础上对团队任务进行深入探讨，做出更好的团队表现。

认知多样性程度比较低的团队，其成员有相对同质的朋友圈，他们只有单一的渠道和途径获取信息与知识，不太可能接触到全面的信息，自然难以有效地分享与掌握信息，也会抑制团队的表现。

认知多样性的积极效应是如何产生的？我们先来看一个实验：课堂上，老师拿出一个透明的、里面装了很多糖豆的玻璃罐子，让学生们猜里面的糖豆数量有多少。不同人回答的数量各不相同，有的多，有的少。但是，把所有人猜的数字取个平均值，会发现结果非常接近糖豆的真实数量。这其实是一个预测问题，结果体现出了群体智慧。“三个臭皮匠”是否真的可以“顶过一个诸葛亮”？《多样性红利》（*The Difference*）中有一个例子给出了答案：

> 1999 年，曾经有人组织了一场万人国际象棋大赛。在这场比赛中，有 5 万名普通象棋手，通过互联网和国际象棋世界冠军加里·卡斯帕罗夫（Gahy Kasparov）下棋。双方每走一步都可以考虑 48 小时。这 5 万人如何下棋？他们在论坛里讨论，集思广益，通过投票表决该下哪步棋。但最后还是卡斯帕罗夫赢了。有一点值得注意，这局棋下了 62 步。在国际象棋比赛中，能走这么多步意味着这是一场势均力敌的比赛。这 5 万人在一个世界冠军面前，没有变成一群乌合之众。

“三个臭皮匠”的个体能力都不强，但是他们有多样性，表现出的群体能力超过了他们的平均能力，甚至比“一个诸葛亮”的能力都强。

多样性思维的特点体现在思维方式的多样性上，而不是体现在人的身份的多样性上。很多企业有“家文化”，把员工称为“家人”，这其实是不恰当的组织文化。家庭成员的结构、成员性格是随机的，我们无法因为不满意而替换家人。但企业不同，企业对员工有奖励和惩罚，有提拔和淘汰，员工不是家人。团队讲究的是互补性，要求成员在能力和思维上互补。所以，现在很多企业开始实行球队文化，团队成员是队友，每个成员在不同位置上发挥不同的作用，承担不同的责任。

当然，诸葛亮式的人物是不可替代的。乔布斯曾说，一个出色的人才可以顶 50 个平庸的员工。因为“诸葛亮”在某个领域具有专业性，如果问题不太复杂，那么他一个人就有可能掌握全部的信息，这时候就不需要多样性认知。但如果问题复杂，那就算是最聪明的人也只能掌握部分信息。

有学者对此有不同看法。他们认为，认知多样性会引发团队成员之间的冲突和不信任，进而对团队决策形成阻碍。根据社会分类理论，在认知差异程度较高的团队中，团队成员会对那些与自己存在认知差异的成员产生本能的排斥，会倾向于把别人的“异见”看作对自己的漠视或者挑衅，造成人际关系紧张和情感疏离，进而对团队表现产生负向影响。相反，在认知差异程度较低的团队中，成员相处较为和谐融洽，针对同一问题更可能形成统一意见。可见，当面对一个亟须合作才能有效完成的任务时，团队内部存在过多的认知差会适得其反。

其实，多样性团队的存在是有前提的，即社会分工越复杂，人类就越需要合作。如今，几乎所有最具挑战性的工作，都是由团队完成的，原因很简单：问题太过复杂，一人难挑大梁。那么，企业要如何组建一个具有认知多样性的团队？在什么情况下，认知多样性的积极效应会得到加强，并且其消极效应会被抑制？

《多样性团队》的作者马修·萨伊德（Matthew Syed）认为，组建一个多样性团队需要遵循四项基本原则：第一项，基于解决问题和实现目标；第二项，保持适当的权利梯度；第三项，引导组织内部信息流动；第四项，培养局外人思维。具体做法如下。

首先，基于解决问题和实现目标，合理组建多样性团队。多样性不是无的放矢。为了多样性而吸引不相关的人加入团队不仅没有效果，还会浪费资源。只有当多样性与目标和问题相关时，它才能有助于集体智慧的形成。要合理组建多样性团队，关键是要找到与目标和问题密切相关且能带来协同作用的人。

在做投资的过程中，我发现，一些创业者在讲到核心竞争力时，会把自己的资源都毫不吝啬地罗列出来，声称自己拥有多样性资源和能力。他们忽略了一个问题：确保项目成功的关键要素是什么？大多数情况下，创业者已有的能力和资源往往是不足的。基于解决问题的路径去组建团队和培养能力，可以让创业者避免掉入“伪多样性”的陷阱，而围绕最终目的展开活动。

其次，保持适当的权利梯度。伊拉斯姆斯大学鹿特丹管理学院分析了超过300 个工作项目后发现：由基层管理者领导的项目，比高级主管领导的项目成功率更高。难道是因为高级主管能力不行吗？答案令人感到意外，原因是高层领导的存在让团队付出了社会成本，冻结了其他成员的动态反应机制，扼杀了多样性。换句话说就是，专制领导会扼杀团队的多样性。

印度一家科技公司的创始人阿维纳什·考希克（Avinash Kaushik）创造了一个词“HiPPO”（Highest Paid Person’s Opinion，最高薪人士的意见），形容专制型领导对团队的动态反应机制带来的影响。他认为 HiPPO 统治一切，否决他人的数据，将自己的想法强加于他人和团队。他们自认为最了解情况，虽然有时候确实如此，但正是他们的在场阻碍了观点的有效交流。

一线项目团队要注意权利梯度的设置，不能过于“陡峭”，行政级别较高的管理者不宜直接参与项目。因为高级别管理者的存在会让团队付出更高的沟通成本，当他被剥离后，虽然整个团队损失了一些知识经验的输入，但余下的成员可以更自由地表达自己的观点。这样做带来的巨大价值，远远超出损失的部分。

再次，与专制型领导相对的是威望型领导，他们以解放他人的姿态进行沟通，真正说服、表达尊重、表达好意、做团队的模范。威望型领导对别人的慷慨行为会被模仿，最终使整个团队朝着更具合作性的方向进化。做威望型领导，要在讨论阶段足够民主，最大化地听取建议，充分听取意见，引导组织内部信息流动。即使团队成员不是“提建议”，只说自己的用户视角或者自己所代表的部门角色，那也是在提供信息，有助于决策最优化。讨论阶段要做加法，激发每个成员的智慧，最大化收集可能的选项，不要错过、漏掉任何正确选项，这样才有可能找出最佳答案。

有一个词叫“信息瀑布”，指的是前面人的信息和观点像瀑布一样涌下来，后面人的思考被“瀑布”裹挟，保留自己的观点，去追随前面人的信息和观点。瀑布之所以壮观，是因为水流集中。做出一种选择，意味着要放弃其他选择，团队要形成信息瀑布，就要放弃其他成员的观点和信息。“瀑布”可以有，但不应出现在讨论阶段，而应出现在行动阶段，从而集中力量办正事。

最后，团队成员必须有局外人思维，不要被经验裹挟，而要把自己当成其他领域的门外汉，随时能跳出现有的思维框架，重新审视那些被视作理所当然的事情。团队可以采用“假设逆转”的方式：先在项目中提取一个核心概念，再把它颠倒过来。比如，有人考虑开一家酒店，那么他的第一个假设可能是“人们出行时一定要住酒店”，接着他可以反过来说：“人们出行一定要住酒店吗？”在过去，这种想法很不可思议，但事实告诉我们：人们出行真的不一定要住酒店。做民宿的平台爱彼迎就没有自己的酒店房间。

以前我在咨询公司给客户做提案时，总会在幻灯片第一页写一句话：“我们不是来给你解决方案的，我们是来和你一起寻找解决方案的。”咨询顾问不可能比企业内部人员更了解企业。但也正因为如此，咨询顾问可以跳出固有的行业思维框架，用局外人的思维去看待问题，往往旁观者清。

多样性可以让组织具备多元思维，进化出群体智慧。观察一群蚂蚁中的个体，会发现它们有着各式各样的行为，如收集树叶、列队前进等。一只蚂蚁是谈不上智慧的，它不会思考，没有意志，也没有规划的能力。但是许多蚂蚁聚在一起，却能展现群体智慧：建构出结构复杂的蚁穴；“种庄稼”，有的蚂蚁负责真菌农场，有的则照管蚜虫牧场；发动战争或是自我防卫。它们怎么能有那么聪明的举动？事实上，蚁群中出现的这种现象就是科学界所称的群智涌现。

在一个具有认知多样性的团队中，团队成员的不同观点会相互碰撞、延展、分化、栽植衍生，最终实现群智涌现。

商业模式创新指南

DECODING BUSINESS MODELS

1. 企业应对不确定性的唯一方式就是建立应对“黑天鹅”的容错机制，打造自身的免疫系统。

2. 容错机制的本质是多样性。只有在一个具有容错机制的企业里，团队才能自我学习，变得更加强大。

3. 在不可预测的环境中，冗余策略可以帮助企业抵抗不确定性所带来的风险，让企业可以适应环境，从而降低发展的风险。

4. 只有建立反脆弱系统才可以从不确定性中获益。反脆弱能力的核心是拥有选择权，这意味着企业需要组建具有认知多样性的团队。

未来不变的是什么

企业要想持续地经营和成长，将面临很多挑战。比如，外部环境随时可能发生突变，流量变化难以把控，各种平台上的玩法规则不断更新，各种各样的增长方法论……企业就像牛一样，被各种变化牵着走。

但是总有一些东西是不会变的。亚马逊创始人贝佐斯曾说："我经常被问到一个问题——未来十年会有什么样的变化？但我很少被问到——未来十年什么是不变的？我认为第二个问题比第一个问题更重要，因为你需要将你的战略建立在不变的事物上。"

未来不变的是什么？我们需要发现规律，回到常识。

发现规律，避免非预期的商业结局

发现规律为什么这么重要呢？举个例子，假如街上有两家餐厅：A 和 B。

在餐厅 A 用完餐的顾客，有 70% 会成为回头客，剩下的 30% 选择去餐厅 B。在餐厅 B 用完餐的顾客，有 90% 会成为回头客，剩下的 10% 选择去餐厅 A。先假设这两家餐厅在同一时间开业，都没有品牌知名度。也就是说，它们竞争的起点是一样的，顾客一样多，如各自都有500个顾客。那么经过一段时间后，两家餐厅的顾客分别是多少？答案是餐厅 A 有 250 个顾客，餐厅 B 有 750 个顾客。

变换一下初始条件，假设这条街一开始的时候只有一家餐厅 A，1 000 个顾客都是它的，而餐厅 B 刚开张，没有顾客。那么经过一段时间后，两家餐厅的顾客分别是多少呢？答案还是餐厅 A 有 250 个顾客，餐厅 B 有 750 个顾客。

这是什么逻辑呢？统计学里有一个词叫“马尔可夫链”，它因俄国数学家安德雷·马尔可夫（Andrey Markov）得名。用一句话来概括马尔可夫链：下一时刻状态转移的概率只依赖于它的前一种状态。这一转移的过程具备无记忆性。

举个简单的例子，我们都知道，蝴蝶效应意指地球的一端有只蝴蝶扇动几下翅膀就可能造成地球另一端发生一场风暴。难道我们预测天气的时候还需要去找到那只蝴蝶吗？显然是不可能的。假如每天的天气情况是一种状态，那么今天的天气如何只依赖于昨天的天气情况，和前天的天气情况没有任何关系。这可能有些不严谨，但是可以大大简化模型的复杂度，因此马尔可夫链在很多时间序列模型中得到广泛应用。

回到餐厅的例子，顾客下一次去餐厅 A 或者餐厅 B，取决于他上一次用餐的感受。可能他会说：“我对这家餐厅已经有感情了，不会那么轻易换。”但事实是，他的选择与当下的用餐体验有关，而与之前的感情关系不大。

根据马尔可夫链，一种状态可以改变为另一种状态，也可以保持当前状态。状态的改变叫作转移，不同状态之间改变的概率叫作转移概率。由此，可以推出一个结论：当转移概率固定时，不管初始数是多少，总会达到宿命论般的统计均衡。比如，你是上例中餐厅 A 的老板，在转移概率不变的情况下，不管你现在有多少顾客，最后大部分顾客都会被餐厅 B 抢走。

看到这个宿命论般的结论，我突然想到很喜欢的作家斯蒂芬·茨威格（Stefan Zweig）对法国国王路易十六的王后玛丽·安托瓦内特（Marie Antoinette）的评价："她那时候还太年轻，不知道所有命运赠送的礼物早已在暗中标好了价格。"

回到常识，进行组合创新

有人说，商业世界中唯一不变的就是变化。该如何找到那些不变的规律呢？我们需要回到常识本身，回到商业最基础的层面，去寻找推动商业运行的原动力。

王阳明说："明明其说之已是矣，而又务为一说以高之"。又说："吾辈用功，只求日减，不求日增。减得一分人欲，便是复得一分天理。何等轻快洒脱！何等简易！"常有人说某些理论或方法过时了，从古圣先贤的观点来看，所谓的"过时"只是"胜心"作祟而已。圣道不传，就在于一代代学者的求胜欲望，非要说以前的理论过时了，然后另立新说。几代下来，正学就失传了。为什么我们还要读经典，而且要多读经典？因为真正的方法就是常识，常识就是最高的真理。

对于本书中的思维、理论、方法和工具，我所做的就是为往圣先贤继绝学，而不敢另立新说。这是对知识的敬畏，也是行为的操守。只不过，我将不同的思想、理论和方法进行了组合，用来解决商业上的问题，这也算是我的一个组合创新了。

康德认为，工作不以扩展知识为目的，而仅仅以纠正知识为目的。人们将察觉到，它的用处毕竟只是消极的，也就是说，这些原理不可避免的结果，不是扩展了我们的理性应用，而是缩小了这种应用。这种缩小，正是哲学最初及最重要的事务——就是通过堵塞一切错误的来源而一劳永逸地取消它的一切不利影响。

我们需要堵塞一切错误的来源，拆除那些思想的烟幕弹，用那些历经时间考验的理论和方法来指导行为。毕竟，我们追求的不是胜，而是不败，也就是追求大概率事件。

作为投资人，我始终坚信投资只有价值投资一种。可能有人看到那些曾被价值投资者坚定持有的股票价格不断下跌，就认为价值投资失效了。但其实持有这种看法的人并没有真正理解价值投资，他们所看到的现象并不是价值投资的原则和方法错误造成的，而是投资对象出问题造成的。价值投资并不代表所投公司的价值不会变，所以价值投资者真正的能力就是看到价值的变化，并及时做出投资调整。就算是巴菲特，也没有对每一家所投公司都长期持有，对吗？

桥水基金创始人、著名投资人瑞·达利欧（Ray Dalio）在《原则》（*Principles*）一书里提到，桥水基金的成功源自他所奉行的一套原则，而这套原则也是他一生中学到的最重要的东西。可见，当一家公司的价值出现变化时，投资人没有快速洞察到，那是投资人的能力出了问题，而不是原则出了问题。

一个应对环境突变的终极算法

“黑天鹅”时有出现，我们永远不知道哪一天自己就会成为那个“被影响到的人”。我们该如何面对这样的环境突变呢？可以参考人工智能领域的一种搜索算法——爬山算法。假设你被随机抛到了世界上任意一个地方，你没有地图，也不知道当前的坐标，还要完成找到世界上最高的山（你不知道珠穆朗玛峰）的任务。你该如何做？

正确的做法是，先找到当下你能找到的最高坐标点，爬上去，再在你的能力范围内寻找最高点。每个人的能力和资源不一样，有的人只能靠肉眼看到方圆一公里内的最高点，而有的人能通过其他方式发现方圆几十公里内的最高点。找到最高点后，爬上去，继续寻找下一个最高点。依此循环，最终你会在自己的高度和能力不断提高的情况下，找到所能找到的最高点。

虽然已经出现的“黑天鹅”早晚会过去，但是我们永远不知道下一个“黑天鹅”什么时候出现。我们已经见识到，很多曾经在顶峰的企业，因为环境突变而被瞬间抛到谷底。此时，它们不得不马上向四周进行局部搜索，尽其所能到达当下所能找到的最高点。

我们每天都会碰到很多随机性事件，它们是生活中的一部分。因此，过度追求确定性和稳定性反而会让我们逐渐依赖周边环境。一旦离开了这个环境，或者环境出现大的变动，我们就可能遭受重大打击。

面对环境变动，最有效的方法是就地展开工作，向四周搜索，在能力和资源范围内到达所能找到的最高点，做到最好。

到这里，本书就告一段落了，感谢你的耐心阅读，希望你读到这里时，没有感觉是在浪费时间。

参考文献

[1] 迪特里希·德尔纳 . 失败的逻辑 [M]. 王志刚，译 . 上海：上海科技教育出版社，2018。

[2] 亚历山大·格申克龙 . 经济落后的历史透视 [M]. 张凤林，译 . 北京：商务印书馆，2012。

[3] 钟永光，贾晓菁，钱颖 . 系统动力学 [M]. 北京：科学出版社，2021。

[4] 钟永光，贾晓菁，钱颖 . 系统动力学前沿与应用 [M]. 北京：科学出版社，2021。

[5] 德内拉·梅多斯 . 系统之美 [M]. 邱昭良，译 . 杭州：浙江人民出版社，2012。

[6] 刘润 . 商业洞察力 [M]. 北京：中信出版社，2020。

[7] 张江 . 复杂科学前沿讲义 [EB/OL]。

[8] 尼科里斯，普利高津 . 探索复杂性 [M]. 罗久里，陈奎宁，译 . 成都：四川教育出版社，2010。

[9] 吴今培，李雪岩，赵云 . 复杂性之美 [M]. 北京：北京交通大学出版社，2017。

[10] 龙波 . 规则 [M]. 北京：机械工业出版社，2021。

[11] 詹姆斯 · 格雷克 . 混沌 [M]. 北京：人民邮电出版社，2021。

[12] 梅拉妮 · 米歇尔复杂 [M]. 唐璐，译 . 长沙：湖南科技出版社，2018。

[13] 杰弗里 · 韦斯特 . 规模 [M]. 张培，译 . 北京：中信出版社，2018。

[14] 魏炜，李飞，朱武祥 . 商业模式学原理 [M]. 北京：北京大学出版社，2020。

[15] 魏炜，朱武祥，林桂平 . 商业模式的经济解释 [M]. 北京：机械工业出版社，2012。

[16] 魏炜，朱武祥 . 重构商业模式 [M]. 北京：机械工业出版社，2010。

[17] 汪寿阳 . 商业模式冰山理论 [M]. 北京：科学出版社，2017 年。

[18] 彼得 · 德鲁克 . 管理的实践 [M]. 齐若兰，译 . 北京：机械工业出版社，2018 年。

[19] 彼得 · 德鲁克 . 公司的概念 [M]. 慕凤丽，译 . 北京：机械工业出版社，2018 年。

[20] 彼得 · 德鲁克 .21 世纪的管理挑战 [M]. 朱雁斌，译 . 北京：机械工业出版社，2018 年。

[21] 彼得 · 德鲁克 . 德鲁克管理思想精要 [M]. 李维安，王世权，刘金岩，译 . 北京：机械工业出版社，2018 年。

[22] 钮先钟 . 西方战略思想史 [M]. 桂林：广西师范大学出版社，2012 年。

[23] 罗纳德 · H. 科斯 . 财产权利与制度变迁 [M]. 刘守英等，译 . 上海：上海人民出版社，2010 年。

[24] 罗纳德 · H. 科斯 . 企业、市场与法律 [M]. 盛洪，陈郁，译 .[M] 上海：

格致出版社，上海人民出版社，2014 年。

[25] 约瑟夫 · 熊彼特 . 经济发展理论 [M]. 何畏等，译 . 北京：商务印书馆，2020 年。

[26] 奥利弗 · E. 威廉姆森，西德尼 · G. 温特 . 企业的性质 [M]. 姚海鑫，邢源源，译 . 北京：商务印书馆，2010 年。

[27] 托马斯 · 库恩 . 科学革命的结构 [M]. 金吾伦，胡新和，译 . 北京：北京大学出版社，2012 年。

[28] 约瑟夫 · 熊彼特 . 资本主义、社会主义与民主 [M]. 钱定平，刘宥佑，注释 . 上海：上海译文出版社，2020 年。

[29] 刘军宁 . 投资哲学：保守主义的智慧之灯 [M]. 北京：中信出版社，2015 年。

[30] 兰小欢 . 置身事内：中国政府与经济发展 [M]. 上海：上海人民出版社，2021 年。

[31] 赛斯 · 高汀 . 紫牛 [M]. 施诺，译 . 北京：中信出版社，2009 年。

[32] 亚德里安 · 斯莱沃斯基 . 需求：缔造伟大传奇的根本力量 [M]. 龙志勇，魏薇，译 . 杭州：浙江人民出版社，2013 年。

[33] 叶明桂 . 品牌的技术与艺术 [M]. 北京：中信出版社，2018 年。

[34] 柯林 · 布里亚，比尔 · 卡尔 . 亚马逊逆向工作法 [M]. 黄邦福，译 . 北京：北京联合出版有限公司，2022 年。

[35] 张小龙 . 微信背后的产品观 [M]. 北京：电子工业出版社，2021 年。

[36] 李欣频 . 李欣频的创意文案课 [M]. 杭州：浙江人民出版社，2020 年。

[37] 华杉，华楠 . 超级符号就是超级创意 [M]. 南京：江苏凤凰文艺出版社，2016 年。

[38] 费尔迪南・德・索绪尔 . 普通语言学教程 [M]. 高名凯，译 . 北京：商务印书馆，1980 年。

[39] 海德格尔 . 在通向语言的途中 [M]. 孙周兴，译 . 北京：商务印书馆，1997 年。

[40] 克莱顿·克里斯坦森等 . 与运气竞争：关于创新与用户选择 [M]. 靳婷婷，译 . 中信出版社 ，2018。

[41] 路德维希・维特根斯坦 . 文化和价值：维特根斯坦笔记（修订本）[M]. 许志强，译 . 杭州：浙江大学出版社，2020 年 .

[42] 罗兰・巴尔特 . 符号学历险 [M]. 李幼蒸，译 . 北京：中国人民大学出版社，2008 年。

[43] 尼尔・波兹曼 . 娱乐至死 [M]. 章艳，译 . 北京：中信出版社，2015 年。

[44] 哈罗德・D. 拉斯韦尔 . 世界大战中的宣传技巧 [M]. 展江，张洁，田青，译 . 北京：中国人民大学出版社，2003 年。

[45] 塞德希尔・穆来纳森 . 稀缺：我们是如何陷入贫穷与忙碌的（修订版）[M]. 魏薇，龙志勇，译 . 杭州：浙江人民出版社，2018 年。

[46] 亚当・费里尔，珍妮弗・弗莱明 . 如何让他买：改变消费者行为的十大策略 [M]. 王直上，译 . 北京：中信出版社，2018 年。

[47] 哈罗德・伊尼斯 . 传播的偏向 [M]. 何道宽，译 . 北京：中国人民大学出版社，2003 年。

[48] 伊塔马尔・西蒙森，艾曼纽・罗森 . 绝对价值：信息时代影响消费者下单的关键因素 [M]. 钱峰，译 . 北京：中国友谊出版公司，2014 年 .

[49] 罗伯特麦基 . 故事：材质、结构、风格和银幕剧作的原理 [M]. 周铁东，译 . 天津：天津人民出版社，2014 年。

[50] 马歇尔·麦克卢汉 . 理解媒介：论人的延伸（增订书）[M]. 何道宽，译 . 南京：译林出版社，2019 年。

[51] B. J. 福格 . 福格行为模型 [M]. 徐毅，译 . 天津：天津科学技术出版社，2021 年。

[52] 菲利普·津巴多，迈克尔·利佩 . 态度改变与社会影响 [M]. 邓羽，肖莉，唐小艳，译 . 北京：人民邮电出版社，2018 年。

[53] 路江涌 . 共演战略 [M]. 北京：机械工业出版社，2018 年。

[54] 古斯塔夫 · 勒庞 . 乌合之众 [M]. 赵丽慧，译 . 北京：中国妇女出版社，2017 年。

[55] 杰弗里 · 摩尔 . 跨越鸿沟：颠覆性产品营销圣经 [M]. 赵娅，译 . 北京：机械工业出版社，2009 年。

[56] 华杉，华楠 . 华与华方法 [M]. 上海：文汇出版社，2020 年。

[57] 迈克尔 · 波特 . 竞争优势 [M]. 陈丽芳，译 . 中信出版社，2014 年。

[58] 富勒 . 战争指导 [M]. 李磊，尚玉卿，译 . 南宁：广西人民出版社，2008 年。

[59] 迈克尔 · 波特 . 竞争战略 [M]. 陈丽芒，译 . 北京：中信出版社，2014 年。

[60] A.H. 若米尼 . 战争艺术概论 [M]. 刘聪，译 . 北京：解放军出版社，2006 年。

[61] 埃米尼亚 · 伊贝拉 . 能力陷阱 [M]. 王臻，译 . 北京：北京联合出版有限公司，2019 年。

[62] 戴伊，孟立慧 . 动态竞争战略 [M]. 上海：上海交通大学出版社，2010 年。

[63] 理查德 · 鲁梅尔特 . 好战略，坏战略 [M]. 蒋宗强，译 . 北京：中信出版社，2017 年。

[64] 卡尔 · 冯 · 克劳塞维茨 . 战争论 [M]. 王小军，译 . 西安：陕西师范大学出版社，2012 年。

[65] 拜瑞 · J. 内勒巴夫，亚当 · M. 布兰登勃格 . 合作竞争 [M]. 王煜全，王煜昆，译 . 合肥：安徽人民出版社，2000 年。

[66] 林桂平，魏炜，朱武祥 . 盈利模式设计 [M]. 北京：机械工业出版社，2014 年。

[67] 彼得·德鲁克 . 不连续的时代 [M]. 吴家喜，译 . 北京：机械工业出版社，2020 年。

[68] 罗伯特·凯根，丽莎·拉斯考·拉海 . 变革为何这样难 [M]. 韩波，译 . 北京：中国人民大学出版社，2010 年。

[69] 阿里 · 德赫斯 . 生命型组织：不确定时代的组织进化之道 [M]. 北京师范大学教育学部学习与绩效技术研究中心，译 . 北京：电子工业出版社，2016 年。

[70] 比尔 · 布莱森 . 万物简史（修订本）[M]. 严维明，陈邕，译 . 南宁：接力出版社，2017 年。

[71] 詹姆斯 · 卡斯 . 有限游戏与无限游戏：一个哲学家眼中的竞技世界 [M]. 马小悟，余倩，译 . 北京：电子工业出版社，2019 年。

[72] 里德 · 霍夫曼，叶嘉新 . 闪电式扩张 [M]. 路蒙佳，译 . 北京：中信出版社，2019 年。

[73] 德内拉·梅多斯，乔根·兰德斯，丹尼斯·梅多斯 . 增长的极限 [M]. 李涛，王智勇，译 . 北京：机械工业出版社，2013 年。

[74] 克莱顿 · 克里斯坦森，迈克尔 · 雷纳 . 创新者的解答：颠覆式创新的增长秘诀 [M]. 李瑜偲，林伟，郑欢，译 . 北京：中信出版社，2020 年。

[75] 克莱顿 · 克里斯坦森 . 创新者的窘境：领先企业如何被新兴企业颠覆？[M]. 胡建桥，译 . 北京：中信出版集团，2020 年。

[76] 理查德 · 福斯特 . 创新：进攻者的优势 [M]. 孙玉杰，王宇锋，韩丽华，译 . 北京：北京联合出版有限公司，2017 年。

[77] 李善友 . 第二曲线创新（第 2 版）[M]. 北京：人民邮电出版社，2021 年。

[78] 凯文·凯利 . 失控：全人类的最终命运和结局 [M]. 东西文库，译 . 北京：新星出版社，2010 年。

[79] 王立铭 . 进化论讲义 [M]. 北京：新星出版社，2022 年。

[80] 金观涛等 . 控制论与科学方法论 [M]. 北京：新星出版社，2005 年。

[81] 赫尔曼 · 哈肯 . 大自然成功的奥秘：协同学 [M]. 凌复华，译 . 上海：上海译文出版社，2018 年。

[82] 普里戈金 . 从存在到演化 [M]. 北京：北京大学出版社，2019 年。

[83] 弗雷德里克 · 莱卢 . 重塑组织：进化型组织的创建之道 [M]. 时化组织研习社，译 . 北京：人民东方出版社，2017 年。

[84] 陈春花，朱丽，刘超等 . 协同共生论 [M]. 北京：机械工业出版社，2021 年。

[85] 博尔特 · 霍尔多布勒，爱德华 · 威尔逊 . 蚂蚁的故事：一个社会的诞生 [M]. 毛盛贤，译 . 杭州：浙江教育出版社，2019 年。

[86] 熊向清 . 管理 4.0[M]. 北京：机械工业出版社，2019 年。

[87] 沈小峰 . 耗散结构论 [M]. 上海：上海人民出版社，1987 年。

[88] 托姆 . 突变论 [M]. 周仲良，译 . 上海：上海译文出版社，1989 年。

[89] 马克·欧文，凯文·莫勒 . 协同：如何打造高联动团队 [M]. 陶亮，译 . 北

京：中信出版社，2018 年。

[90] 史蒂芬·科特勒，杰米·威尔 . 盗火 [M]. 张慧玉，徐开，陈英祁，译 . 北京：中信出版社，2018 年。

[91] 斯科特 · 佩奇 . 多样性红利 [M]. 唐伟，任之光，吕兵，译 . 北京：机械工业出版社，2020 年。

[92] 威廉·C. 伯格 . 生命大趋势：从生物多样性到人类文明的未来 [M]. 吴勐，译 . 福州：海峡书局 , 2021 年。

[93] 理查德·道金斯 . 盲眼钟表匠：生命自然选择的秘密 [M]. 王道还，译 . 北京：中信出版社，2016 年。

[94] 马修 · 萨伊德 . 多样性团队 [M]. 季丽婷，译 . 天津：天津人民出版社，2021 年。

[95] 纳西姆 · 尼古拉斯 · 塔勒布 . 黑天鹅：如何应对不可预知的未来 [M]. 万丹，刘宁，译 . 北京：中信出版社，2019 年。

[96] 纳西姆 · 尼古拉斯 · 塔勒布 . 反脆弱：从不确定性中获益 [M]. 雨珂，译 . 北京：中信出版社，2020 年。

[97] 基思 · 斯坦诺维奇 . 超越智商：为什么聪明人也会做蠢事 [M]. 张斌，译 . 北京：机械工业出版社，2015 年。

[98] 玛格丽特 · 惠特利 . 领导力与新科学 [M]. 简学，译 . 杭州：浙江人民出版社，2016 年。

[99] 马特·里德利 . 理性乐观派：一部人类经济进步史 [M]. 闾佳，译 . 北京：机械工业出版社，2015 年。

[100] 李录 . 文明、现代化、价值投资与中国 [M]. 北京：中信出版社，2020 年。

[101] 李东，王翔，张晓玲 . 基于规则的商业模式研究——功能、结构与构

建方法 [J]. 中国工业经济，2010（9）。

[102] 程愚，孙建国 . 商业模式的理论模型：要素及其关系 [J]. 中国工业经济，2013（01）。

[103] Afuah A., Tucci C. L.. *Internet Business Models and Strategies: Text and Cases* [M]. New York: Irwin McGraw- Hill Higher Education,2000.

[104] R. A. Epstein. *Takings: Private Property and the Power of Eminent Domain* [M]. Harrad University Press.

[105] Giddens, Anthony. *New rules of sociological method*[M]. New York: Basic Books,1976.

[106] Henry Chesbrough, Richard S. Rosenbloom. The role of the business model in capturing value from innovation：Evidence from xerox corporation's technology spin off companies[J]. *Industrial & Corporate Change*, 2002, 11（3）.

[107] Joan Magretta. Why Business Models Matter [J] . *Harvard Business Review*, 2002（5）.

[108] Morris M., Schindehutte M., Allen J.. The Entrepreneur's Business Model: Toward A Unified Perspective[J]. *Journal of Business Research*, 2003,（6）:72673.

[109] Osterwalder A., Pigneur Y., Tucci C.L.. Clarifying Business Model: Origin, Present and Future of The Concept[J]. *Communications of The Association for Information Systems*,2005（15）:125.

未来，属于终身学习者

我们正在亲历前所未有的变革——互联网改变了信息传递的方式，指数级技术快速发展并颠覆商业世界，人工智能正在侵占越来越多的人类领地。

面对这些变化，我们需要问自己：未来需要什么样的人才？

答案是，成为终身学习者。终身学习意味着永不停歇地追求全面的知识结构、强大的逻辑思考能力和敏锐的感知力。这是一种能够在不断变化中随时重建、更新认知体系的能力。阅读，无疑是帮助我们提高这种能力的最佳途径。

在充满不确定性的时代，答案并不总是简单地出现在书本之中。“读万卷书”不仅要亲自阅读、广泛阅读，也需要我们深入探索好书的内部世界，让知识不再局限于书本之中。

湛庐阅读 App：与最聪明的人共同进化

我们现在推出全新的湛庐阅读 App，它将成为您在书本之外，践行终身学习的场所。

- 不用考虑“读什么”。这里汇集了湛庐所有纸质书、电子书、有声书和各种阅读服务。
- 可以学习“怎么读”。我们提供包括课程、精读班和讲书在内的全方位阅读解决方案。
- 谁来领读？您能最先了解到作者、译者、专家等大咖的前沿洞见，他们是高质量思想的源泉。
- 与谁共读？您将加入优秀的读者和终身学习者的行列，他们对阅读和学习具有持久的热情和源源不断的动力。

在湛庐阅读 App 首页，编辑为您精选了经典书目和优质音视频内容，每天早、中、晚更新，满足您不间断的阅读需求。

【特别专题】【主题书单】【人物特写】等原创专栏，提供专业、深度的解读和选书参考，回应社会议题，是您了解湛庐近千位重要作者思想的独家渠道。

在每本图书的详情页，您将通过深度导读栏目【专家视点】【深度访谈】和【书评】读懂、读透一本好书。

通过这个不设限的学习平台，您在任何时间、任何地点都能获得有价值的思想，并通过阅读实现终身学习。我们邀您共建一个与最聪明的人共同进化的社区，使其成为先进思想交汇的聚集地，这正是我们的使命和价值所在。

图书在版编目（C I P）数据

解码商业模式 / 曾小军著. -- 北京：中国财政经济出版社，2023.11（2024.1重印）
ISBN 978-7-5223-2553-8

Ⅰ. ①解… Ⅱ. ①曾… Ⅲ. ①商业模式 Ⅳ. ① F71

中国国家版本馆 CIP 数据核字（2023）第 208935 号

责任编辑：尉　敏　　　　责任校对：胡永立
封面设计：宋欣蔚　　　　责任印制：张　健

解码商业模式
JIEMA SHANGYE MOSHI

中国财政经济出版社 出版
URL：http://www.cfeph.cn
E-mail:cfeph@cfemg.cn

社址：北京市海淀区阜成路甲 28 号　　邮政编码：100142
营销中心电话：010-88191522
天猫网店：中国财政经济出版社旗舰店
网址：https：//zgczjjcbs.tmall.com
唐山富达印务有限公司印装　　各地新华书店经销
成品尺寸：170mm×230mm　　16 开　　20 印张　　317 000 字
2023 年 11 月第 1 版　　2024 年 1 月河北第 2 次印刷
定价：109.90 元
ISBN 978-7-5223-2553-8
（图书出现印装问题，本社负责调换，电话：010-88190548）
本社图书质量投诉电话：010-88190744
打击盗版举报热线：010-88191661　　QQ：2242791300